ENTENDIENDO EL PROPÓSITO Y EL PODER DE LA

ORACIÓN

LICENCIA TERRENAL PARA LA INTERFERENCIA CELESTIAL

ENTENDIENDO EL PROPÓSITO Y EL PODER DE LA

ORACIÓN

LICENCIA TERRENAL PARA LA INTERFERENCIA CELESTIAL

DR. MYLES MUNROE

WHITAKER
HOUSE

Traducción al español por: Sara Castillo Ramos.

Nota de la traductora: Para mayor facilidad de traducción, el género masculino, en todas sus formas tanto plural como singular (i.e.: él, ellos, hombre, hombres, hijo, hijos, etc.), se utiliza en este libro en forma inclusiva para referirse a ambos géneros (masculino y femenino).

ENTENDIENDO EL PROPÓSITO Y EL PODER DE LA ORACIÓN

Publicado originalmente en inglés bajo el título *Understanding the Purpose and Power of Prayer: Earthly License for Heavenly Interference.*

Dr. Myles Munroe
Ministerio Internacional de Fe de las Bahamas
P. O. Box N9583
Nassau, Bahamas
Correo electrónico: bfmadmin@bfmmm.com
Sitio electrónico: www.bfmmm.com

ISBN-13: 978-0-88368-964-6
ISBN-10: 0-88368-964-2
Impreso en los Estados Unidos de América
© 2005 por el Dr. Myles Munroe

Whitaker House
1030 Hunt Valley Circle
New Kensington, PA 15068
www.whitakerhouse.com

Library of Congress Cataloging-in-Publication Data

Munroe, Myles.
[Understanding the purpose and power of prayer. Spanish]
Entendiendo el propósito y el poder de la oración : licencia terrenal para la interferencia celestial / Myles Munroe.
p.   cm.
Summary: "Teaches the reasons for prayer, how to pray, and the power that comes through prayer"—Provided by publisher.
ISBN-13: 978-0-88368-964-6 (trade pbk. : alk. paper)
ISBN-10: 0-88368-964-2 (trade pbk. : alk. paper)
1. Prayer. I. Title.
BV215.M83 2005
248.3'2—dc22   2005009170

1 2 3 4 5 6 7 8 9 11 ⦿ 10 09 08 07 06 05

Dedicatoria

A mi difunta madre, la princesa Louise Munroe, quien me
enseñó el valor y el poder de la oración, y quien por medio
de sus oraciones todos sus hijos han llegado a conocer por
sí mismos la virtud de este divino arte.

A mi difunta suegra, "Madam" Emily Lockhart, quien fue
cobertura especial de oración a lo largo de los años. Sé
que todavía continúas uniéndote a Jesús en oración por
nosotros. Gracias por orar por "la madre de cada hijo".
Siempre te amaremos.

A mis intercesores personales, Gloria Seymour, Alma
Trotman, Ingrid Jonson, Pat Butler, Mirthlyn Jones, Beverly
Lockhart y los muchos otros que me han cubierto a lo largo
de los años. Les amo a todos.

A todo intercesor que obra diariamente en el Espíritu para
cumplir la voluntad de Dios en la tierra por medio de sus
oraciones constantes.

A todo el que desea entender y experimentar
una vida de oración dinámica y un caminar
más profundo con el Creador.

Al Señor Jesús, por cuyo nombre todas nuestras peticiones
son hechas, escuchadas y contestadas.

Reconocimientos

Ningún proyecto en la vida es exitoso sin el esfuerzo colectivo de muchas personas dotadas quienes están dispuestas a trabajar en conjunto y a someter su talento, experiencia y pasión por una meta común. Somos la suma total de todas las personas que conocemos y de las cuales hemos aprendido. Esta obra es un producto de innumerables individuos cuyos pensamientos, ideas, perspectivas y trabajo me han expuesto al conocimiento que he plasmado en este libro.

Deseo agradecer a mi bella esposa, Ruth, y a nuestros hijos, Charisa y Chairo (Myles, Jr.) por su paciencia y comprensión durante mis interminables viajes y largas noches escribiendo. Mis logros son sus logros.

A Lois Puglisi, mi excelente editora y guía al desarrollar este manuscrito—eres el sueño de todo autor y un regalo a las muchas personas que leerán esta obra. Gracias por instarme a terminar este proyecto.

A la Dra. Lucille Richardson, por su profundo compromiso y dedicación a la excelencia, y, su lealtad a mi reputación—estimo tu vida y el papel que ésta juega en la mía.

Contenido

Prefacio 9

Introducción 13

Parte I: El propósito y la prioridad de la oración

Capítulo 1: ¿Realmente funciona la oración?.................. 25
Capítulo 2: El génesis de la oración 37
Capítulo 3: La autoridad de la oración 57

Parte II: Preparándonos para la oración

Capítulo 4: Cómo entrar en la presencia de Dios 77
Capítulo 5: Cultivando la clase de fe de Dios 105
Capítulo 6: El modelo de oración de Jesús 123

Parte III: Principios de la oración

Capítulo 7: Doce pasos de acción para orar 147
Capítulo 8: Barreras para recibir respuesta a la oración 171
Capítulo 9: Impedimentos para recibir
respuesta a la oración....................................... 187

Parte IV: El poder de la oración

Capítulo 10: El poder de la Palabra.................................. 209
Capítulo 11: El poder del nombre de Jesús 229
Capítulo 12: Entendiendo el ayuno 249

Conclusión: Llegando a ser personas de oración.................... 265

Acerca del autor 269

Prefacio

No hay nada más común entre los hombres, ninguna actividad humana más universal, e incluso ninguna más misteriosa y mal interpretada que la oración. Desde el inicio de los tiempos y de la llegada de la historia escrita, la expresión religiosa de la oración se ha hallado en cada cultura, civilización y era. Desde las tribus primitivas de cada continente hasta las civilizaciones complejas del mundo han practicado este antiguo arte llamado oración hacia algún dios o deidad.

Por mucho tiempo, los psicólogos y científicos del comportamiento han estudiado los efectos de la oración en el desarrollo y la socialización humana. Algunos estudios intentan validar y documentar la eficacia de la oración en el individuo que practica dicho arte.

No hay escasez de escépticos y antagonistas que fruncen el ceño por los que creen que esa superstición humana o fanatismo religioso pudiera impactar la experiencia humana o el curso de la vida en la tierra. El ateo ni siquiera reconoce que hay alguien que pueda escucharla. Para esos cínicos, la oración es simplemente una invención humana diseñada como un escape para los temores, las frustraciones y las ansiedades del hombre—no es nada más que una experiencia psicológica que calma la mente y ayuda a sobrellevar los desafíos de la vida.

Con todo, todavía se debe dar respuesta a la pregunta, ¿por qué oran los hombres? Cientos de millones de personas alrededor del mundo participan de este ritual cada día y en cada idioma, raza y cultura. ¿Por qué las personas oran de todas las religiones? Todas las religiones principales requieren que sus adeptos practiquen regularmente oraciones diarias. ¿Por qué? ¿Por qué el espíritu humano naturalmente desea buscar quietud y consuelo en lo que no se ha visto y en lo desconocido? ¿Hay algún misterio que el hombre todavía no comprende? ¿Por qué debemos orar y por qué lo hacemos?

Estas preguntas y muchas más me inspiraron a escribir este libro. Yo también tenía mis preguntas y dudas con respecto a la oración. Muchos individuos que practican esta actividad religiosa temen abiertamente hacer preguntas sobre este tema. Algunos la practican sin creer en ella. Para muchos esto es solamente un ritual sin realidad.

Algunos se han desanimado porque han sentido que la oración es un ritual infructuoso que no tiene evidencia de resultados tangibles. Muchos más simplemente han dejado la práctica y evitan cualquier oportunidad para participar en ella.

Si deseamos ser honestos, muchos entre nosotros sufren de una desilusión silenciosa de nuestra experiencia en este ritual llamado oración. Nos hemos preguntado: ¿Realmente funciona? ¿Nos escucha alguien? ¿Hace la diferencia? ¿Puede realmente cambiar las circunstancias?

Aunque la oración es tan común, es también algo misterioso y malinterpretado. Al parecer es algo desconocido que más se practica en el planeta tierra. Cientos de libros han sido escritos sobre el tema en todas las generaciones. Se dan conferencias y seminarios en todas partes para explorar los misterios de este antiguo arte llamado oración.

A pesar de todas las preguntas, la confusión y la incertidumbre que rodea a la oración, ésta todavía es el común denominador más grande entre todos los personajes bíblicos y miles de creyentes a lo largo de la historia. Moisés lo practicó. Abraham lo practicó. El rey David, Salomón, Ester, Débora, Daniel, José y los profetas, y, por supuesto, Jesucristo mismo—tuvieron un dinámico y profundo compromiso en su vida de oración. Las anotaciones que se hacen de ellos demuestran el impacto directo de sus oraciones en sus vidas y en las circunstancias y situaciones a las que se enfrentaron.

Prefacio

La evidencia afirma que una cosa es segura: No importa lo que usted piense de la oración, de alguna forma funciona.

La verdadera pregunta no es si la oración es válida o eficaz, sino más bien, ¿entendemos nosotros el arte y conocemos cómo funciona? Es este el desafío que adoptaremos en esta obra a medida que exploramos los principios y preceptos establecidos por el Creador con respecto a la oración y al descubrimiento. Descubriremos también la llave para abrir el propósito y el poder de este común, pero a la vez poco común, arte divino. Comencemos haciendo un viaje a la tierra de la duda, deshaciéndonos del escepticismo y activando el más maravilloso poder que todo ser humano posee: el poder para influenciar a la tierra desde el cielo por medio de la oración.

Introducción

El Presidente de los Estados Unidos lo hace, el Primer Ministro de Israel lo hace, el Presidente del pueblo palestino lo hace y la Reina de Inglaterra lo hace.

Los judíos lo hacen, los musulmanes lo hacen, los hindúes lo hacen, los budistas lo hacen, los paganos lo hacen, los impíos lo hacen, los cristianos lo hacemos, todos los hacemos. Pocos están seguros de que funciona y muy pocos creen que es necesario. ¿Qué es?

¡Orar!

La oración puede ser designada como el primer producto global de la religión. No importa cuán diversas puedan ser las religiones del mundo, la oración es un ritual y práctica común que todos adoptan. La oración es el neutralizador de la religión.

Aun así, la oración es la práctica más elusiva y malinterpretada entre los adeptos religiosos. Entender la oración es el deseo en el corazón de todo hombre; incluso los paganos desean conectarse con lo divino y hallar consuelo, acceso y resultados. Pero entenderla lleva trabajo.

****

Era el primer día después de hacer el compromiso personal de seguir la fe cristiana y aprender de los caminos de Jesucristo. Thomas estaba asustado de ver sólo unas cuantas personas en el gran edificio que tan sólo unos días atrás estaba colmado de adoradores dedicados.

13

"¿Dónde están todos?" Preguntó Thomas mientras sus ojos observaban el mar de sillas vacías en el auditorio.

"No estoy seguro", contestó Cory, "pero esto es normal todos los lunes para la reunión de oración nocturna".

"Pero ayer habían miles de personas adorando colectivamente", dijo Thomas, con una mirada desconcertada. "¿No oran? Yo pensaba que todos los cristianos oraban. ¿Por qué no están aquí? ¿Por qué vienen a la reunión de oración al igual que asisten regularmente al servicio de adoración?

Cory sabía que no podría contestar bien las preguntas mentales de Thomas como para satisfacer su pasión por la verdad. Así es que decidió explicar su perspectiva del por qué el servicio de oración de cada iglesia en la ciudad era el más pequeño y el menos concurrido de los servicios.

"Creo que es porque muchos de ellos no han tenido una buena experiencia con este asunto de la oración", dijo Cory. "Todo la propaganda y las promesas agregadas a la oración no parecen funcionar para la mayoría de ellos, así es que ellos evitan la experiencia negativa. Por qué viniste tú"

"Pienso que vine porque creo que sí funciona", respondió Thomas, "pero no sé por qué ni cómo. Pero para estar seguro quería experimentarlo".

****

Situaciones similares se repiten en todo el mundo en una multitud de ambientes religiosos. La pregunta aquí es, ¿por qué? ¿Por qué tantos evitan la oración? Probablemente sea porque el espíritu humano odia el fracaso y las desilusiones. Es como poner una moneda en una máquina de sodas que no tiene ni un sólo refresco. Usted espera frente a ella, cada vez se frustra más, hasta que finalmente le da un punta pie y se aleja. Pero usted ya nunca más trata de usar esa máquina. Es exactamente así como muchas personas se sienten acerca de la oración. Ellos pusieron demasiadas monedas de oración y recibieron muy pocas respuestas satisfactorias.

¿Por qué pareciera que la oración no funciona? Para responder esta pregunta debemos primero entender la fuente, los principios, el origen y el propósito de la oración. ¿Qué es la oración? ¿Por qué es necesaria la oración? ¿Cómo debemos orar? ¿Por qué debemos orar a Dios en el nombre de Jesús? ¿Por qué la oración no siempre es contestada de la manera que esperamos? ¿Cuándo debemos dejar de orar? ¿Qué papel juega la fe en el proceso de oración? ¿Tenemos que "calificar" para poder orar? Si Dios es soberano y puede hacer lo que desee, entonces, ¿para qué orar? ¿Afecta o cambia el destino la oración?

Las preguntas continúan elaborándose y yo sé que usted probablemente podría añadir muchas más a la lista. Sin embargo, estas preguntas solamente indican la tremenda confusión y mala interpretación que rodea a la oración.

De manera que, ¿cómo debemos entender la oración? Recuerdo las muchas veces que asistí a los servicios de oración e incluso mientras oraba me preguntaba si valía la pena o si realmente funcionaba la oración. Hubo ocasiones cuando lo hice por inercia; aun siendo un líder cristiano participaba sin fe en el mismo acto de la oración.

Estoy seguro de que mis luchas con el tema de la oración no son solamente mías. He conversado con innumerables individuos quienes también han luchado con este tema. Algunos todavía luchan por entender su práctica y creer en su validez.

No fue sino hasta que yo mismo entendí el principio del propósito y la fidelidad que comencé a concebir la naturaleza, filosofía y fundamento del concepto de la oración, y, comencé a experimentar el poder y los resultados positivos de la oración en mi propia vida.

El Fundamento de la Oración

Para entender el principio de la oración, es necesario entender la mente y el propósito del Creador mismo. La oración es un resultado de la estructura de la autoridad entre el cielo y la tierra, la cual fue instaurada por Dios; como también es un producto de la fidelidad de Dios a Su Palabra. La oración es tan simple como el respeto a la autoridad de Dios. Esto es debido a que la oración surgió de los arreglos que hizo Dios para la asignación del hombre en la tierra; esto se dio cuando el Credo habló dos palabras durante el proceso de la creación: *"y señoree"*. Estas palabras son anotadas en el primer capítulo del primer libro de la Biblia:

> *Entonces dijo Dios: Hagamos al hombre a nuestra imagen, conforme a nuestra semejanza;* **y señoree** *en los peces del mar, en las aves de los cielos, en las bestias, en toda la tierra, y en todo animal que se arrastra sobre la tierra*
> (Génesis 1:26–27, el énfasis fue añadido).

Estas palabras son cruciales para entender el principio de la oración, puesto que ellas definen la relación que el Creador había pensado y deseado con el hombre en el planeta tierra.

El mandato del Creador para que el hombre dominara la tierra fue establecido en la declaración, pero los parámetros del dominio fueron establecidos con las palabras, *"y señoree"*.

Con estas palabras, el Creador definió los límites de Su derecho para legalmente influenciar e interferir en el reino terrenal. Esto se basa en el principio de la integridad y el compromiso de Dios para con Su Palabra. ¿Por qué es esto tan importante? Debido a estos cuatro principios:

- El propósito de Dios es más importante que nuestros planes.
- Dios ha colocado Su Palabra incluso por sobre Él mismo.
- Dios nunca violará o incumplirá Su palabra.
- La santidad de Dios es el fundamento de Su integridad y fidelidad.

Estos principios son esenciales para entender la naturaleza y el propósito de la oración. Son estos preceptos los que hacen que la oración sea necesaria.

El primer principio establece la verdad de que el compromiso del Creador a Su pensamiento original para la creación es una prioridad para Él y éste motiva y regula todas Sus acciones. En esencia, todo lo que Él hace va impulsado por Su deseo propuesto, el cual nunca cambia. De hecho, Su declaración es clara al decir, *"Muchos pensamientos hay en el*

Introducción

corazón del hombre; mas el consejo de Jehová permanecerá. Contentamiento es a los hombres hacer misericordia; pero mejor es el pobre que el mentiroso" (Proverbios 19:21–22). Una vez más, Él declara:

> *Que anuncio lo por venir desde el principio, y desde la antigüedad lo que aún no era hecho; que digo: Mi consejo permanecerá, y haré todo lo que quiero*
> (Isaías 46:10–11).

> *Así será mi palabra que sale de mi boca; no volverá a mí vacía, sino que hará lo que yo quiero, y será prosperada en aquello para que la envié* (Isaías 55:11–12).

> *En él asimismo tuvimos herencia, habiendo sido predestinados conforme al propósito del que hace todas las cosas según el designio de su voluntad*
> (Efesios 1:11).

> *Por lo cual, queriendo Dios mostrar más abundantemente a los herederos de la promesa la inmutabilidad de su consejo, interpuso juramento* (Hebreos 6:17).

Finalmente, Su compromiso para con Su propósito es expresado en las siguientes palabras:

> *Porque de cierto os digo que hasta que pasen el cielo y la tierra, ni una jota ni una tilde pasará de la ley, hasta que todo se haya cumplido* (Mateo 5:18–19).

Estas declaraciones revelan el compromiso eterno de Dios, quien no hace concesiones con Su propósito y Sus planes. Su propósito es Su voluntad y deseo, los cuales Él mismo cumplirá. No obstante, es esencial saber que Su compromiso para cumplir Su propósito nunca será a expensas de violar Su palabra escrita o hablada.

Es ese compromiso a Su Palabra lo que da la base al principio de la oración. La Palabra de Dios no es solamente una ley para el hombre, porque también es llamada "la Ley de Dios". Esto implica que cada palabra que Dios enuncia es también una ley que Él mismo debe cumplir. Debido a

Su integridad, Él se someterá a Sí mismo a Sus promesas y decretos.

En el libro de Salmos encontramos estas palabras:

Para siempre, oh Jehová, permanece tu palabra en los cielos. De generación en generación es tu fidelidad
(Salmos 119:89–90).

Me postraré hacia tu santo templo, y alabaré tu nombre por tu misericordia y tu fidelidad; porque has engrandecido tu nombre, y tu palabra sobre todas las cosas (Salmos 138:2–3).

El hecho de que Él coloca Su Palabra por sobre todas las cosas, incluyendo Su propio nombre, es un principio importante porque uno de los conceptos hebreos para dar nombres es "el ser" mismo. Por consiguiente, en su aplicación correcta, Dios coloca Su Palabra por encima de Él mismo, sometiéndose así a los mandatos de Su propia Palabra.

En efecto, cuando Dios habla, Él mismo está voluntariamente obligado a obedecer Su propia Palabra. Por ende, toda ley de Dios es una ley para Dios. Él permanece fiel a Su Palabra a toda costa. Habiendo entendido esto, podremos apreciar las implicaciones y el impacto de estas palabras iniciales enunciadas por el Creador durante la creación del hombre: *"señoree...sobre la tierra"* (Génesis 1:26).

Por favor, note lo que Él no dijo, "señoreemos", sino que más bien dijo, *"señoree".* Con esta declaración, Dios creó siete leyes principales:

- La autoridad legal para dominar la tierra fue dada solamente a la humanidad.
- Dios no se incluyó a Sí mismo en la estructura legal de autoridad sobre la tierra.
- El hombre pasó a ser el mayordomo legal del dominio sobre la tierra.
- El hombre es un espíritu con un cuerpo físico; por consiguiente, solamente los espíritus con cuerpos físicos pueden legalmente funcionar en el reino terrenal.

- Cualquier espíritu sin cuerpo es ilegal en la tierra.
- Cualquier influencia o interferencia del reino sobre natural en la tierra es legal solamente por medio de la humanidad.
- Dios mismo, quien es un Espíritu sin cuerpo físico, se sujetó a esta ley.

Los siguientes son resultados de estas leyes, las cuales Dios mismo instauró:

- La autoridad legal en la tierra está en manos de la humanidad.
- El Creador, debido a Su integridad, no violará la ley de Su Palabra.
- Nada ocurrirá en el reino terrenal sin el permiso activo o pasivo del hombre, quien tiene la autoridad legal.
- El Creador y los seres celestiales no pueden interferir en el reino terrenal sin la cooperación o el permiso de la humanidad.
- Dios debe obtener el acuerdo y la cooperación de una persona para lo que Él desea hacer en la tierra.

Estos principios son cruciales para entender la naturaleza, el poder y el propósito de la oración. De estos preceptos obtenemos nuestra definición de oración. En esta obra, lo siguiente comprenderá la definición de oración, la cual será más clara a medida que avanzamos juntos en la exploración de las maravillas de este arte.

¿Qué es la oración?

- La oración es darle a Dios el derecho y el permiso legal para interferir en los asuntos terrenales.
- La oración es darle al cielo licencia terrenal para influenciar la tierra.
- La oración es licencia terrenal para la interferencia celestial.

- La oración es ejercer nuestra autoridad legal en la tierra para invocar la influencia del cielo sobre el planeta.

Puede que estos aspectos definitivos de la oración sorprendan a muchos, pero un estudio detallado explicará mejor muchas declaraciones hechas en las Escrituras tal como se relacionan a las actividades celestiales en la tierra. Veamos algunas de estas:

Si se humillare mi pueblo, sobre el cual mi nombre es invocado, y oraren, y buscaren mi rostro, y se convirtieren de sus malos caminos; entonces yo oiré desde los cielos, y perdonaré sus pecados, y sanaré su tierra (2da Crónicas 7:14).

También les refirió Jesús una parábola sobre la necesidad de orar siempre, y no desmayar (Lucas 18:1–2).

Orando en todo tiempo con toda oración y súplica en el Espíritu, y velando en ello con toda perseverancia y súplica por todos los santos (Efesios 6:17–18).

Estad siempre gozosos. Orad sin cesar. Dad gracias en todo, porque esta es la voluntad de Dios para con vosotros en Cristo Jesús (1ra Tesalonicenses 5:16–19).

Y a ti te daré las llaves del reino de los cielos; y todo lo que atares en la tierra será atado en los cielos; y todo lo que desatares en la tierra será desatado en los cielos (Mateo 16:19–20).

De cierto os digo que todo lo que atéis en la tierra, será atado en el cielo; y todo lo que desatéis en la tierra, será desatado en el cielo. Otra vez os digo, que si dos de vosotros se pusieren de acuerdo en la tierra acerca de cualquiera cosa que pidieren, les será hecho por mi Padre que está en los cielos. Porque donde están dos o tres congregados en mi nombre, allí estoy yo en medio de ellos (Mateo 18:18–20).

Estos pasajes dan a la humanidad la autoridad y prerrogativa para determinar lo que ocurre en la tierra. De hecho, un cuidadoso estudio bíblico sobre los tratos de Dios con la humanidad y la tierra revela que él no hizo nada en la tierra sin la cooperación de alguna persona.

Toda acción tomada por Dios en el reino terrenal requirió del envolvimiento del ser humano. Para rescatar a la humanidad del Diluvio, Él necesitó a Noé. Para crear a una nación, Él necesitó a Abraham. Para guiar a la nación de Israel, Él necesitó a Moisés. Para sacar a Israel de la cautividad, él necesitó a Daniel. Para derrotar a Jericó, Él necesitó a Josué. Para la preservación de los hebreos, Él necesitó a Ester. Para la salvación de la humanidad, *Él necesitaba volverse hombre.*

En cierta ocasión John Wesley dijo, "Dios no hace nada si no es en respuesta a una oración".[1]

Por lo tanto, la oración no es una opción para la humanidad sino una necesidad. Si no oramos, el cielo no podrá interferir en los asuntos terrenales. Es de suma importancia que tomemos responsabilidad por la tierra y que determinemos lo que ocurre aquí por medio de nuestra vida de oración.

Le invito a descubrir su poder, autoridad y derechos en la tierra y a colocarse usted mismo para ser un canal de fe para la influencia celestial en los asuntos terrenales. El cielo depende de usted, y, la tierra lo necesita. Sin usted, el cielo no lo hará—y sin el cielo la tierra no lo logrará.

Recuerde la gran petición que Jesús hizo cuando Sus discípulos le preguntaron cómo debería orar el hombre: *"Vosotros, pues, oraréis así: Padre nuestro que estás en los cielos, santificado sea tu nombre. Venga tu reino. Hágase tu voluntad, como en el cielo, así también en la tierra"* (Mateo 6:9–11).

---

[1] Citado en *El poder por medio de la oración*, de E. M. Bounds, capítulo 11, "El ejemplo de los apóstoles", publicado por *Whitaker House*.

El cielo necesita que usted le otorgue licencia para impactar la tierra. Usted puede hacer la diferencia y cambiar el curso de la historia si tan sólo usted consigue entender el propósito y el poder de la oración. Únase a mí en esta aventura al núcleo de la oración y observe cómo su poder generalísimo explota en una vida dinámica de peticiones con propósito para lograr el impacto celestial en la tierra.

Parte I

El propósito y la prioridad de la oración

Capítulo uno

¿Realmente funciona la oración?

La oración es una de las artes más malinterpretadas de la experiencia humana—si bien significa uno de los aspectos más emocionantes de la vida de fe.

La oración es una experiencia solitaria para muchos de nosotros. Aunque se nos ha enseñado que orar es importante, nos hemos sentido tan decepcionados y frustrados porque nuestras oraciones no hayan sido contestadas que casi hemos renunciado a ellas. Puede que oremos cuando estamos atemorizados o enfermos, pero no es la práctica regular en nuestras vidas. Aparentemente estamos de acuerdo en que la oración es valiosa, pero nos preguntamos en secreto:

¿Realmente me escucha Dios cuando oro?

¿Por qué parece como si mis oraciones sólo llegan hasta el techo y rebotan hacia mí?

¿Está molesto Dios conmigo? ¿Es por eso que Él no me contesta?

¿Por qué la oración es tan aburrida e infructuosa para mí?

¿No debería yo esperar que mis oraciones sean contestadas?

La oración no contestada es el obstáculo mayor que se interpone en el camino de una vida de fe verdadera. Ciertas personas han perdido completamente su fe debido a una oración no contestada. Algunos han regresado a la filosofía, a la metafísica o a las sectas para encontrar respuestas a las preguntas y a los problemas de la vida. Otros se han vuelto a los horóscopos, a los psíquicos y a la brujería. También hay otros que han rechazado completamente el campo espiritual y ahora se encaminan hacia las cosas puramente materialistas.

La confusión acerca de la oración también afecta a aquellos que son cristianos comprometidos. La más grande dificultad en la experiencia de la mayoría de los creyentes está en sus vidas de oración. Aunque ellos creen que la oración es un elemento fundamental de la vida del cristiano, ellos la rehuyen porque piensan que realmente no hace la diferencia. Ellos no oran porque no les funcionó en el pasado y no quieren fracasar. Algunos han sido tentados a caer en actividades impías porque se cansaron de que sus oraciones no fueran contestadas.

> La más grande dificultad en la experiencia de la mayoría de los creyentes está en sus vidas de oración.

Para muchos de los que oran, la práctica de la oración no es más que un ejercicio religioso, el cual no se interesa por obtener resultados. Algunos creyentes han llegado a la conclusión—consciente o subconscientemente—de que orar no es de mucha importancia para la vida diaria, que no se aplica al mundo real. Ellos buscan en sí mismos o en otras personas para suplir sus necesidades.

Por el reducido número de personas que asisten a las reuniones de oración en nuestras iglesias podemos medir cuánto es el porcentaje de cristianos que realmente creen en la efectividad de la oración. La oración no es una prioridad para nosotros. Otras actividades parecen ser más emocionantes y fructíferas. No nos molesta asistir a los estudios bíblicos, participar en los ministerios de superación, servir en los comités de la iglesia o participar en otras actividades, pero evitamos la oración—tanto individual como colectivamente—porque no la entendemos.

Incluso los creyentes que regularmente oran con convicción y obtienen algunos resultados, han dudado acerca de ciertos aspectos de la oración: qué están supuestos a pedir, cuánto tiempo deben continuar orando por algo, y, preguntas similares relacionadas a la naturaleza de la oración. En general, hay una falta de enseñanza, interés y entendimiento con respecto a la oración en la iglesia.

Nuestras experiencias decepcionantes con la oración nos han llevado a hacer la pregunta: "¿Hará la Palabra de Dios lo que dice que hará?" Ya no estamos tan seguros. Leemos la Biblia, escuchamos la predicación de la Palabra de Dios y sabemos que la Palabra está supuesta a funcionar, pero no hemos tenido muchas experiencias exitosas con el cumplimiento de la Palabra de Dios en nuestras vidas más allá de nuestra experiencia inicial de la salvación.

Consecuencias de la Oración no Contestada

La frustración y confusión sobre la oración no contestada son comprensibles. Esperamos cosas que funcionen si Dios dijo que estaban supuestas a funcionar. Por consiguiente, cuando pareciera que nuestras oraciones no van a ser contestadas, ¿cuál es el efecto que se produce en nosotros? El dolor espiritual y emocional puede ser profundo y devastador. Esto puede llevar a la tristeza, desesperación, amargura y rebelión. Puede minar el fundamento de nuestra fe y llevarnos a estos resultados:

> El dolor espiritual y emocional producido por la oración no contestada puede ser profundo y devastador.

1. *Nos sentimos abandonados y aislados de Dios, imaginándonos que Él no se preocupa por nuestros problemas.* Como resultado, empezamos a dudar de Su amor por nosotros. Empezamos a ver en Él a alguien que está en contra de nosotros—o al

menos indiferente a nosotros—en vez de ver a un amoroso Padre celestial que da buenas dádivas a Sus hijos.

2. *Cuestionamos el carácter e integridad de Dios.* Nos podemos preguntar: "¿Promete Dios contestar nuestras oraciones o no? ¿Puedo confiar en que Él cumpla Su Palabra?" De esta manera empezamos a desconfiar de Él, erosionando nuestras bases de fe y causando que sufran nuestras relaciones con Él.

3. *Sentimos como que nuestras vidas están muy intranquilas e inestables.* Nos preguntamos: "¿Puedo depender realmente de Dios, o es la oración una proposición a la buena de Dios? ¿Con qué puedo depender en relación a la oración?" Por consiguiente, comenzamos a confiar en nosotros mismos o en otras personas, grupos, creencias, en vez de apropiarnos del poder y la promesa de Dios para responder a nuestras necesidades.

4. *Llegamos a conclusiones prematuras acerca de nosotros mismos y de nuestras oraciones.* Por ejemplo, cuando tratamos de entender el por qué nuestras oraciones no están funcionando, asumimos: "Mis oraciones no son contestadas porque no tengo suficiente fe". Por tanto, no llegamos a entender los varios principios y verdades concernientes a la oración, los cuales Dios nos ha dado en Su Palabra para nuestro beneficio.

5. *Dudamos de nuestro llamado como intercesores de Dios.* Comenzamos a pensar: "Las oraciones contestadas deben ser sólo para un grupo selecto de cristianos 'súper-espirituales'". Abandonando así uno de los mayores propósitos de Dios para nuestras vidas.

Cuando experimentamos estas consecuencias de la oración no contestada, somos tentados a hacer la pregunta planteada en Job 21:15: *"¿Y de qué nos aprovechará que oremos a Él?"* Sin embargo, realmente la pregunta es: ¿Qué estamos perdiendo si no oramos a Él?

Hoy en día, muchos cristianos están experimentando impotencia, falta de dirección, escasa victoria sobre el pecado, un escaso progreso espiritual, un testimonio débil, ministerio infructífero, pobreza y cantidad de problemas similares. ¿Hay alguna confusión sobre la oración y conexión entre las vidas no desarrolladas, derrotadas o faltas de dirección? En mi experiencia, a menudo existe una fuerte conexión. Gran cantidad de cristianos no tienen exitosas vidas de oración—ni vidas exitosas en general—porque sencillamente no saben cómo o por qué orar. Otros cristianos conocen algunos principios de la oración pero no alcanzan su potencial como intercesores porque no entienden ciertos aspectos claves de la oración.

> La oración no es sólo una actividad, un ritual o una obligación. Es una comunión y una comunicación que toca el corazón de Dios.

EL MALINTERPRETADO ARTE DE ORAR

Estoy convencido de que la oración es una de las artes más malinterpretadas de la experiencia humana. La oración no es sólo una actividad, un ritual o una obligación. Ni es rogar a Dios que haga lo que nosotros queremos que Él haga. Es una comunión y una comunicación con Dios que toca Su corazón. Cuando usted entienda los principios del arte de orar, usted comenzará a comunicarse con Dios con poder, gracia y confianza.

La oración fue diseñada para ser uno de los aspectos más emocionantes en la vida de fe. Tiene el poder de transformar vidas, cambiar circunstancias, dar paz y perseverancia en medio de las pruebas, altera el curso de las naciones y gana el mundo para Cristo.

El poder de la oración es herencia del creyente. Mi meta en este libro es desmitificar la oración para que los creyentes puedan hacer uso de lo que por justicia es de ellos en Cristo. Mi planteamiento es muy práctico. Está basado en las claras enseñanzas de la Palabra de Dios y en los treinta años de experiencia personal en los cuales he aprendido, por gracia de Dios, cómo orar y recibir respuestas a mis oraciones. Sé lo que es luchar con la oración.

Por consiguiente, puedo entender el dolor de la oración no contestada que muchos cristianos están experimentando— que usted puede estar experimentando ahora mismo. No obstante, debido a que he aprendido y probado las verdades de la oración, también conozco el gozo de su cumplimiento. He llegado a reconocer muchos de los obstáculos que impiden que la oración sea contestada, así como también muchos de los principios de la oración efectiva. Estos principios no están ocultos. Son accesibles con facilidad para que usted comience a practicar la oración.

El Camino de la Oración

Si vamos a quitar la bruma de la confusión sobre la oración para que así podamos ver más claramente sus características, debemos comenzar por entender las siguientes verdades:

Primero, debemos reconocer que cuando oramos y no obtenemos resultados, es una indicación de que algo anda mal. Dios instituyó la oración y en todo el Antiguo y Nuevo Testamento encontramos numerosos ejemplos de oraciones elevadas y contestadas. Cuando la oración no es contestada, la Palabra de Dios proporciona una indicación del por qué no fue contestada, da una visión de las clases de oraciones que Dios contesta y señala lo que puede impedir nuestras oraciones.

Esto no quiere decir que las respuestas a nuestras oraciones se manifiesten inmediatamente. Por tanto, esto no significa que cada oración basada en la Palabra de Dios y elevada con fe por una persona que está en correcta relación con Dios *va a ser contestada*—y que es sólo cuestión de tiempo antes que se evidencie la respuesta. Dios contesta tan pronto le pedimos y Él revela aquellas respuestas en Su tiempo. Es por eso que Jesús les dijo a Sus discípulos *"que ellos debían orar siempre y no desmayar"* (Lucas 18:1).

Segundo, Dios es fiel en contestar la oración. Nuestra interpretación de la oración se ha distorsionado tanto que hemos desarrollado una definición para esa palabra, definición que es exactamente opuesta al verdadero significado de la misma. Cuando afirmamos que algo no tiene oportunidad o solamente una leve oportunidad de que suceda, decimos, "no se ha orado por ellos". Sin embargo, Jesús nos da la seguridad de que Dios oye y contesta nuestras oraciones. Él dijo: *"Por tanto, os digo que todo lo que pidiereis orando, **creed que lo recibiréis,** y os vendrá"* (Marcos 11:24, el énfasis fue añadido). La respuesta está tan segura que se nos requiere creer que ya fue dada.

*Tercero, la voluntad de Dios y la Palabra **hacen** el trabajo cuando son comprendidas y puestas en práctica.* Si lo cree así ahora o no, la oración *hace* el trabajo. Como quiera que sea, las necesidades deben entenderse primero. Debemos aprender a orar de una forma que abarque las verdades y los principios de la oración que Dios nos ha dado en Su Palabra. El propósito de este libro es establecer claramente estas verdades y principios. La verdadera oración hará lo siguiente:

> Debemos aprender a orar de una forma que abarque los principios que Dios nos ha dado en Su Palabra.

- Establecerá una intimidad con Dios
- Traerá honor a Su naturaleza y carácter
- Motivará el respeto por Su integridad
- Capacitará para creer en Su Palabra
- Motivará la confianza en Su amor
- Afirmará Sus propósitos y voluntad
- Se apropiará de Sus promesas

Dios es amoroso y misericordioso. Él sabe que tenemos limitaciones para entenderlo a Él mismo y Sus caminos, y, que luchamos con nuestra naturaleza caída. Por eso es que Él quiere a veces contestar nuestras oraciones aunque éstas sean débiles y llenas de dudas. No obstante, como un Padre amoroso, Él quiere que nosotros crezcamos y maduremos. No quiere dejarnos en nuestras debilidades e incertidumbre. Él quiere que entremos en Sus propósitos, porque es de la manera en que podemos ser hijos verdaderos de nuestro Padre celestial, trabajando junto con Él y viviendo la vida abundante que Cristo vino a darnos (Juan 10:10). De manera que, a veces, Él detendrá las respuestas a la oración para que le busquemos a Él y los principios de la oración que son esenciales para orar de acuerdo a Su voluntad y para apropiarnos de Sus promesas y poder.

Debido a que la naturaleza de la oración y porque Dios quiere que crezcamos en nuestra fe, orar sin entendimiento o aplicando los principios de la oración es comúnmente inefectiva. Yo quisiera decirles que es una pérdida de tiempo. Trae consigo frustración y motiva a los creyentes a permanecer en medio de los problemas y circunstancias que puedan ser vencidas por medio de la oración—dejándolos incapacitados para cumplir sus llamamientos como sacerdotes de Dios y embajadores ante el mundo. La oración está destinada a ser contestada—de otra forma, Dios nos habría pedido que oráramos. Él no tiene interés en que usted desperdicie su tiempo y esfuerzos. Por eso es que Él es muy práctico. Él se interesa en los resultados, no sólo en *"repeticiones"* (Mateo 6:7) hechas en la oración. El planteamiento de Jesús para orar también fue muy práctico. Él no oró sin esperar ser oído. Al respecto, Él dijo: *"Padre, gracias te doy por haber oído. Yo sabía que **siempre** me oyes"* (Juan 11:41–42, el énfasis fue añadido). Necesitamos saber cómo acercarnos a Dios y saber las clases de oraciones que Dios contesta. Necesitamos orar como Jesús oró.

Removiendo los Obstáculos de la Oración no Contestada

Por medio de las verdades y principios bosquejados en este libro, usted puede empezar hoy a cambiar su manera de ver las cosas con relación a Dios, usted mismo y la oración. Usted puede tener una vida de oración eficaz que se desborde sobre las otras áreas de su vida. Dios desea que usted experimente fortaleza espiritual e intimidad con Él para que cumpla Sus propósitos. Los principios que usted descubra le ayudarán a despejar los obstáculos de la oración no contestada que ha estado reteniendo el cumplimiento de su propósito para que pueda entrar en una nueva dimensión de fe, profundo amor hacia Dios y poder para el servicio.

Oremos Juntos

Padre celestial:
Tú dijiste: *"Clama a mí, y yo te responderé, y te enseñaré cosas grandes y ocultas que tú no conoces"* (Jeremías 33:3). Sobre la base de esta promesa Te llamamos y Te pedimos que nos muestres esas verdades ocultas acerca de la oración que Tú has establecido en Tu Palabra. Perdónanos por apoyarnos en nuestro propio entendimiento cuando venimos a orar. Sánanos de los efectos espirituales y emocionales que la oración no contestada ha operado en nosotros. Ábrenos la mente y el corazón para oír Tu Palabra y permite que el Espíritu Santo nos enseñe Sus propósitos y verdad. Oramos en el nombre de Jesús, Sabiduría nuestra y Fortaleza nuestra. Amén.

Poniendo en Práctica la Oración

Así como hemos aprendido sobre la oración, nuestra mayor tentación será adquirir conocimiento sobre la oración sin ponerla en práctica. Por eso, al final de cada capítulo, habrá una sección llamada "Poniendo en práctica la oración". Le animo a que piense y conteste las preguntas y los pasos de acción presentados en esas secciones. Quiera Dios bendecirle mientras usted descubre el propósito y el poder de la oración.

Pregúntese usted mismo:
- ¿Cuán a menudo oro?
- ¿Es la oración un misterio para mí? ¿Hay aspectos de la oración que son confusos y poco claros para mí?
- ¿He experimentado la oración no contestada? ¿Cómo me ha hecho sentir eso acerca de la oración, acerca de Dios y acerca de mí mismo?
- ¿Estoy experimentando impotencia, falta de dirección, poca victoria sobre el pecado, escaso progreso espiritual, testimonio débil, ministerio

infructífero, pobreza u otros problemas similares?

- ¿Cómo haría la diferencia una oración contestada en mi vida?

Principios

1. La oración no contestada es el mayor obstáculo que nos impide lograr una verdadera vida de fe.
2. Una oración no contestada puede llevarnos a estos resultados:
   - Nos sentimos abandonados y aislados de Dios, imaginándonos que Él no se preocupa por nuestros problemas y dudamos de Su amor.
   - Cuestionamos la integridad y el carácter de Dios, y, empezamos a desconfiar de Él.
   - Sentimos como si nuestras vidas están intranquilas e inestables; por tanto, empezamos a confiar en nosotros mismos, o en otras personas, grupos, o creencias, en vez de Dios,
   - Llegamos a conclusiones prematuras de nosotros mismos y de nuestras oraciones, no aprendiendo así los principios y las verdades de la oración que Dios nos ha dado en Su Palabra.
   - Dudamos de nuestro llamado como intercesores de Dios, así que, abandonamos el mayor propósito de Dios para nuestras vidas.
3. Una gran cantidad de creyentes no tienen éxito en sus vidas de oración—ni éxito en sus vidas en general—porque ellos sencillamente no saben cómo y por qué orar.
4. Algunos cristianos conocen ciertos principios de la oración, pero no alcanzan su potencial completo como intercesores porque no entienden los aspectos claves de la oración.
5. El poder de la oración es la herencia del creyente.
6. Para entender la oración, necesitamos reconocer lo siguiente:

- La actividad de oración que no trae resultados es indicación de que algo anda mal.
- Dios es fiel en contestar la oración.
- La voluntad de Dios y la Palabra *hacen* el trabajo cuando son entendidas y puestas en práctica.

7. La verdadera oración establece intimidad con Dios, honra Su naturaleza y carácter, respeta Su integridad, cree en Su Palabra, confía en Su amor, afirma Sus propósitos y voluntad, y se apropia de Sus promesas.

8. El orar sin entendimiento y sin aplicar las verdades y los principios de la oración es inefectivo.

9. La oración está destinada a ser contestada—o Dios no nos hubiera pedido que oráramos. Jesús no oró sin esperar ser escuchado.

Capítulo dos

El génesis de la oración

La oración es el ejercicio de nuestra autoridad sobre la tierra al darle a Dios la libertad de intervenir en los asuntos terrenales.

P uede que cuando oramos y no recibimos respuesta a nuestras oraciones nos preguntemos: "¿Cuál es el propósito de la oración?" ¿No hace Dios todo lo que Él quiere hacer, sin importar como? ¿Por qué tendríamos que orar cuando ya Dios:

- lo sabe todo
- lo controla todo
- lo predetermina todo
- no cambia?

Estas son preguntas válidas. Para contestarlas, primero necesitamos entender las verdades esenciales de la naturaleza de Dios y Sus propósitos para la humanidad que nos conduce a la necesidad de orar. El relato bíblico de la creación de la humanidad revela estas verdades.

Para comenzar, Dios hace todo con un motivo, pues Él es un Dios de propósitos. Sus actos no son arbitrarios. *"Jehová de los ejércitos juró diciendo: Ciertamente se hará de la manera que lo he pensado, y será confirmado como lo he determinado"*

(Isaías 14:24). *"El consejo de Jehová permanecerá para siempre; los pensamientos de su corazón por todas las generaciones"* (Sal. 33:11). *"Muchos pensamientos hay en el corazón del hombre; mas el consejo de Jehová permanecerá"* (Proverbios 19:21). Dios es un Dios de propósitos y todo lo que Él ha creado en este mundo, incluyendo hombres y mujeres, ha sido creado para cumplir Sus propósitos. Por eso, cuando Dios dijo: *"Hagamos al hombre a nuestra imagen, conforme a nuestra semejanza"* (Génesis 1:26), ¿qué revela esta declaración acerca de Sus propósitos para la humanidad y la razón para orar?

La Humanidad fue Creada para Reflejar la Naturaleza de Dios y para Tener Compañerismo con Él

Primero, Dios creó a la humanidad para reflejar Su carácter y personalidad. Fuimos creados para ser como Él, teniendo Su *"imagen"* y *"semejanza"* (Génesis 1:26). Esto significa que fuimos creados para tener Su naturaleza y carácter moral. Esa debía ser la esencia de nuestro ser. La razón personal de Dios para crear la humanidad fue para establecer una relación de amor mutuo con ella. Dios creó a la humanidad a Su propia imagen para que el amor pudiera ser dado y recibido libremente entre el Creador y lo creado. La única razón para que el hombre pueda tener compañerismo con Dios es que Dios lo creó de Su propia esencia. Él creó al hombre con espíritu, así como Él es Espíritu. *"Dios es Espíritu; y los que le adoran, en espíritu y en verdad es necesario que adoren"* (Juan 4:24).

> La humanidad no puede revelar la imagen y semejanza de Dios si no entabla una relación con Él.

Aunque Dios es el Creador, Él siempre ha enfatizado que es el Padre del hombre. No ha sido Su deseo que primeramente se piense que Él es un Dios maravilloso o un *"fuego consumidor"* (Deuteronomio 4:24). Dios quiere que nos acerquemos a Él como un niño lo haría con un padre amoroso: *"¿No es él tu padre que te creó? Él te hizo y te estableció"*

(Deuteronomio 23:6). *"Como el padre se compadece de los hijos, se compadecerá Jehová de los que le temen"* (Salmos 103:13).

El hombre fue creado de la esencia de Dios, aunque siempre depende de Dios como su Fuente. Como seres humanos, no somos autosuficientes, aunque nos gustaría pensar que lo somos. No podemos revelar la imagen y semejanza de Dios si no entablamos una relación con Él. La idea era que reflejáramos la naturaleza de Dios en el contexto de estar conectados continuamente con Él en compañerismo. Primera de Juan 4:16 dice, *"...el que permanece en amor, permanece en Dios, y Dios en él"*. Ningún ser humano estará verdaderamente satisfecho con la vida hasta que él o ella amen a Dios. Dios debe tener el primer lugar en nuestras vidas porque fuimos diseñados para hallar cumplimiento y máximo significado en Él.

La Humanidad fue Creada para Ejercer Dominio

Segundo, Dios creó a la humanidad para cumplir Sus propósitos sobre la tierra. Esta es la vocación primaria de la humanidad. Cuando Dios creó al hombre a Su imagen, le dio libre albedrío. De esta manera, al hombre se le dio la habilidad de planear y tomar decisiones, y luego entrar en acción para cumplir esos planes, así como hizo Dios al crear el mundo. El hombre estaba supuesto a llevar a cabo los propósitos de Dios para la tierra haciendo uso de su propia voluntad e iniciativa. El debía reflejar al Dios que planea de antemano y lleva a cabo Sus planes por medio de actos creativos.

¿Cómo debía la humanidad cumplir con esta vocación?

Entonces dijo Dios: "Hagamos al hombre a nuestra imagen, conforme a nuestra semejanza; y señoree [tenga dominio] *en los peces del mar, en las aves de los cielos, en las bestias, en toda la tierra, y en todo animal que se arrastra sobre la tierra"; y creó Dios al hombre a su imagen, a imagen de Dios lo creó; varón y hembra los creó. Y los bendijo Dios y les dijo: "Fructificad y multiplicaos; llenad la tierra, y sojuzgadla, y señoread*

en los peces del mar, en las aves de los cielos, y en todas las bestias que se mueven sobre la tierra"
(Génesis 1:26–28).

Dijo Dios: *"Hagamos al hombre a nuestra imagen, conforme a nuestra semejanza; y **señoree**"* ["tenga dominio", NVI] (Génesis 1:26, el énfasis fue añadido). Asombrosamente, el hombre no sólo fue creado para entablar una relación con Dios, sino también para compartir la autoridad de Dios. *"Le hiciste señorear sobre las obras de tus manos; todo lo pusiste debajo de sus pies"* (Salmos 8:6). *"Los cielos son los cielos de Jehová; y ha dado la tierra a los hijos de los hombres"* (Sal. 115:16).

¿Cómo capacitó Dios al hombre para que gobernara la tierra? Sabemos que primero Él creó a la humanidad de Su propia esencia, la cual es *espíritu*. Sin embargo, puesto que la humanidad necesitaba ser capacitada para regir en el reino *físico* de la tierra, Dios, entonces, le dio a la humanidad cuerpos físicos manifestados en dos géneros— masculino y femenino. Por eso es que la Biblia se refiere a la creación del hombre en términos singular y plural: *"Y creó Dios al hombre a su imagen, a imagen de Dios lo creó; varón y hembra los creó"* (Génesis 1:27). En los versículos 26 y 27 de Génesis 1, la palabra *"hombre"* se refiere a las *especies* que Dios creó, al ser espiritual llamado "hombre" y que incluye a ambos, al hombre y a la mujer. Esto significa que el propósito del dominio se le otorgó a ambos, a hombre y a mujeres.*

El relato de la creación de la humanidad nos muestra que Dios nunca deseó o intentó gobernar por Sí mismo la tierra. ¿Por qué? Es porque *"Dios es amor"* (1ra Juan 4:8, 16), y el amor no piensa en esos términos. Una persona egoísta quiere toda la gloria, todo el crédito, todo el poder, toda la autoridad, todos los derechos y todos los privilegios. Pero una persona

---

* Para mayor información sobre los distintos diseños del hombre y la mujer y su papel de dominio, por favor refiérase a los libros del mismo autor: *Entendiendo el Propósito y el Poder de la Mujer* y *Entendiendo el Propósito y el Poder de los Hombres,* ambos publicados por *Whitaker House.*

con amor desea que otros compartan de lo que él tiene. Es decisivo que nosotros entendamos que la *relación de amor* que Dios estableció con la humanidad no está separada del *propósito* que Dios tiene para la humanidad. Más bien, la relación es fundamental al propósito; ambos son claves esenciales para la oración.

EL SIGNIFICADO DEL DOMINIO

El reino terrenal

¿Qué significa para la humanidad tener dominio sobre el mundo? Primero, Dios le confió la tierra al hombre. Esto quiere decir que el hombre iba a ser el propietario de la tierra física, incluyendo las otras cosas vivientes del mundo—peces, pájaros, ganado, todos los animales. En Génesis 2, leemos que Adán fue puesto en el Jardín del Edén para atenderlo y cultivarlo. Esto es lo que la humanidad iba a hacer por toda la tierra: atenderla y cultivarla. En efecto, Dios le dijo a la humanidad: "Gobiernen sobre Mi mundo. Cuiden de él. Domínenlo y subyúguenlo con su propia creatividad". Dios le ha dado la libertad al hombre para mostrar creatividad mientras gobierna la tierra física y todas las otras cosas vivientes que habitan en ella. La tierra debe ser gobernada, cuidada, subyugada y moldeada por los seres creados a imagen de su Creador. El hombre debe reflejar el amor y la creatividad del Espíritu de Dios.

> Dios no creó al hombre para vivir en el cielo; Él creó al hombre para vivir en la tierra.

Esto nos lleva a un hecho interesante que muchos creyentes pasan por alto hoy en día. Al inicio, Dios no creó al hombre para vivir en el cielo; Él creó al hombre para vivir en la tierra. Dios es el Gobernante del cielo y Él creó al hombre para expresar Su autoridad en este mundo. En efecto, Él dijo: "Yo quiero que lo que sucede en el cielo, ocurra también en el mundo creado; quiero que Mi gobierno se extienda a otros reinos, pero no quiero hacerlo Yo directamente. Quiero que el hombre comparta Mi gobierno".

El plan de Dios para la creación fue este: Así como Dios gobierna el reino invisible en el cielo, el hombre debía gobernar en el reino visible en la tierra, con Dios y el hombre gozando de continua comunión por medio de sus naturalezas espirituales. De hecho, Dios dijo algo asombroso acerca de la humanidad, lo cual se registra en Salmos: *"Yo dije: Vosotros sois 'dioses', y todos vosotros hijos del Altísimo"* (Salmos 82:6). Dios nos hizo a Su imagen y nos dio a cada uno de nosotros libre albedrío como un reflejo de Su propia naturaleza. Él nos creó para ser Su descendencia. Por tanto, Él nos llama "pequeños dioses".

Ahora bien, esto no significa que seamos iguales a Dios o que somos deidad. Adán y Eva pudieron haber cumplido sus propósitos si sólo hubieran confiado y se hubieran mantenido en constante comunión con el Dios del Jardín. Similarmente, nosotros podemos cumplir con los propósitos para los cuales fuimos creados, solamente si estamos conectados con nuestra Fuente. Sin embargo, necesitamos reconocer la alta estima y propósitos que Dios tiene para nosotros. En esencia, Dios le dijo al hombre: "Deja que Yo gobierne por medio de ti, para que puedas apreciar, gozar y compartir Mi gobierno".

El reino espiritual

Tener dominio significa aún más que tomar el cuidado físico del mundo. Debido a que el hombre tiene naturaleza física y espiritual, la humanidad es el medio para llevar a cabo los propósitos de Dios en la tierra, no sólo en el reino físico, sino también en el reino espiritual. De esta manera, él está para esparcir la naturaleza y carácter de Dios por toda la tierra.

Cuando Dios creó a Adán y Eva y los puso en el Jardín del Edén, nunca fue Su intención que ellos dejaran el Jardín. Más bien, Él quería que el *Jardín se esparciera a toda la tierra.* ¿Qué significa esto? Dios quería que ellos tomaran el carácter del Jardín—la presencia, luz y verdad de Dios—y lo esparcieran por todo el mundo. Este es el mayor significado de tener dominio sobre la tierra. Este es aún el propósito de

Dios. Isaías 11:9 dice, *"...la tierra será llena del conocimiento de Jehová, como las aguas cubren el mar"*.

Trabajando "con" Dios en vez de "para" Dios

Cuando Dios creó al hombre para compartir Su autoridad, eso estaba en el contexto de la relación humana con Él como Su descendencia. Dios no creó a los hombres y a las mujeres para que fueran esclavos, sino hijos e hijas que participaran incondicionalmente en la administración de los asuntos de la familia. Este fue Su plan para la humanidad desde el principio. Él siempre ha querido que Sus hijos le ayuden a cumplir Sus propósitos.

Esto significa que Dios no quiere que el hombre trabaje *para* Él, si no más bien *con* Él. La Biblia dice que somos *"colaboradores suyos"* (2ᵈᵃ Corintios 6:1) o *"colaboradores de Dios"* (NVI). En el original griego *"colaboradores"* significa aquellos que "cooperan", que "ayudan", que "trabajan juntos". Deberíamos siempre pensar acerca del dominio de la humanidad en el contexto de un propósito en conjunto con Dios basado en el amor mutuo y de las relaciones de hijos e hijas hacia su Padre celestial.

Resumamos lo que hemos discutido hasta este punto:

- Dios es Dios de propósitos, y, Sus propósitos son eternos.
- Dios deseó descendencia que fuera como Él y que compartiera Su gobierno y dominio.
- Dios creó a la humanidad con y para un propósito determinado.
- Dios creó a la humanidad a Su imagen y semejanza, como un reflejo de Su propia naturaleza.
- Dios creó a la humanidad con voluntad soberana y con capacidad para la expresión creativa.
- Llevar a cabo los propósitos y la voluntad de Dios sobre la tierra es vocación del hombre.
- El hombre debe ejercer dominio tanto en el reino físico como en el espiritual.
- Para cumplir con los propósitos de Dios, los hombres y las mujeres deben desear hacer Su voluntad—no

trabajando *para* Él como Sus siervos, sino *con* Él como Su descendencia.

- El hombre puede cumplir con sus propósitos sólo si está conectado a su Fuente—a Dios como Creador y Padre.

La Naturaleza de la Oración

Sabemos que la tragedia llegó a la humanidad cuando Adán y Eva dieron sus espaldas a Dios y desearon cumplir con sus propios deseos fuera de Su voluntad. Algunos piensan que la oración se originó porque fuimos separados de Dios por nuestro pecado, y que necesitábamos un medio por el cual reconectarnos con Él. Ese es uno de los usos de la oración; sin embargo, no es el centro de la oración. Para entender su esencia, debemos comprender que la oración comenzó con la *creación* de la humanidad. No fue instituida después de la Caída, sino antes de ésta. La oración existió desde los inicios de las relaciones de Dios con el hombre.

La oración es la expresión de la relación del hombre con Dios y la participación en Sus propósitos

La verdadera naturaleza de la oración puede ser entendida solamente en el contexto de los propósitos de Dios para la humanidad, los cuales acabamos de discutir. La esencia de la oración es doble.

La oración es—
Una expresión de la unidad de la
humanidad y su relación de amor para con Dios.
Una expresión de la afirmación de la humanidad
y su participación en los propósitos de Dios
para la tierra.

Orar significa comunicarse con Dios, ser uno con Dios. Significa unión con Él—unidad y claridad de propósitos, pensamiento, deseo, voluntad, razón, motivo, objetivo y sentimientos. H. D. Bollinger expresó que, "la oración es la expresión de la relación de un ser con otro ser".

Por consiguiente, la oración es el vehículo del alma y el espíritu del hombre por medio del cual se comunica con el Dios invisible. También es la vía por medio de la cual el espíritu humano se afecta y es afectado por la voluntad y propósitos del divino Creador. Por lo tanto, también podemos decir:

Orar es involucrarnos nosotros mismos
(nuestro "yo" completo) con Dios.

¿Quién elevó la primera oración? Quisiera decir que fue Adán, siendo que él fue creado primero y con quien Dios habló respecto a cómo atender el Jardín y los parámetros de la autoridad humana en la tierra (Génesis 2:15–17). La Biblia implica que Dios acostumbraba de caminar y hablar con Adán en la tranquilidad del día (Génesis 3:8–9). El compañerismo entre Dios y Adán, y el convenio de Adán con los propósitos de Dios formaron la esencia de la primera oración. Usted puede decir: "Sí, pero Adán ya estaba en la presencia de Dios. ¿Por qué necesitaba orar?

> El centro de la oración yace en la comunión con Dios en una unidad de amor y propósito.

Debido a la caída de la humanidad (Véase Génesis 3) y por la terquedad de nuestra naturaleza pecaminosa, a menudo necesitamos preparar nuestros corazones en oración para poder entrar verdaderamente en la presencia de Dios. No obstante, eso es sólo para los propósitos de llevarnos a donde originalmente fuimos creados, al lugar donde Adán y Eva estuvieron antes de la Caída—un lugar de pureza ante Dios en el cual reflejamos Su naturaleza y unidad con Sus propósitos, un lugar en el cual nuestra voluntad está en total acuerdo con Su voluntad. Jesús dijo: *"Porque donde están dos o tres congregados en mi nombre, allí estoy yo en medio de ellos"* (Mateo 18:20). El centro de la oración yace en la comunión con Dios en una unidad de amor y propósito. Es convenir con Dios—corazón, alma, mente y fuerza—para que se cumpla la voluntad de Dios.

Orar no es opcional

Esto nos regresa a la pregunta que hicimos al principio de este capítulo: ¿Por qué tenemos que pedirle a Dios que haga lo que Él ya determinó hacer? La respuesta se refiere a la fidelidad de Dios a Su propia Palabra y a Su integridad de nunca quebrantar esa Palabra—porque Su Palabra es Su nombre; es quien Él es. Él dijo: *"Hagamos a nuestra imagen, conforme a nuestra semejanza; y señoree ['tenga dominio',* NVI]*...en toda la tierra"* (Génesis 1:26). Cuando Dios le concedió dominio al hombre, Él le concedió la libertad para funcionar legalmente como autoridad en este planeta. De esta manera, Él puso Su voluntad para la tierra en cooperación con la voluntad del hombre. Dios no cambió este propósito cuando la humanidad cayó, porque Sus propósitos son eternos. *"El consejo de Jehová permanecerá para siempre; los pensamientos de su corazón por todas las generaciones"* (Salmos 33:11).

En el próximo capítulo veremos cómo Cristo vino a ser el Segundo Adán y redimió a la raza humana para que ésta pudiera ser restaurada completamente a una relación de amor con Dios y participación en Sus propósitos para la tierra. Aún antes de que el plan de redención de Dios estuviera completamente consumado en Cristo, Dios usó a los humanos para cumplir Su voluntad. En Abraham, Moisés, Gedeón, David, Daniel y muchos otros vemos esta verdad operando en sus vidas. Aunque la parte del hombre estaba ahora limitada por su pecado y por la falta de entendimiento de los caminos de Dios, Dios continuó trabajando con la humanidad para cumplir Sus propósitos sobre la tierra.

Por eso, nuestra necesidad de orar es el resultado de cómo Dios planeó el dominio y autoridad sobre la tierra. Dios hizo al mundo. Después hizo a los hombres y las mujeres y les dio el dominio sobre todas las obras de Sus manos. El hombre fue creado para ser el "dios" de este mundo. A él se le dio completa autoridad en el reino de la tierra y Dios no traspasa esa autoridad. Esto quiere decir que cuando Dios dijo: "que el hombre *'señoree...en toda la tierra'"*, Él estaba instaurando el dominio del mundo para que la asociación con el hombre fuera esencial para el cumplimiento de Sus propósitos. Él permite que las cosas sucedan en la tierra cuando hombres y mujeres están de acuerdo con Su voluntad. Por consiguiente, el orar es esencial para que la voluntad de Dios sea hecha en la tierra. Siendo que Dios nunca quebranta Su Palabra con respecto a cómo las cosas han de funcionar, la oración es obligatoria (no es opcional) para el progreso espiritual y la victoria en nuestras vidas individualmente y en el mundo en general.

El plan de Dios es que el hombre llegue a desear lo que Él desea, a querer lo que Él quiere y pedirle que cumpla Sus propósitos en el mundo para que la bondad y la verdad puedan reinar sobre la tierra, en vez de que reinen el mal y la oscuridad. En este sentido, la oración del hombre le da a Dios la libertad de intervenir en los asuntos terrenales. En otras palabras,

La oración es licencia terrenal para la interferencia celestial.

El Propósito es la Materia Prima de la Oración

Como miembro de la raza humana creada a la imagen de Dios, esta autoridad de dominio es su herencia. El deseo de Dios para usted es desear Su voluntad. Su voluntad debe ser el nervio y el centro de sus oraciones, el centro de su intercesión, la fuente de su confianza en súplica, la fortaleza de su oración ferviente y eficaz.

Orar no significa convencer a Dios para que haga su voluntad, sino hacer la voluntad de Él por medio de su voluntad. Por consiguiente, la clave para la oración efectiva es entender el propósito de Dios para su vida, Su razón para que usted exista—como ser humano en general y como individuo específicamente. Esto es una verdad importante que debemos recordar muy especialmente: *Una vez que usted entiende su propósito, llega a ser la "materia prima", el elemento fundamental para su vida de oración.* La voluntad de Dios es la autoridad de sus oraciones. Orar es hacer cumplir lo que Dios ya ha propuesto y predestinado—continuar Su obra de creación y el establecimiento de Sus planes para la tierra.

De esta manera, su propósito en Dios es el elemento fundamental para sus oraciones con respecto a:

Provisión
Sanidad
Liberación
Poder
Protección
Resistencia
Paciencia
Autoridad
Fe
Alabanza
Acción de gracias
Confianza
Seguridad
Denuedo
Paz

para suplir todas sus necesidades. Echaremos un vistazo más profundo de esta verdad esencial en otro capítulo.

> Todo lo que Dios es y todo lo que Él tiene, puede ser recibido por medio de la oración.

Todo lo que usted necesita está disponible para que usted cumpla con su propósito. Todo lo que Dios es y todo lo que Él tiene, puede ser recibido por medio de la oración. La medida de nuestra apropiación de la gracia de Dios está determinada por la medida de nuestras oraciones.

LA VOLUNTAD DE DIOS ES LA CONFIANZA DE NUESTRAS ORACIONES

Algunas personas dicen: "No estoy totalmente seguro por lo que se supone que debo orar". La respuesta se encuentra en nuestro propósito. No le vamos a pedir a Dios que haga alguna cosa fuera de lo que se nos ha dado basado en nuestro propósito. Estaremos discutiendo la aplicación práctica de esta verdad a lo largo de este libro. Mantenemos una oración equivocada porque continuamos pidiendo por las cosas equivocadas: *"Pedís, y no recibís, porque pedís mal, para gastar en vuestros deleites"* (Santiago 4:3). Si pedimos por cosas que son contrarias a nuestro propósito nos frustraremos. Jesús siempre oró para que se hiciera la voluntad de Dios, y luego trabajó para que se cumpliera.

Por ejemplo, una de las oraciones más largas se registra en Juan 17. La oración de Jesús en realidad fue esta: "Padre... antes de que el mundo fuese...He manifestado tu nombre a los hombres que del mundo me diste; tuyos eran, y me los diste, y han guardado tu palabra. Yo ruego por ellos; no ruego por el mundo, sino por los que me diste; porque tuyos son; y todo lo mío es tuyo, y lo tuyo mío; y he sido glorificado en ellos. Y ya no estoy en el mundo; mas éstos están en el mundo, y yo voy a ti. Padre santo, a los que me has dado, guárdalos en tu nombre, para sean uno así como nosotros. Cuando estaba con ellos en el mundo, yo los guardaba en tu nombre; a los que me diste, yo los guardé, y ninguno de ellos se perdió, sino el hijo de perdición, para que la Escritura se cumpliese" (Véase Juan 17:6, 9–12). Jesús conocía los propósitos del Padre celestial para Su vida y Él quería cumplir con ambos deseos: hacer la voluntad de Dios y actuar de acuerdo a ella. *"'Mi comida', dijo Jesús, es que haga la voluntad del que me envió, y acabe su obra"* (Juan 4:34).

En Juan 11:41–42, Jesús expresó Su confianza en que Dios escuchaba Sus oraciones.

Y Jesús alzando los ojos a lo alto, dijo: Padre, gracias te doy por haberme oído. Yo sabía que siempre me oyes; pero lo dije por causa de la multitud que está alrededor, para crean que tú me has enviado.

La seguridad de Jesús en la oración se basó en Su conocimiento y en el hacer la voluntad de Dios. Como dice 1ra Juan:

Y esta la confianza que tenemos en él, que si pedimos alguna cosa conforme a su voluntad, él nos oye. Y si sabemos que él nos oye—en cualquiera cosa que pidamos—sabemos que tenemos las peticiones que le hayamos hecho (1ra Juan 5:14–15).

ORAR ES EJERCER LA AUTORIDAD DEL DOMINIO

Cuando conocemos la voluntad de Dios, cuando la obedecemos y cuando le pedimos a Él que la cumpla, Dios nos concede lo que le pidamos. Si vamos a orar por cosas individuales, la familia, la comunidad, por el sistema nacional o por las necesidades del mundo, debemos procurar estar de acuerdo con la voluntad de Dios para que Sus propósitos puedan regir en la tierra. Esta es la esencia de ejercer el dominio.

Cuando oramos, cumplimos con nuestra responsabilidad de demostrar lo que significa nuestra relación con el Señor en términos de vida y gobierno en este mundo. Siendo que Él le ha dado a la humanidad autoridad sobre la tierra, Él requiere el permiso o autorización del género humano para actuar sobre la tierra. Por eso es que cuando dejamos de orar, permitimos que los propósitos de Dios para el mundo sean interrumpidos. Recuerde que Jesús enseñó a Sus discípulos que: *"debían orar siempre, y no desmayar"* (Lucas 18:1). También dijo: *"Y a ti te daré las llaves del reino de los cielos; y todo lo que atares en la tierra será atado en los cielos; y todo lo que desatares en la tierra será desatado en los cielos"* (Mateo 16:19).

Estas verdades son cruciales para la oración efectiva. Debemos pedirle a Dios que intervenga en los asuntos humanos. Si no lo hacemos, nuestro mundo será susceptible a las influencias de Satanás y del pecado. Al final, Dios hará que Sus propósitos sean cumplidos en el mundo—con o sin nuestra cooperación. Si usted no ora, Él eventualmente encontrará alguien que esté de acuerdo con Su planes. Por lo tanto, si usted descuida la oración, usted está fallando en cumplir *su* papel en Sus propósitos. Él no quiere que usted desaproveche este privilegio—por su bien, así como el de Él. Santiago 4:2 dice: *"Pero no tenéis lo que deseáis, porque no pedís"*.

Orar no es una opción para el creyente. Es una necesidad para cumplir con los propósitos de Dios en el mundo y en nuestras vidas. El tiempo que se pasa en oración no es tiempo perdido, sino tiempo invertido. A medida que aceptamos la voluntad de Dios, a medida que vivimos ante Él en la rectitud de Cristo, a medida que busquemos cumplir Sus propósitos, nada podrá impedir nuestras oraciones. Es entonces cuando empezaremos a entender lo que Jesús dijo: *"para Dios todo es posible"* (Mateo 19:26).

UNA RELACIÓN ROTA CON DIOS SIGNIFICA UNA EFICACIA ROTA EN LA ORACIÓN

Dios le dio a la humanidad una vasta libertad y autoridad sobre la tierra. Aún así estos dones dependían de que el hombre usara su voluntad para cumplir con la voluntad de Dios. Si él usa su voluntad para otra cosa que no sea hacer la voluntad de Dios, la imagen y la semejanza de Dios dentro de él sería desfigurada y los propósitos de Dios para el mundo serían obstruidos—propósitos de bondad, productividad, creatividad, verdad, gozo y amor. La rebelión del primer hombre y la primera mujer, trajeron esta distorsión de la imagen de Dios en el género humano y atacando así los planes de Dios para la tierra. Esto sucedió porque el hombre empleó su voluntad para propósitos propios, mientras que la voluntad de Dios se basa en el amor.

¿Cómo sucedió esta rebelión? Satanás tentó a Adán y Eva para que desobedecieran a Dios y ellos escogieron ir de acuerdo con los propósitos del diablo y no con los de Dios. Al hacerlo así, el género humano pecó y cortó su comunión con Dios. La humanidad ya no convino con Dios para cumplir Sus propósitos para la tierra—dejando el mundo a merced de una autoridad renegada que ya no tenía en mente los mejores intereses de Dios. De hecho, el hombre le entregó el derecho de su autoridad a Satanás, a quien escogió servirle en lugar de Dios. Eso quiere decir que la Caída introdujo un nuevo gobernante en la tierra—uno que se inclinara a la destrucción de la misma y no a su crecimiento en piedad y productividad. Debido a que Satanás usurpó la autoridad del género humano sobre la tierra, el apóstol Pablo se refirió a él como *"el dios de este mundo"* (2ᵈᵃ Cor. 4:4, NVI).

Cuando Adán y Eva rompieron su relación con Dios, la efectividad de su oración también fue rota. La verdadera oración se mantiene por medio de la unidad de corazón y propósito con Dios. Solamente entonces podemos cumplir con las direcciones y planes de Dios. Cuando oramos, nosotros representamos los intereses de Dios en la tierra, y, la representación requiere de relaciones. Por tanto, nuestras dificultades con la oración pueden ser trazadas hasta los orígenes de la Caída y en la resultante naturaleza caída del hombre, por la cual fuimos alejados de Dios. Aun como creyentes redimidos, debemos reconocer y actuar por lo que somos en Cristo y los principios de la oración que Dios ha establecido, si hemos de ser restaurados para Sus propósitos en el área crucial de la oración.

Puede que no pensemos en la oración como un área en la cual necesitamos ser *"transformados mediante la renovación de* [nuestra] *mente"* (Romanos 12:2, NVI). Sin embargo, siendo que la oración efectiva tiene mucho que ver con que estemos unidos con Dios en una relación de amor, teniendo un corazón y una mente en unión con la voluntad de Dios, obteniendo una mente que discierne en relación con Sus propósitos, y, ejerciendo la fe en Su Palabra, ésta es un área vital en la cual necesitamos ser transformados. La oración no debería dejarse abierta. Nuestra oración debe ser una oración con propósito, motivada por el conocimiento de las direcciones e intenciones de Dios.

> Nuestra oración debe ser una oración con propósito, motivada por el conocimiento de la voluntad de Dios.

EL PROPÓSITO DE DIOS PARA LA HUMANIDAD ES ETERNO

El pasaje completo de 2ᵈᵃ Corintios 4:4, dice: *"El dios de este mundo ha cegado la mente de estos incrédulos, para que no vean la luz del glorioso evangelio de Cristo, el cual es la imagen de Dios"* (NVI). Resulta interesante notar que en el original griego, uno de los significados de *"mundo"* en este versículo es "un espacio de tiempo" y "un siglo". De hecho, algunas versiones de la Biblia traducen esta primera parte del versículo como *"el dios de este siglo"* (NVI, VRV). Quizás el uso de este término signifique enfatizar el hecho de que Satanás puede ser el dios de este mundo ahora—pero no lo será para siempre. Su reino durará por algún tiempo, solamente por una época específica. Los propósitos de Dios son eternos y desde la fundación del mundo Él tuvo un plan en mente para restaurar a la humanidad para Sí, para que nuestras mentes y espíritus pudieran ser renovados completamente en Él. *"Dios...quien nos salvó y llamó con llamamiento santo, no conforme a nuestras obras, sino según el propósito suyo y la gracia que nos fue dada en Cristo Jesús antes de los tiempos de los siglos"* (2da Timoteo 1:8–9). *"Según nos escogió en él antes de la fundación del mundo, para que fuésemos santos y sin mancha delante de él, en amor habiéndonos predestinado para ser adoptados hijos suyos por medio de Jesucristo, según el puro afecto de su voluntad"* (Efesios 1:4–5).

El plan de Dios para la humanidad incluía que ésta fuera restaurada y que la tierra fuera renovada por medio de un nuevo Gobernante—el Segundo Adán, totalmente humano y totalmente divino—quien sería uno perfectamente con Dios y Sus propósitos: *"Jesucristo hombre"* (1ra Timoteo. 2:5).

> *Porque un niño nos es nacido, hijo nos es dado, y el principado sobre su hombro; y se llamará su nombre Admirable, Consejero, Dios fuerte, Padre eterno, Príncipe de paz. Lo dilatado de su imperio y la paz no tendrán límite, sobre el trono de David y sobre su reino, disponiéndolo y confirmándolo todo en juicio y en justicia desde ahora y para siempre. El celo de Jehová de los ejércitos hará esto.*

En el siguiente capítulo veremos como Cristo instauró a la humanidad su autoridad en el mundo y nos restauró el propósito y el poder de la oración.

OREMOS JUNTOS

Padre celestial:
Tú dijiste: *"Muchos pensamientos hay en el corazón*

del hombre; mas el consejo de Jehová permanecerá" (Proverbios 19:21). Te pedimos que cumplas Tu palabra y que Tus propósitos rijan nuestras vidas. Todos tenemos planes que trazar y metas que cumplir. Te pedimos establecer todo lo que procede de Ti— cualquier cosa que esté en línea con Tus propósitos— y que hagas desvanecer lo que no proviene de Ti. Te rendimos honor como nuestro Creador y como nuestro amoroso Padre celestial. Afirmamos que eres Tú quien obras en nosotros Tu voluntad y de acuerdo a Tus propósitos (Filipenses 2:13). Renueva nuestras mentes para que podamos entender Tus caminos y Tus planes más plenamente. Oramos en el nombre de Jesús, quien es nuestro Camino, la Verdad y la Vida. Amén.

PONIENDO EN PRÁCTICA LA ORACIÓN

Pregúntese usted mismo:
- ¿Alguna vez he descuidado mi oración porque sentí que de todas maneras Dios haría cualquier cosa que Él quiera?
- Si el propósito de la oración es cumplir los propósitos de Dios en la tierra, ¿cuánto conozco acerca de estos propósitos? ¿Cómo puedo aprender más sobre cuáles son los propósitos de Dios?
- ¿He estado resistiendo la voluntad de Dios en alguna área de mi vida?
- ¿Qué puedo hacer hoy para entablar una relación más profunda de amor con Dios?
- ¿Cuál es uno de los propósitos de Dios que yo pueda empezar hoy mismo a ponerme de acuerdo con Él en oración?

Principios

1. Dios es un Dios de propósitos, y, Sus propósitos son eternos.

2. Dios creó al género humano con un propósito determinado.

3. Dios deseó descendencia con quien Él pudiera compartir una relación de amor, como también Su gobierno y dominio.

4. Dios creó a la humanidad a su imagen, con Su naturaleza y carácter moral, y, con una voluntad soberana.

5. Dios le dio al género humano la libertad de funcionar como la autoridad legal sobre la tierra. Él puso Su voluntad para la tierra en cooperación con la voluntad del hombre. Este propósito nunca cambió, aún después de la caída de la raza humana.

6. La voluntad de Dios es Su propósito para el género humano. Para cumplir con el propósito para lo que fueron creados, hombres y mujeres deben desear hacer la voluntad de Dios.

7. La oración es una expresión de la unidad y relación de amor del humano con Dios. También es una expresión de afirmación y participación del género humano en los propósitos de Dios.

8. La oración es involucrarnos nosotros mismos (nuestro "yo" completo) con Dios.

9. La oración es el medio por el cual el espíritu humano se afecta y es afectado por la voluntad y el propósito del Creador divino.

10. La oración no es opcional. Es esencial para el cumplimiento de los propósitos de Dios en la tierra.

11. La oración es darle a Dios la libertad para intervenir en los asuntos de la tierra.

12. Cuando conocemos el propósito y la voluntad de Dios, cuando la obedecemos y cuando le pedimos a Dios que la cumpla, Dios nos concede lo que le pidamos a Él.

13. Cuando Adán y Eva rompieron su relación con Dios, su efectividad en la oración también fue rota. La verdadera oración se mantiene por medio de la unidad de corazón y propósito con Dios.

Capítulo tres

La autoridad de la oración

La posición que Jesús obtuvo fue transferida al género humano por medio del nuevo nacimiento en Cristo.

¿Qué le da a usted el derecho para orar? La seguridad de la respuesta a esa pregunta en su mente y corazón es esencial si usted quiere una vida de oración. En el capítulo anterior vimos que Dios instituyó la oración cuando Él creó al género humano. Aprendimos que—

La oración es el recurso por el que usted tiene el medio para comunicarse con el Dios invisible. Es el recurso por medio del cual su espíritu se propone afectar o ser afectado por la voluntad y el propósito del divino Creador.

Ese es el *propósito* de la oración. Sin embargo, ¿en base a qué tiene usted el *derecho* para orar?

Inicialmente Dios nos dio este derecho en virtud de nuestra relación con Él y nuestro propósito de ejercer dominio sobre la tierra. No obstante, nuestra relación con nuestro Creador estaba rota y nuestra autoridad de dominio embargada por nuestros primeros antecesores. Satanás, en vez del hombre, llegó a ser *"el dios de este mundo"* (2ª Corintios 4:4).

¿Dónde deja esto a las personas en relación a la comunión con Dios y Sus propósitos para la oración? Ellos pasaron a ser extraños para con Él y Sus planes. Así que, ellos—

57

- se sintieron alejados de Dios.
- estaban inseguros de las buenas relaciones que tuvieron con Dios.
- no supieron lo que Dios quería hacer para ellos y por medio de ellos.
- perdieron el sentido del propósito.

¿Suenan parecidos estos resultados a su propia vida de oración? Si es así, usted debe reconocer que su concepto de la oración fue afectado por razón de la Caída. No obstante, Dios quiere darle a usted una nueva perspectiva sobre la oración, una que refleje Sus propósitos para la redención así como para la creación.

El Plan de Redención de Dios es Consistente con Su Carácter y Sus Propósitos

Hemos visto que los propósitos de Dios son eternos y que Él tenía un plan, desde la fundación del mundo, para restaurar el género humano. Note que esta restauración, la cual implica la derrota de Satanás y el pecado, fue cumplida en acuerdo con los principios de Dios. Sus propósitos jamás cambiaron. El plan de Dios no era simplemente venir a quitarle el control de la tierra a Satanás. Él *pudo* haber hecho eso, pero Él *nunca* lo iba a hacer. ¿Por qué? Hubiera sido inconsistente con la integridad de Su carácter y Sus propósitos. Si Él hubiera hecho eso, Satanás podría acusarlo de hacer lo que él (Satanás) había hecho—usurpar la autoridad que se le había dado al hombre en la creación.

Dios tiene *todo* poder y autoridad. No obstante, Él le dio autoridad al género humano sobre la tierra, también le dio libre albedrío, y, Él no invalidaría esos dones—aunque el hombre hubiese pecado, rechazándolo a Él, haciéndose merecedor de ser separado de Él para siempre. Las Escrituras dicen: *"Porque la paga del pecado es muerte"* (Romanos 6:23). ¡Que respeto extraordinario tiene Dios por la humanidad! Él respetó la autoridad del hombre aun cuando yacía inactiva dentro de su naturaleza caída, *"porque irrevocables son los dones y el llamamiento de Dios"* (Romanos 11:29).

Sin embargo ¿Cómo podría Dios capacitar a la humanidad para recobrar una relación con Él y la autoridad sobre la tierra cuando el hombre rechazó estos dones por su propia elección? Necesitamos valorar la magnitud del dilema del hombre. El pecado del hombre tendría que ser enfrentado. El hombre también tendría que querer regresar a Dios y trabajar junto con Él por su propia voluntad. Estos no eran asuntos sencillos. Restaurar al género humano hubiera sido imposible si no fuera por Cristo. Como Jesús mismo dijo: *"Para los hombres esto es imposible; mas para Dios todo es posible"* (Mateo 19:26). El plan eterno de Dios para la humanidad se hizo posible con la llegada de Cristo. Sólo por medio de Cristo somos restaurados a nuestros propósitos en Dios, y *sólo por medio de Cristo tenemos el derecho a orar con autoridad.*

> Dios respetó la autoridad del hombre aun cuando yacía inactiva dentro de su naturaleza caída.

CRISTO RESTAURÓ NUESTROS DERECHOS PARA DOMINAR Y ORAR

Además, desde el principio Dios planeó que la redención del hombre y la restauración de Su propósito se dieran por medio de Cristo.

Dándonos [Dios] a conocer el misterio de su voluntad, según su beneplácito, el cual se había propuesto en sí mismo;...para que la multiforme sabiduría de Dios sea ahora dada a conocer por medio de la iglesia a los principados y potestades de los lugares celestiales, conforme al propósito eterno que hizo en Cristo Jesús nuestro Señor, en quien tenemos seguridad y acceso con confianza por medio de la fe en él
(Efesios 1:9; 3:10–12).

Jesús es el Segundo Adán

¿Cómo podría Cristo cumplir con el *"propósito eterno"* de Dios (Efesios 3:11)? Para restaurar el propósito de Dios, Jesús tuvo que venir como Representante de la autoridad legal de la tierra—el hombre. Él vino como un *ser humano,* como el Segundo Adán, como principio de una nueva familia del género humano que estaría dedicado a Dios—*"el primogénito entre muchos hermanos"* (Romanos 8:29). Las Escrituras dicen: *"Y aquel Verbo fue hecho carne, y habitó entre nosotros"* (Juan 1:14). Si Él no hubiera venido como hombre, Él no hubiera tenido el derecho a reclamar el género humano y la tierra para Dios, de acuerdo a la manera en que Dios ha ordenado Sus propósitos para el mundo.

También, para restaurar las relaciones rotas del hombre con Dios, Jesús tenía que ser sin pecado, y Él tenía que *escoger* hacer la voluntad de Dios. Solamente un hombre perfectamente justo que deseara hacer la voluntad de Dios podría redimir a la humanidad. La Biblia dice: *"Al que no conoció pecado, por nosotros lo hizo pecado, para que nosotros fuésemos hechos justicia de Dios en Él"* (2ᵈᵃ Corintios 5:21). Por eso, la segunda persona de la Trinidad voluntariamente rechazó Su gloria celestial y vino a la tierra como hombre:

> [Cristo], *el cual, siendo en forma de Dios, no estimó el ser igual a Dios como cosa a que aferrarse, sino que se despojó a sí mismo, tomando forma de siervo, hecho semejante a los hombres; y estando en la condición de hombre, se humilló a sí mismo, haciéndose obediente hasta la muerte—¡y muerte de cruz!* (Filipenses 2:6–8).

> *Porque lo que era imposible para la ley, por cuanto era débil por la carne, Dios, enviando a su Hijo en semejanza de carne de pecado y a causa del pecado, condenó al pecado en la carne; para que la justicia de la ley se cumpliese en nosotros, que no andamos conforme a la carne, sino conforme al Espíritu* (Romanos 8:3–4).

¿Qué cualidades manifestó Cristo como Segundo Adán?

Él es la imagen de Dios

Primero, Jesús reflejó la imagen de Dios, como lo hizo Adán originalmente. Jesús es llamado *"Cristo, el cual es la imagen de Dios"* (2ᵈᵃ Corintios 4:4).

Además, la segunda persona de la Trinidad retuvo Su divinidad, así que Cristo es ambas cosas, completamente humano y completamente Dios. Esto significa que la plenitud de la *"imagen de Dios"* fue revelada en Su humanidad y en Su divinidad: *"Por cuanto agradó al Padre que en él habitase toda plenitud"* (Colosenses 1:19). *"Porque en él habita corporalmente toda la plenitud de la Deidad, y vosotros estáis completos en él, que es la cabeza de todo principado y potestad"* (Colosenses 2:9–10). *"Él es la imagen del Dios invisible, el primogénito de toda creación"* (Colosenses 1:15).

Él tiene una relación profunda de amor con Dios

Jesús también tiene una relación de amor extraordinario con Dios el Padre, reflejando la relación perfecta que Dios deseó tener con Adán y Eva. *"El Padre ama al Hijo, y todas las cosas ha entregado en su mano"* (Juan 3:35). *"Porque el Padre ama al Hijo, y le muestra todas las cosas que él hace"* (Juan 5:20). *"Por eso me ama el Padre, porque yo pongo mi vida, para volverla a tomar"* (Juan 10:17). El amor del Padre y del Hijo es tan profundo y recíproco que Jesús podía decir: *"Yo y el Padre uno somos"* (v. 30).

Él vive para hacer la voluntad de Dios

Los versículos anteriores nos recuerdan la conexión entre el amor de Dios y la unidad de Sus propósitos, que fue característico de la relación original de la humanidad con Dios. A través de todos los evangelios Jesús reveló que Su único propósito y objetivo en la vida era hacer la voluntad de Dios.

Yendo un poco adelante, se postró sobre su rostro, orando y diciendo: Padre mío, si es posible pase de mí esta copa; pero no sea como yo quiero, sino como tú. Otra vez fue, y oró por segunda vez, diciendo: Padre mío, si no puede pasar de mí esta copa sin que yo la beba, hágase tu voluntad (Mateo 26:39, 42).

Venga tu reino. Hágase tu voluntad, como en el cielo,
así también en la tierra (Lucas 11:2).

"Mi comida", dijo Jesús, "es que haga la voluntad del que me envió, y que acabe su obra" (Juan 4:34).

No puedo hacer nada por mí mismo; según oigo, así juzgo; y mi juicio es justo, porque no busco mi voluntad, sino la voluntad del que me envió, la del Padre (Juan 5:30).

Porque he descendido del cielo, no para hacer mi voluntad, sino la voluntad del que me envió (Juan 6:38).

Jesús vivió para hacer la voluntad de Dios. Él es uno con Dios y Sus propósitos. Y Él dijo que cualquiera que haga la voluntad de Dios pertenece a la familia de Dios: *"Porque todo aquel que hace la voluntad de mi Padre que está en los cielos, ése es mi hermano, y hermana, y madre"* (Mateo 12:50).

Él reina con autoridad

Así como Adán y Eva fueron los medios para administrar el gobierno de Dios en la tierra, Cristo manifestó la autoridad de Dios mientras vivió sobre la tierra: *"Los ciegos ven, los cojos andan, los leprosos son limpiados, los sordos oyen, los muertos son resucitados, y a los pobres es anunciado el evangelio"* (Mateo 11:5). Además, Su reino y autoridad se manifestaron poderosamente cuando Él se levantó de entre los muertos y venció al pecado, Satanás y la muerte. Cuando Él regrese a la tierra, Su autoridad será reconocida por el mundo entero:

Para que en el nombre de Jesús se doble toda rodilla de los que están en los cielos, y en la tierra; y toda lengua confiese que Jesucristo es el Señor, para gloria de Dios Padre (Filipenses 2:10–11).

Y en su vestidura y en su muslo tiene escrito este nombre: REY DE REYES Y SEÑOR DE SEÑORES (Apocalipsis 19:16).

Los reinos del mundo han venido a ser de nuestro Señor y de su Cristo; y él reinará por los siglos de los siglos (Apocalipsis 11:15).

Jesús tiene el derecho y el poder para reinar en la tierra y de pedirle a Dios que intervenga en el mundo, puesto que Él fue el Hombre perfecto y el Sacrificio perfecto. Esto quiere decir, que aun cuando ninguno de los otros hombres esté de acuerdo con Dios, los propósitos de Dios para la tierra pueden ser llevados a cabo por medio de Cristo. Sus oraciones por el género humano son poderosas y eficaces. *"Por lo cual puede también salvar perpetuamente a los que por él se acercan a Dios, viviendo siempre para interceder por ellos"* (Hebreos 7:25). Además, Él ha dado a los creyentes Su Espíritu para que podamos estar de acuerdo con los propósitos de Dios aun cuando estemos inseguros acerca de cómo orar. *"Y de igual manera el Espíritu nos ayuda en nuestra debilidad; pues qué hemos de pedir como conviene, no lo sabemos, pero el Espíritu mismo intercede por nosotros con gemidos indecibles"* (Romanos 8:26).

Como legítimo Rey de la tierra, Jesús tiene el máximo derecho de silenciar a cualquiera que se oponga a Dios. Al género humano Dios le dio libre albedrío. Aun como Redentor y Rey de la humanidad, Cristo está calificado para ser Juez de todo el género humano. Por medio de Cristo, el hombre va a ser juzgado por uno de su propia clase. Jesús dijo: *"Porque el Padre a nadie juzga, sino que todo el juicio dio al Hijo"* (Juan 5:22).

Jesús recuperó la autoridad terrenal del género humano

Cristo logró nuestra redención y recuperó nuestra autoridad terrenal como resultado de ser el Segundo Adán. Es crucial para nosotros recordar que—

- Jesús vino como hombre. Así, Él estaba calificado como un representante de la autoridad terrenal.
- Jesús fue perfectamente obediente y sin pecado. Así, Él estaba calificado para ser el Hijo de Dios y restaurar la relación del hombre con el Padre al vencer el pecado y la muerte por medio de Su sacrificio en la cruz.
- Jesús victoriosamente resucitó. Así, Él estaba calificado para derrotar al pecado y a Satanás,

recobrar la autoridad sobre la tierra y ser el Rey justo de la tierra.

Jesús transfirió autoridad a aquellos que creyeren

Hay una relación vital entre la redención y la oración. La posición que Jesús obtuvo fue transferida al género humano por medio del nuevo nacimiento en Cristo (Juan 3:5). A aquellos que creen y reciben a Cristo se les ha restaurado su relación con Dios y su autoridad sobre la tierra. Por causa de Cristo podemos vivir de nuevo como hijos e hijas de Dios, con todos los derechos y privilegios asociados por ser de Su descendencia. La oración es tanto un derecho como un privilegio del hombre redimido quien está ahora en posición para entrar completamente en una relación de amor con Dios y coincidir en que: "Venga Su reino. Hágase Su voluntad, como en el cielo, así también en la tierra" (Véase Mateo 6:10).

> La oración es tanto un derecho como un privilegio del hombre redimido.

La voluntad de Dios es de que cada persona sea redimida y que gobierne la tierra por medio del Espíritu de Cristo. Es por medio del género humano que Dios desea revelar Su carácter, naturaleza, principios, preceptos y rectitud al mundo visible. Este es un plan *eterno*. Se aplica a nuestra vida presente en la tierra, y se aplicará por toda la eternidad.

Recuerde que nunca fue la intención de Dios que el hombre viviera y trabajara en el cielo. Él fue creado para la tierra. A causa de la Caída, nuestros espíritus ahora separados de nuestros cuerpos en la tierra, y redimidos irán a estar con Dios en el cielo. No obstante, Dios nos hizo una promesa. Él dijo que cuando lleguemos a la oficina central (el cielo), estaremos solamente por un breve tiempo. Llegará el día cuando nuestros cuerpos sean resucitados y reunidos con nuestros espíritus, y así podamos continuar gobernando— en la nueva tierra que Dios creará (Véase 1ra Corintios 15:42–44, 51–53; Isaías 65:17).

En el libro de Apocalipsis, Dios habla de tronos, de reinar y gobernar con Él en la tierra (Véase Apocalipsis 5:10; 20:4,

6; 22:5). Además, Dios no lo va a levantar a usted de los muertos solo para vivir con Él en el cielo para siempre. Él lo va a levantar a usted para que suba con su obra—su llamamiento y vocación. Es por eso que las Escrituras dicen que reinaremos con Jesús. *"Y reinarán por los siglos de los siglos"* (Apocalipsis 22:5). ¿Qué significa *reinar*? Tener dominio, administrar.

Por tanto, mientras hoy vivimos y trabajamos en este mundo caído, y, en el futuro, cuando vivamos y reinemos con Jesús, la comisión de Dios será la misma: *"Y señoree...en toda la tierra"* (Génesis 1:26).

LA REDENCIÓN DEL HOMBRE LE PERMITE TENER DOMINIO

Muchos creyentes no podrían ser descritos como que "[tienen] *dominio"* en el sentido de hacer una contribución significativa al posterior reinado de Dios sobre la tierra. ¿Qué nos impide hacer esto? A menudo es porque no reconocemos—o aceptamos—el llamamiento y autoridad que hemos recibido de Cristo. No conocemos nuestros derechos basados en el *"nuevo pacto"*:

> *No que seamos competentes por nosotros mismos para pensar algo como de nosotros mismos, sino que nuestra competencia proviene de Dios, el cual asimismo nos hizo ministros competentes de un nuevo pacto, no de la letra, sino del espíritu; porque la letra mata, mas el espíritu vivifica* (2da Corintios 3:5–6).

Creo que nuestro temor de ser orgullosos o presuntuosos, junto con la falta de aceptación de nuestro valor en Cristo nos ha mantenido en esclavitud y nos ha robado de la realidad de Su obra acabada a nuestro favor. ¡Que lentos hemos estado para actuar sobre lo que somos en Cristo! Sin embargo, Él quiere que nosotros usemos lo que Él ha hecho disponible para nosotros por medio de la redención.

Por ejemplo, debido a que la iglesia no ha entendido la verdadera naturaleza de la humildad, por mucho tiempo y persistentemente se nos ha enseñado acerca de nuestra debilidad, nuestra falta de habilidad y nuestra falta de méritos, apenas nos atrevemos a afirmar lo que Dios dice que somos: *"somos una nueva creación"* (2ᵈᵃ Corintios 5:17). Tenemos temor de que si lo hacemos la gente nos mal interpretará y pensará que somos fanáticos. Pero las Escrituras dicen: *"De modo que si alguno está en Cristo, nueva criatura es; las cosas viejas pararon; he aquí todas son hechas nuevas. Y todo proviene de Dios..."* (vv. 17–18). Esto no es algo que hayamos inventado. No es una presunción de nuestra parte. Proviene de Dios. Por lo tanto, no debemos tener temor decirlo y vivir en su maravillosa realidad.

El Espíritu ha declarado que esta nueva creación se impone. Ésta incluye todo lo que somos en Cristo. Efesios 1:7, dice: *"En [él] tenemos redención por su sangre, el perdón de pecados según las riquezas de su gracia"*.

> Por mucho tiempo y persistentemente se nos ha enseñado acerca de nuestra debilidad y nuestra falta de méritos al punto que apenas nos atrevemos a afirmar que *"somos una nueva creación"*.

¿Quiénes somos en Cristo? Somos los redimidos. Además, esto no es sólo una filosofía o una opinión. Esto es una descripción del Padre de lo que somos en Su Hijo. El Segundo Adán remidió a la humanidad. Por consiguiente, no solamente somos una nueva creación, sino que también tenemos una redención que es literal y absoluta.

¿Qué significa esta redención para nosotros?

Satanás no tiene autoridad sobre nosotros

Satanás es el príncipe de las tinieblas y se convirtió en el dios de este mundo cuando tentó exitosamente a Adán y a Eva para que rechazaran los caminos de Dios. No obstante, por medio de Cristo hemos sido liberados del dominio de Satanás, sacados del reino de las tinieblas. Es por eso que, aunque continuamos viviendo en un mundo caído, no pertenecemos a él. Pertenecemos al reino de Dios: *"El cual nos ha librado de la potestad de las tinieblas, y trasladado al reino de su amado Hijo"* (Colosenses 1:13). *"Mas vosotros sois linaje*

La autoridad de la oración

escogido, real sacerdocio, nación santa, pueblo adquirido por Dios, para que anunciéis las virtudes de aquel que os llamó de las tinieblas a su luz admirable" (1ra Pedro 2:9). Puesto que hemos sido librados del dominio de Satanás, él ya no tiene autoridad sobre nosotros. Más bien, en el nombre de Jesús, nosotros tenemos autoridad sobre él.

El pecado no tiene autoridad sobre nosotros

También Cristo nos liberó del dominio y poder del pecado. *"Porque el pecado no se enseñoreará de vosotros; pues no estáis bajo la ley, sino bajo la gracia"* (Romanos 6:14). La Biblia dice que cuando nos arrepentimos de nuestros pecados y creemos en Jesús como nuestro Sustituto y Representante, estamos *"en Cristo"* (2da Corintios 5:17). Somos *"justicia de Dios"* en Él (v. 21). Siendo que Él es sin pecado, nosotros también estamos libres del pecado. Puede que no apreciemos o nos apropiemos de este hecho, pero aun es verdad. *"Para que así como el pecado reinó para muerte, así también la gracia reine por la justicia para vida eterna mediante Jesucristo, Señor nuestro"* (Romanos 5:21). Por lo tanto, a causa de la redención, el pecado ya no reina en nuestras vidas—reina la gracia.

Tenemos autoridad por medio del nombre de Jesús

Nuestra redención también nos ha dado autoridad en el nombre de Jesús. Jesús lo estableció claramente:

De cierto, de cierto os digo: El que en mí cree, las obras que yo hago, él hará también; y aun mayores hará, porque voy al Padre. Y todo lo que pidiereis al Padre en mi nombre, lo haré, para que el Padre sea glorificado en el Hijo. Si algo pidiereis en mi nombre, yo lo haré (Juan 14:12–14).

De cierto, de cierto os digo, que todo cuanto pidiereis al Padre en mi nombre, os lo dará. Hasta ahora nada habéis pedido en mi nombre; pedid, y recibiréis, para que vuestro gozo sea cumplido (Juan 16:23–24).

El mayor principio relacionado con nuestra autoridad y poder en la oración es nuestro derecho a usar el nombre de Jesús. Ahondaremos más de cerca este principio en un capítulo mas adelante.

Tenemos acceso al Padre por medio del nombre de Jesús

La autoridad del nombre de Jesús nos da acceso a nuestro Padre celestial. Nuestro derecho a *"acercarnos al trono de la gracia, confiadamente"* (Hebreos 4:16) nos trae la delicia de una relación restaurada con Dios. También este aspecto esencial de la oración nos habilita para estar de acuerdo con el Padre y Sus propósitos, y, para pedirle el cumplimiento de Su Palabra mientras Él suple nuestras necesidades y las necesidades de los demás.

> *En aquel día pediréis en mi nombre; y no os digo que yo rogaré al Padre por vosotros, pues el Padre mismo os ama, porque vosotros me habéis amado, y habéis creído que yo salí de Dios* (Juan 16:26–27).

Tenemos autoridad por medio de la Palabra

La presencia, el poder y los recursos ilimitados de Dios están disponibles para nosotros en el nombre de Jesús. Sin embargo, el nombre de Jesús no es una palabra mágica que usamos para conseguir lo que queramos. Debemos orar de acuerdo a la voluntad de Dios, la cual encontramos en Su Palabra. En Juan 15:7, dijo Jesús: *"Si permanecéis en mí, y mis palabras permanecen en vosotros, pedid todo lo que queréis, y os será hecho"*. El núcleo principal de la oración es nuestra armonía con la Palabra de Dios, nuestra unidad con Cristo, que es la Palabra Viva y nuestra unidad con la voluntad y los propósitos de Dios.

El poder de la oración no se basa en sentimientos, emociones o teorías de hombres, sino en la Palabra de Dios *"que vive y permanece"* (1ra Pedro 1:23, NVI). Su Palabra es garantía de que la oración será contestada. Dios le está pidiendo a usted que traiga a Él Su Palabra, para abogar por los derechos del pacto. No oramos a Dios en ignorancia, sino como partícipes de Sus propósitos. Orar es unir fuerzas con Dios, el Padre, dirigiendo la atención hacia Sus promesas. *"Porque todas las promesas de Dios son en él 'Sí', y en él 'Amén', por medio de nosotros, para la gloria de Dios"* (2ᵈᵃ Corintios 1:20). La *Nueva Versión Internacional* lo expresa de esta manera: *"Todas las promesas que ha hecho Dios son 'sí' en Cristo. Así que por medio de Cristo respondemos 'amén' para la gloria de Dios"*.

> El poder de la oración no se basa en sentimientos sino en la Palabra de Dios.

Puesto que apropiarse de las promesas de Dios es otro principio mayor en cuanto a nuestra autoridad y poder en la oración, echaremos un vistazo más de cerca a este principio en un capítulo posterior.

Jesús es Nuestro Modelo de la Autoridad del Dominio

Jesús no sólo es el Único que reclamó nuestro dominio de autoridad, sino que Él también es nuestro modelo de cómo vivir en esta autoridad. Él fue lo que nosotros debemos ser. Su vida de oración es un ejemplo para la vida de oración que nosotros debemos tener.

Usted puede decir: "Sí, pero Jesús era diferente a nosotros. Él fue divino, y por eso Él tenía ventaja sobre nosotros".

Cuando Jesús vivió en la tierra, ¿estaba Él en mejor posición que la que estamos nosotros? No. Lo que Él realizó en la tierra, Él lo realizó en Su humanidad, no en Su divinidad. De lo contrario Él no podía haber sido el Representante y Sustituto del hombre. Como el Hijo del Hombre, Jesús mantuvo estrecha relación con el Padre a través de la oración. Él hizo lo que Dios le ordenó hacer y en lo que vio a Dios trabajando activamente para que se cumpliera en el mundo. Nosotros podemos hacer lo mismo.

Jesús dijo:

> *Mi Padre hasta ahora trabaja, y yo también...De cierto, de cierto os digo: No puede el Hijo hacer nada por sí mismo, sino lo que ve hacer al Padre; porque todo lo que el Padre hace, también lo hace el Hijo igualmente.*

Porque el Padre ama al Hijo, y le muestra todas las cosas que él hace (Juan 5:17, 19–20).

Dios amó a Jesús porque Él fue perfectamente obediente y vivió para cumplir los propósitos de Dios. *"Por eso me ama el Padre, porque yo pongo mi vida—para volverla a tomar"* (Juan 10:17). Dios le reveló a Jesús lo que Él estaba haciendo en el mundo y cómo el ministerio de Jesús estaba relacionado con Su propósito general. Creo que Dios hará lo mismo con nosotros si vivimos y obramos en el Espíritu de Cristo.

Las palabras que yo os hablo, no las hablo por mi propia cuenta, sino que el Padre que mora en mí, él hace las obras. Creedme que soy en el Padre, y en el Padre en mí; de otra manera, creedme por las mismas obras. De cierto, de cierto os digo: El que en mí cree, las obras que yo hago, él las hará también; y aun mayores hará, porque yo voy al Padre. Y todo lo que pidiereis al Padre en mi nombre, lo haré, para que el Padre sea glorificado en el Hijo. Si algo pidiereis en mi nombre, yo lo haré (Juan 14:10–14).

Las oraciones de Jesús eran eficaces porque Él tenía una relación con Dios, conocía Sus propósitos y oró de acuerdo a la voluntad de Dios—de acuerdo a lo que Dios ya había hablado y prometido hacer. Debemos imitarlo a Él. Más que eso, debemos dejar que Su Espíritu y actitud gobiernen nuestras vidas. *"La actitud de ustedes debe ser como la de Cristo Jesús"* (Filipenses 2:5, NVI). Debemos vivir en el nuevo pacto que Dios nos ha garantizado en Cristo, el cual nos restaura a la unidad del corazón y voluntad de Dios: *"'Pero este es el pacto que haré con la casa de Israel después de aquellos días', dice Jehová: 'Daré mi ley en su mente, y la escribiré en su corazón; y yo seré a ellos por Dios, y ellos me serán por pueblo'"* (Jeremías 31:33).

GOBERNANDO POR MEDIO DEL ESPÍRITU DE CRISTO

Mi pregunta al principio de este capítulo fue ¿Qué le da a usted el derecho para orar? No solamente es su llamado en la creación, sino también su redención en Cristo lo que le da a usted ese derecho. Esta es una verdad sólida que cambia vidas. Ésta quita la duda, el temor, la incertidumbre y la timidez con relación a la oración. Es por medio Cristo que usted ya no tiene que sentirse—

- aislado de Dios.
- inseguro de donde está con Dios.
- confundido acerca de lo que Dios quiere hacer por y por medio de usted.
- sin objetivos.

En vez de eso, usted puede tener—

- una relación de amor con Dios el Padre.
- la certeza de su redención en Cristo.
- un entendimiento de su llamado y autoridad en Cristo.
- una idea clara del propósito de Dios para su vida.

Dios quiere que usted viva confiado en la autoridad que Él le ha dado. Cristo dijo:

De cierto, de cierto os digo que todo lo atéis en la tierra, será atado en el cielo; y todo lo que desatéis en la tierra, será desatado en el cielo. Otra vez os digo, que si dos de vosotros se pusieren de acuerdo en la tierra acerca de cualquiera cosa que pidieren, les será hecho por mi Padre que está en los cielos (Mateo 18:18–19).

¿Está Usted Dispuesto?

¿Quiere usted que Dios ejecute Sus propósitos para su vida y para nuestro mundo caído? Usted puede invitarlo a Él a hacerlo así por medio de la oración.

Desde Génesis hasta Apocalipsis Dios siempre encontró a un ser humano dispuesto a ayudarlo a Él a cumplir Sus propósitos. En efecto, Él viene ahora y le pregunta: "¿Estás dispuesto? ¿Quieres ayudarme a cumplir con Mis propósitos para tu vida y para la tierra? ¿O estás contento de vivir una existencia insatisfecha y permitir que las influencias del pecado y Satanás usurpen nuestro mundo? *'¿Quién es aquel que se atreve a acercarse a mí?'"* (Jeremías 30:21).

Oro para que deseemos estar cerca de Dios, viviendo en unidad con Él y Sus propósitos, y, ejerciendo la autoridad que Él nos ha dado por medio del Espíritu de Cristo.

Oremos Juntos

Padre celestial:

Gracias a Ti porque nunca te has dado por vencido sino que nos has redimido para Ti mismo y Tus propósitos por medio de Jesucristo, el Segundo Adán. En 2ᵈᵃ Tesalonicenses 1:11 Pablo oró: *"Por lo cual asimismo oramos siempre por vosotros, para que nuestro Dios os tenga por dignos de su llamamiento, y cumpla todo propósito de bondad y toda obra de fe con su poder"*. Te pedimos que nos consideres dignos de nuestro llamado y que nos capacites para cumplir Tus propósitos, por medio de la gracia, fe y autoridad que tenemos en Cristo. Oramos todas estas cosas en el nombre de Jesús, nuestro Redentor y Rey. Amén.

Poniendo en Práctica la Oración

Pregúntese usted mismo:
- ¿Me siento siempre aislado de Dios, inseguro de donde estoy con Él y confundido de cómo debería orar?
- ¿Estoy orando basado en los efectos de la Caída o los efectos de la obra de redención de Cristo a mi favor?

Pasos de acción:
- Empiece hoy a aplicar la redención de Cristo a su vida de oración, reconociendo la restauración que logró Jesús con entre su relación y la del Padre, y, sus propósitos de dominio.

- Recuérdese diariamente que su redención significa que Satanás y el pecado ya no tienen autoridad sobre usted, que usted tiene autoridad y acceso al Padre por medio del nombre de Jesús, y, que usted tiene autoridad por medio de la Palabra de Dios.
- Comience a acercarse a Dios basado en esta promesa: *"Acerquémonos, pues, confiadamente al trono de la gracia, para alcanzar misericordia y hallar gracia para el oportuno socorro"* (Hebreos 4:16).

Principios

1. El plan de redención de Dios es consistente con Su carácter y propósitos. Él redimió al hombre mientras el hombre mantenía intactos su libre albedrío y autoridad terrenal.
2. Por medio de Cristo somos restaurados a nuestro propósito y por medio de Él tenemos derecho a orar con autoridad.
3. Como Segundo Adán, Cristo es la imagen de Dios, Él manifiesta una relación de amor con Dios, vive para hacer la voluntad de Dios, reina como Rey en la tierra y Juez de la humanidad.
4. Cristo reclamó nuestra autoridad terrenal de estas maneras:
    - Jesús vino como hombre. De esta manera estaba calificado como Representante de la autoridad terrenal.
    - Jesús fue perfectamente obediente y sin pecado. De esta manera estaba calificado para ser el Hijo de Dios para restaurar la relación del hombre con Dios, el Padre, al vencer el pecado y la muerte por medio de Su sacrificio en la cruz.
    - Jesús resucitó victoriosamente. De esta manera estaba calificado para derrotar al pecado y a Satanás recobrando la autoridad sobre la tierra y ser el Rey justo.
5. La posición y autoridad que Jesús obtuvo ha sido transferida de nuevo al género humano por medio del nuevo nacimiento espiritual en Cristo (Juan 3:5).

6. Cuando no vivimos en nuestra posición de autoridad, es porque no reconocemos o aceptamos nuestro llamamiento en Cristo, porque no conocemos nuestros derechos en el pacto.

7. La redención del hombre nos permite tener dominio. Esto significa que Satanás y el pecado no tienen autoridad sobre nosotros, tenemos autoridad y acceso al Padre por medio del nombre de Jesús, y, tenemos autoridad por medio de la Palabra de Dios.

8. Jesús es nuestro modelo de autoridad del dominio. Lo que Él realizó en la tierra, lo realizó en Su humanidad, aunque Él era divino. Él confió en la gracia y el Espíritu de Dios, como lo podemos hacer nosotros.

9. Nuestro derecho para orar viene tanto de nuestro llamamiento en la creación como de nuestra redención en Cristo.

Parte II

Preparándonos para la oración

Capítulo cuatro

Cómo entrar en la presencia de Dios

Debemos aprender a entrar en la presencia de Dios con el espíritu recto, acercamiento y preparación para así poder comunicarnos con Él y elevar oraciones eficaces como sacerdotes de Dios.

Una vez que entendemos que el núcleo de la oración es la comunión con Dios en una unidad de amor y propósito, ¿cómo empezamos a orar? ¿Por dónde empezar? Primero necesitamos aprender cómo entrar en la presencia de Dios con espíritu recto, acercarnos y prepararnos para que podamos tener esta comunión con Él.

Estaremos dando una mirada a un pasaje del Antiguo Testamento, del libro de Levítico, para ilustrar un principio del Nuevo Testamento: el sacerdocio de los creyentes. Jesús dijo: *"No penséis que he venido para abrogar la ley o los profetas; no he venido para abrogar, sino para cumplir"* (Mateo 5:17). El Nuevo Testamento revela el profundo significado espiritual de las prácticas y rituales del Antiguo Testamento, que fueron cumplidos en Jesucristo (Véase Hebreos 8:5–6; 9:23). Es importante que entendamos estas prácticas del Antiguo Testamento para que podamos apreciar lo que su cumplimiento en el Nuevo Testamento significa para nuestra relación con Dios ahora que somos redimidos por Cristo.

REVERENCIA A DIOS

El término "entrar en la presencia de Dios" se usa con frecuencia en la iglesia de hoy para referirse a la adoración y a la oración. Sin embargo, en nuestro cristianismo casual del Siglo XXI, la mayoría de nosotros no entendemos lo que realmente significa este concepto. Aun cuando intentemos hacerlo sinceramente, todavía no lo logramos. ¿Por qué? Francamente, es porque a menudo no tenemos una genuina reverencia a Dios. He aquí sólo un pequeño ejemplo. En mis años de crecimiento, si una persona llevaba puesto un sombrero cuando entraba a la iglesia, se quitaba su sombrero por respeto al lugar donde Dios era adorado. Por supuesto que hoy decimos: "Bien, eso es innecesario. Es la actitud lo que cuenta". Sin embargo, pienso que hemos perdido la actitud y también la costumbre. Necesitamos ser espiritualmente sensibles al hecho de que Dios es santo, poderoso y digno de ser reverenciado.

Una de las ideas teológicas favoritas en muchas iglesias de hoy es que la gracia invalida la ley. Pero debido a que malinterpretamos la naturaleza de la gracia, somos negligentes a la obediencia que le debemos a Dios. Cometemos pecado y entonces apresuradamente pedimos perdón en nuestro camino a la iglesia o reunión de oración. Al momento de llegar a la puerta pensamos que estamos listos para unirnos en oración a los otros creyentes. Tratamos la preciosa sangre de Jesús, siendo que Él dio Su vida para librarnos, como si cubriera temporalmente nuestras inmundicias; para así pecar una y otra vez. Penosamente, realmente no amamos a Jesús. Hacemos uso de Él. Después nos preguntamos por qué Dios no contesta nuestras oraciones. La verdad es que la gracia traspasa la ley en el sentido de que solamente la gracia que recibimos en Cristo nos capacita para *cumplir* la ley de Dios.

> La gracia que recibimos en Cristo nos capacita para cumplir la ley de Dios.

Jesús nos dijo que el más grande mandamiento de todos es: *"Amarás al Señor tu Dios con todo tu corazón, y con toda tu alma, y con toda tu mente"* (Mateo 22:37). En esencia, Dios le está diciendo a la Iglesia: "No Me obedezcan por causa de las cosas que ustedes quieren de Mí. Obedezcan porque Me aman. *'Si me amáis, guardad mis mandamientos'* (Juan 14:15). Si ustedes Me aman, no necesitarán castigo y disciplina por hacer las cosas que les pido".

Dios no quiere que nosotros lo usemos a Él como un seguro de protección contra el infierno. Él quiere una relación, no una religión. Él quiere ser un Padre para nosotros. Él quiere comunión con nosotros. Comunión significa intimidad con nuestro Padre celestial por medio de lo cual expresamos nuestro amor por Él, descubrimos Su voluntad, y, entonces la hacemos. Es entrar en la mente y el corazón de Dios mismo, para llegar a ser uno con Él y Sus propósitos. En este sentido, acercarse más a Dios no es asunto sencillo como generalmente se piensa.

Santidad e Integridad

Cuando no tenemos un santo temor de Dios o respeto por Sus mandamientos, somos incapaces de entrar verdaderamente en Su presencia. Es por eso que, cuando hablamos de buscar a Dios, debemos hablar de *santidad.* La santidad es crucial para la oración porque *"sin santidad nadie verá al Señor"* (Hebreos 12:14). Jesús enfatizó esta verdad cuando Él dijo: *"Bienaventurados los de limpio corazón, porque ellos verán a Dios"* (Mateo 5:8). No creo que estos versículos se refieran a ver a Dios en el cielo, sino a la vida cotidiana en la tierra. Se refieren a ver a Dios ahora, en el sentido de tener una íntima relación de amor con Él y de entrar en Su presencia para conocer Su mente y corazón.

> La santidad es crucial para la oración porque *"sin santidad nadie verá al Señor".*

Fue durante Su primera enseñanza pública que Jesús dijo que el de corazón puro verá a Dios, esto se encuentra en Mateo 5. Él enseñó al pueblo lo que ahora nos referimos como a "Las bienaventuranzas", y que a mí me gusta llamarlas "actitudes futuras"—las actitudes que definen quiénes se supone que seamos en Cristo. Jesús comenzó diciendo: "Bienaventurados los pobres en espíritu, porque ellos heredarán el reino de los cielos. Bienaventurados los que lloran, porque ellos recibirán consolación" (Véase vv. 3, 4). Aquí llorar significa humillarse en ayuno. Por eso es que Jesús dijo: *"Bienaventurados los que lloran, porque ellos recibirán consolación"* (v. 4). Dios le satisfará si usted lo busca a Él con todo su corazón. Fue en este contexto que Jesús dijo: *"Bienaventurados los de limpio corazón, porque ellos verán a Dios"* (v. 8).

Cuando Jesús hizo esta declaración, Él no se estaba refiriendo a nuestra muerte y de ver a Dios en el cielo. Él estaba enseñándonos las actitudes con las que debemos vivir cada día—en esta tierra. Él nos estaba diciendo cómo permanecer en unidad con Dios.

¿Qué significa ser de limpio corazón? *Limpio* significa santo. En efecto, por eso Jesús estaba diciendo: "Bienaventurados son los de corazón santo, porque ellos verán a Dios". La palabra *santo* significa "santificar", o "apartar", o "depurar". "Bienaventurados son los depurados de corazón, porque ellos verán a Dios". Cuando usted es puro de corazón, su mente está puesta en Dios y en Sus caminos.

"Porque yo soy Jehová vuestro Dios, vosotros por tanto os santificaréis (pónganse aparte ustedes mismos) *y seréis santos, porque yo soy santo"* (Levítico 11:44). *"...Yo soy Jehová que os santifico"* (Levítico 20:8). Quizás no hay palabra que describa mejor a Dios que la *santidad*. En estos versículos Dios está diciendo: "Apártense de la misma manera que Yo lo hago. Sean santos como Yo soy santo". Consagrarse quiere decir tomar una posición o situarse usted mismo de tal manera que pueda decir: "Voy a hacer un alto hasta que obtenga lo que persigo". Levítico 20:26, dice: *"Habéis, pues, de serme santos, porque yo Jehová soy santo, y os he apartado de los pueblos para que seáis míos"*. La santidad siempre tiene que ver con la separación. Ésta tiene que ver con que usted se sujete a Dios y no se deje influenciar por las personas que no se sujetan a Él y que tampoco creen en Su Palabra.

¿Qué significa "ver" a Dios en relación a la oración? Las Escrituras dicen: *"...quédense quietos en sus puestos, para que vean la salvación que el Señor les dará"* (Éxodo 14:13; 2da Crónicas 20:17, NVI). En esencia, lo que Dios dice es: "Si ustedes son santos, entonces Yo mismo Me manifestaré ante ustedes. Ustedes Me verán; verán Mi salvación en sus vidas". Si su mente está puesta en relación con su oración—es decir, si usted está convencido de que Él hará lo que Él le ha prometido, si usted es puro en lo que ha creído y en lo que hace—entonces lo verá a Él manifestado. En este sentido, la santidad es la clave tanto para ser persistente en la oración como para recibir respuesta a la oración. Santidad es estar convencido de que lo que Dios dice y lo que Dios hace es lo mismo.

Usted podrá orar todo lo que quiera, pero debe ser santo para ver la respuesta. Las Escrituras dicen:

> *Y si alguno de vosotros tiene falta de sabiduría, pídala a Dios, el cual da a todos abundantemente y sin reproche, y le será dada. Pero pida con fe, no dudando nada; porque el que duda es semejante a la onda del mar, que es arrastrada por el viento y echada de una parte a otra. No piense, pues, quien tal haga, que recibirá cosa alguna del Señor. El hombre de doble ánimo es inconstante en todos sus caminos*   (Santiago 1:5–8).

Este versículo está diciendo que pedir no es suficiente. Usted puede pasar una hora en oración y aún no recibir nada. Una persona que es de *"doble ánimo...inconstante en todos sus caminos"* demuestra impiedad por qué hay una inconsistencia entre lo que dice y lo que realmente cree y hace. En efecto, Dios nos está diciendo: "Si ustedes Me piden algo y luego dudan de que lo haré, ni piensen que lo van a recibir". Si dudamos Dios no puede darlo, porque Él es santo y permanecer verdadero en lo que Él ha dicho en Su Palabra.

La santidad no es una presencia mística, nebulosa, misteriosa, humosa. Es muy práctica y real. Santidad significa "uno"—no el número uno, sino uno en el sentido de "íntegro". La santidad denota el concepto de ser integrado. Integrado viene de la misma raíz que integridad. Dios tiene integridad porque lo que Él dice, lo que Él hace y lo que Él es son lo mismo. Es exactamente eso lo que significa santidad.

Dios hace siempre lo que Él dice que va a hacer porque Él es uno en Sí mismo. ¿Por qué es esto importante para la oración? Lo profano no puede permanecer en Su presencia. En el Antiguo Testamento, si alguien entraba a la presencia de Dios sin estar santificado, moría. De hecho, Dios advirtió a los sacerdotes: "No entren en Mi presencia a menos que estén santificados, porque Yo soy santo. Si vienen sin estar santificados, los destruiré". Aquellos que murieron de esa manera, no murieron porque a Dios le plazca matar a las personas. Murieron porque lo profano y la santidad no pueden convivir juntos. Dios dice: "Los limpios de corazón Me verán" (Véase Matero 5:8). Aquellos que están impuros no pueden ver a Dios.

Cuando vamos a Dios en oración, debemos tener la misma integridad entre lo que decimos y lo que Él hace, porque la santidad es decir la verdad y luego vivir la verdad. Dios dice: *"Y me buscaréis y me hallaréis, porque me buscaréis de todo vuestro corazón"* (Jeremías 29:13). No podemos sólo *decir* que estamos buscando a Dios. Si queremos encontrarle a Él, debemos *realmente buscarlo a Él*. En otras palabras, debemos ser claros en nuestros deseos de encontrarle a Él. Debemos decir como Jacob: "Dios, no te dejaré ir hasta que te vea" (Véase Génesis 32:24–30).

> Si usted es santo, lo que usted dice, cree y hace también será santo.

¿Es de esa manera como usted se acerca a Dios? Si usted busca a Dios con todo su corazón, mente y conciencia; si usted le busca con todo lo que hay en usted, Él promete que usted le encontrará. Si usted no le busca a Él con todo su corazón, mente, pasión y atención, luego si Dios se presenta, significa que Él no está siendo fiel a Su Palabra—porque Él ha dicho que Él solamente vendrá si usted Le busca con *todo* su corazón.

Si Dios no fuera fiel a Su Palabra, entonces Él estaría actuando de manera impía. Si no contáramos contar con que Dios haga lo que Él dice que hará, no podríamos confiar nunca más en Él. Él tiene que ser fiel a Su Palabra, aun si esto significara no contestar las oraciones que hacemos sin entusiasmo y sin creer. Note que fue sino hasta que los seguidores de Jesús estaban todos en mismo acuerdo— cuando estaban con un mismo pensamiento—que les fue dado el Espíritu Santo (Véase Hechos 2:1).

Debido a que sabemos que Dios es santo es que podemos creer que Él cumplirá lo que ha prometido. Podemos creer que recibiremos de Él lo que hayamos pedido de acuerdo a Su Palabra. No obstante, Santiago dijo que si dudamos, somos de doble ánimo. Eso quiere decir que no tenemos integridad—no somos santos. Siendo que Dios es santo, nosotros también debemos ser santos si queremos recibir respuestas a nuestras oraciones.

Esto es un punto tan importante que quiero enfatizarlo una vez más: Indecisión es lo opuesto a santidad e integridad. Si usted está integrado, entonces, lo que usted dice, lo que usted cree, lo que usted hace y como usted responde, son la misma cosa. Si usted le dice a Dios que cree en Él pero actúa de manera opuesta cuando está en su trabajo, cuidando de los hijos o con sus amigos, entonces usted no está integrado, limpio, santo. Usted es indeciso. *"No piense, pues, quien tal haga, que recibirá cosa alguna del Señor"* (Santiago 1:7).

UN REINO DE SACERDOTES

Estas verdades concernientes a la naturaleza de nuestra relación con Dios nos dan un contexto para los principios que miraremos en Levítico 16. Necesitamos ver que los requisitos que Dios dio en el Antiguo Testamento son absolutamente válidos para nosotros los que vivimos bajo el nuevo pacto. La diferencia es que ahora ellos pueden ser cumplidos en Cristo.

Al libro de Levítico se le nombró así por los levitas, una tribu de Israel. Aarón, un levita y hermano de Moisés, fue el sumo sacerdote de Israel. Los descendientes de Aarón llegaron a ser el linaje sacerdotal. Cuando usted lee el libro de Levítico, usted está leyendo los mandamientos que Dios les dio a los sacerdotes.

Los sacerdotes levitas eran intercesores o mediadores entre Dios y el pueblo de Israel. Ellos eran un grupo selecto que tenía este llamado dentro de la nación. Sin embargo, la Biblia enseña que Dios le ha dado a la palabra *sacerdote* un significado más amplio que tiene implicaciones significativas para la oración.

En Éxodo 19, poco después de que Dios libró a los hijos de Israel de la esclavitud de Egipto y *antes* de que instituyera el sacerdocio levítico, Él le dijo a Moisés: "Ve y dile al pueblo: *'Y vosotros me seréis un **reino de sacerdotes**, y gente santa'"* (v. 6, el énfasis fue añadido). ¿Quiénes iban a ser sacerdotes? Toda la nación, tanto hombres como mujeres—niños, adolescentes, adultos jóvenes, adultos de mediana edad y ancianos—iban a ser todos sacerdotes.

En la perspectiva de Dios, el sacerdocio no iba a ser exclusivamente para un grupo especial, sino para todos aquellos que pertenecen a Él. Esto era verdad, comenzando desde la creación del hombre. Los propósitos de Dios son eternos y Su plan original para la humanidad, el cual empezó con Adán, fue heredado a las generaciones posteriores. Dios confirmó Su plan con Abraham, Isaac y Jacob, siendo los descendientes de Jacob los que llegaron a ser la nación de Israel.

> Dios quiere ganar al mundo por medio del sacerdocio de los creyentes.

Israel heredó la promesa de Dios a Abraham: *"Habiendo de ser Abraham una nación grande y fuerte, y habiendo de ser benditas en él todas las naciones de la tierra"* (Génesis 18:18). Esta promesa corresponde al plan original de Dios para que el género humano ejerciera dominio y autoridad sobre la tierra. Además, cuando Dios llamó a los hijos de Israel *"un reino de sacerdotes, y gente santa"*, Él estaba reflejando Sus propósitos para la humanidad desde Adán hasta Abraham, desde Jacob hasta los hijos de Israel y mas allá. El plan de Dios es que el hombre sea Su representante en la tierra. El primer hombre fue creado como un sacerdote—uno que sirviera como intermediario de Dios en la tierra. Todos los descendientes de Adán estaban destinados a ser sacerdotes. ¿Por qué, entonces, Dios instituyó el sacerdocio levítico?

Sabemos que Dios quería que Adán esparciera Su voluntad y Su naturaleza por toda la tierra, que administrara Su reino, llenando todo el mundo como una sencilla "nación" de gente llena del Espíritu. Adán falló y la tierra vino a ser poblada por muchas naciones que no conocieron a Dios. Fue entonces que Dios escogió a una de esas naciones—Israel—sacándola de entre todas para que sirvieran como sacerdotes para las otras naciones. Además, todo el pueblo de esta nación iba a ser sacerdote. Pero Israel también falló en cumplir el llamamiento de Dios. Por eso Dios escogió un pequeño grupo de la nación, la tribu llamada levitas para que sirvieran como sacerdotes. Dios instruyó a los levitas para que mediaran por la nación de Israel. Esto habilitaría a Israel para cumplir su llamado de ir a las otras naciones del mundo como representantes de Dios, para que, de esta manera, todas las naciones regresaran a Él. Ese era el propósito del sacerdocio levítico: restaurar el propósito de Dios para Israel.

No obstante, este sacerdocio también falló en seguir a Dios y se corrompió. Luego Dios envió a los profetas para le dijeran a los sacerdotes que regresaran a Él, pero Israel mató a los profetas o los ignoró. Por consiguiente, Dios tuvo que venir personalmente. Dios levantó un Sacerdote, no solamente del linaje de Abraham, sino de su propia casa. Uno que sería fiel, Jesús, la segunda Persona de la Trinidad, el Hijo de Dios, nuestro Sumo Sacerdote:

> *Y nadie toma para sí esta honra, sino el que es llamado por Dios, como lo fue Aarón. Así tampoco Cristo se glorificó a sí mismo haciéndose sumo sacerdote, sino el que le dijo"Tú eres mi Hijo, yo te he engendrado hoy". Como también dice en otro lugar: "Tú eres sacerdote para siempre, según el orden de Melquisedec"*
> (Hebreos 5:4–6).

Este Sacerdote no falló. Sirvió a Dios perfectamente. Él supo cómo entrar en la presencia de Dios y cómo representar al hombre ante Dios y a Dios ante el hombre. Al hacerlo así, Él creó una nueva nación de personas que serían sacerdotes de Dios para el mundo. Esta nación se llama la Iglesia. ¿Qué le dijo Dios a la Iglesia? Lo mismo que le dijo a Israel. El apóstol Pedro escribió:

> *Vosotros también, como piedras vivas, sed edificados como casa espiritual y sacerdocio santo, para ofrecer sacrificios espirituales aceptables a Dios por medio de Jesucristo...Mas vosotros sois linaje escogido, real sacerdocio, nación santa, pueblo adquirido por Dios, para que anunciéis las virtudes de aquel que os llamó de las tinieblas a su luz admirable* (1ra Pedro 2:5, 9).

Cuando Dios le dijo a Abraham que Él crearía una nación grande del linaje de Abraham y que por medio de él todas las naciones del mundo serían bendecidas, ¿cuál era Su intención? Era redimir al mundo entero. Para mantener Su Palabra, Dios creó una nueva nación del descendiente de Abraham, Jesús de Nazaret, y de su descendencia espiritual que creyera en Jesús—*"aquellos que son de la **fe** de Abraham"* (Romanos 4:16, el énfasis fue añadido).

> **Dios creó una nueva nación de intercesores llenos del Espíritu.**

> *Porque no por la ley fue dada a Abraham o a su descendencia la promesa de que sería heredero del mundo, sino por la justicia de la fe....Por tanto, es por fe, para que sea por gracia, a fin de que la promesa sea firme para toda su descendencia;—no solamente para la que es de la ley, sino también para la que es de la fe de Abraham, el cual es padre de todos nosotros. Como está escrito: "Te he puesto por padre de muchas gentes" delante de Dios, a quien creyó..."*
> (vv. 13, 16–17).

Esta nueva nación está formada tanto de israelitas (judíos) como de gentiles (no judíos) quienes han puesto su fe en Cristo. También separa otras barreras entre los pueblos. Es una sola nación de personas llenas del Espíritu, lo cual fuera el propósito original de Dios. *"Ya no hay judío ni griego; no hay esclavo ni libre; no hay varón ni mujer; porque todos vosotros sois uno en Cristo Jesús"* (Gálatas 3:28). Cuando Dios escogió a los sacerdotes levitas, ese un pequeño grupo que formó con hombres solamente. Sin embargo, cuando en Éxodo 19 declaró que toda la nación de Israel iba a ser *"un reino de sacerdotes, y gente santa"* (v. 6), el sacerdocio incluyó a mujeres y hombres. Cuando el pueblo pecó, una de las consecuencias fue que ellos aislaron el sacerdocio para que sólo incluyera hombres. Ese no es el caso con los herederos espirituales de Abraham. El profeta Joel, dijo:

> *Y después de esto derramaré mi Espíritu sobre toda carne, y profetizarán vuestros hijos y vuestras hijas; vuestros ancianos soñarán sueños, y vuestros jóvenes verán visiones. Y también sobre los siervos y sobre las siervas derramaré mi Espíritu en aquellos días*
> (Joel 2:28–29).

Esto quiere decir que cuando el Señor mismo vino a la tierra como Dios, el Hijo, Su intención era crear una nueva nación en la cual todos recibieran el Espíritu Santo, por medio de esto ellos serían intermediarios de Dios para el mundo. En los días de Joel la idea de mujeres sacerdotisas era chocante. Nunca nadie había escuchado de una mujer recibiendo la unción de sacerdote. Sin embargo, Joel dice: "Viene el tiempo cuando los hijos y las hijas profetizarán, igualmente en jóvenes y viejos el Espíritu Santo se derramará sobre ellos". Las personas ya no serían más puestas en categorías. Si una persona se arrepintió y creyó en Cristo, Dios llenará a esa persona con Su Espíritu y hará de esa persona Su sacerdote.

Por consiguiente, como creyentes, usted y yo somos sacerdotes ante Dios. La Biblia le llama al sacerdocio una ordenanza eterna. (Véase Números 18:18, NVI). Esta es una ordenanza eterna.

Diez Pasos en la Preparación para Orar

Aarón, el primer sumo sacerdote, fue un tipo de Cristo— quien vino a ser nuestro Sumo Sacerdote en la salvación. Aun Aarón fue también modelo de la nación espiritual de sacerdotes que servirían a Dios en Cristo. Hay mucho que podemos aprender de las instrucciones de Dios a Aarón, lo cual nos ayudará a entender nuestro papel en el Nuevo Testamento como *"real sacerdocio"* (1ra Pedro 2:9). Podemos aprender cómo Dios le dijo a Aarón que entrara en Su presencia en el Día de la Expiación, así podemos entender cómo Él quiere que entremos en Su presencia hoy. Seguidamente, hay diez maneras de cómo prepararnos para entrar en la presencia de Dios para que estemos capacitados para comunicarnos con Él, elevar oración eficaz y ser Sus mediadores a favor del mundo.

1. Apropiarse de la gracia de Dios

Primero, necesitamos una clara apropiación de la gracia de Dios en nuestras vidas. Levítico 16:3, dice: *"Con esto entrará Aarón en el santuario: con un becerro para expiación, y un carnero para holocausto"*. Desde el versículo cinco hasta el once se explica que Aarón iba a tomar dos machos cabríos. Uno era sacrificado como una ofrenda por los israelitas. El otro era la "victima expiatoria"—ese macho cabrío representa el que llevaría el pecado del pueblo al enviarlo al desierto con los pecados de los israelitas sobre su cabeza.

Dios instruyó a Aarón que ofreciera sacrificio de animales para hacer expiación por los pecados de Israel. Aarón no podía entrar en el santuario sin la ofrenda por el pecado y la ofrenda para el holocausto. Similarmente, Dios nos dice: "Si tú deseas entrar en Mi presencia, tu pecado debe ser tratado". Por consiguiente, el primer sujeto de la oración no es nuestra lista de peticiones. En vez de eso, necesitamos preguntarnos nosotros mismos: "¿Estoy en posición de acercarme en santidad a Dios? ¿He examinado mi propia vida? ¿He explorado la posibilidad que haya pensado, dicho, o me haya envuelto en cosas que son contrarias a Su Palabra y Su ley de amor?"

> Dios quiere bendecirnos y contestar nuestras oraciones. Es por eso que Él nos dice que nos arrepintamos del pecado.

Obviamente, estos no serán siempre pecados evidentes. Algunas veces serán más sutiles. No siempre consideramos la manera en la cual estamos viviendo nuestras vidas ante Dios. Por ejemplo, la Biblia dice: *"No dejando de congregarnos, como algunos tienen por costumbre"* (Hebreos 10:25). Esa es una orden. Supongamos que usted dice: "No me siento con ganas de ir a la iglesia hoy", y se queda en casa sin una buena razón para hacerlo. Cuando usted va a Dios en oración, en el fondo, lo que Dios dice es: "Tengo problemas con éste. Por un lado, estás tratando que Yo coopere contigo, pero por otro lado, Me has desobedecido. Si Yo contesto tu oración, estoy perdonando la desobediencia". Esto es asunto de la integridad de Dios.

Consideremos otro ejemplo. Pienso que será difícil para Dios contestar nuestras oraciones por bendiciones financieras cuando no estamos diezmando. Por un lado, estamos robándole a Dios lo que es de Él por derecho (Véase Malaquías 3:8–10), y por el otro lado, estamos diciendo: "Señor, paga mi hipoteca". Cuando no recibimos el dinero, decimos— injustamente—como lo hicieron los israelitas: *"Dónde está el Dios de justicia"* (Malaquías 2:17). En efecto, por esta causa es que Dios nos dice: "Ahora ustedes están tratando de ponerme en un dilema. ¿Cómo puedo Yo bendecirles en esto cuando ustedes Me han desobedecido? Están tratando que Yo los trate como si ustedes fueran santos, cuando en realidad no lo son".

Dios quiere bendecirnos y contestar nuestras oraciones. Por eso es que Él nos dice que nos despojemos del pecado. Necesitamos entender y aceptar el sacrificio de Cristo por nuestros pecados y arrepentirnos de las maldades. Necesitamos limpiar el secreto más íntimo de pecado y desobediencia dentro de nosotros para que podamos ser eficaces en la oración. Se nos perdonan nuestros pecados cuando vamos a Cristo. Él nos cubre con Su sangre y somos limpiados. En 1ra Juan 1:9 las Escrituras dicen: *"Si confesamos nuestros pecados, él fiel y justo para perdonar nuestros pecados, y limpiarnos de toda maldad"*. Esta verdad fue escrita para creyentes que tenían una relación con Cristo. Necesitamos ser limpiados continuamente para que podamos vivir ante Dios en santidad—la santidad por la que Cristo murió para proveer para nosotros.

Esencialmente Dios nos está diciendo: "Si ustedes quieren que Yo haga trato con ustedes, ustedes deben despojarse de pecado, desobediencia y negligencia". *"Pero vuestras iniquidades han hecho división entre vosotros y vuestro Dios, y vuestro pecados han hecho ocultar de vosotros su rostro para no oír"* (Isaías 59:2). El caso no es andar con sentimiento de culpabilidad por estos pecados, sino más bien, pedir perdón y ser limpiado. Dios es misericordioso con nosotros. Podemos aún pedirle a Él que perdone nuestros pecados aunque no nos demos cuenta de que los hemos cometido. El rey David oró: *"¿Quién podrá entender sus propios errores? Líbrame de los que me son ocultos"* (Salmos 19:12). En la Palabra de Dios también tenemos promesas:

> *Porque como la altura de los cielos sobre la tierra, engrandeció su misericordia sobre los que le temen. Cuanto está lejos el oriente del occidente, hizo alejar de nosotros nuestras rebeliones* (Salmos 103:11–12).

¿Cómo recibimos el perdón? Nosotros no traemos animales para sacrificio como necesitaban hacerlo los israelitas, pero necesitamos que nuestros pecados sean expiados por medio de sangre. No obstante, los *principios* del Antiguo Testamento, tienen efecto en el Nuevo. Pues el Nuevo Testamento revela su más profunda aplicación e importancia. Por ejemplo: *"La ley* [del Antiguo Testamento] *requiere que casi todo sea purificado, con sangre; y sin derramamiento de sangre no se hace remisión"* (Hebreos 9:22). La diferencia está en que el sacrificio se cumplió una vez por todas y para siempre en Cristo, el Cordero de Dios. *"...Porque esto lo hizo una vez para siempre, ofreciéndose a sí mismo"* (Hebreos 7:27).

1ra Juan 1:7 dice:

> *Pero si andamos en luz, como él está en luz, tenemos comunión unos con otros, y la sangre de Jesucristo su Hijo nos limpia de todo pecado.*

Este versículo está hablando de relaciones. Cuando usted es limpiado con la sangre de Jesús, todo está correcto porque no hay nada interfiriendo entre usted y Dios. Él sabe que usted está limpio. Cuando sus pecados son perdonados y usted está bien con Dios, puede tener un compañerismo sincero con Él y con otros creyentes—y eso le trae poder de convenir en la oración.

Dios es serio en cuanto a la santidad y la obediencia. No podemos vivir en pecado e incredulidad si queremos que nuestras oraciones sean contestadas. Si usted está luchando con un pecado en particular, entrégueselo a Dios, pídale a Él que lo purifique de ese pecado (1ra Juan 1:9) y busque el consejo de creyentes maduros para que no se corte su relación con Dios.

2. Cubrirse de rectitud

La segunda preparación se encuentra en Levítico 16:4. Yo le llamo "cubrirse de rectitud". Este paso corresponde al consejo del Nuevo Testamento: *"Y vestíos del nuevo hombre, creado según Dios en la justicia y santidad de la verdad"* (Efesios 4:24).

Levítico 16:4 explica cómo Aarón debía entrar al lugar santo:

> *Se vestirá la túnica santa de lino, y sobre su cuerpo tendrá calzoncillos de lino, y se ceñirá el cinto de lino, y con la mitra de lino se cubrirá. Son las santas vestiduras; con ellas se ha de vestir después de lavar su cuerpo con agua.*

El sacerdote debía llevar la vestidura correcta—las vestiduras que Dios le indicó que llevara. En efecto, 1 sacerdote tenía sus propias vestiduras, pero Dios, le dijo: "Si quieres venir a Mi presencia, vístete con lo que Yo te diga que te vistas". La aplicación para nosotros viene de Efesios 6:11–20, en la cual Pablo habló acerca de vestirse con *"la armadura de Dios"* (vv. 11, 13). Yo creo que esta analogía está mal interpretada. No es tanto un concepto militar como una preparatoria. Está hablando de preparación para la oración (vv. 18–20). Antes de que usted ore, necesita llevar puesto *"el yelmo de la salvación"* (v. 17). Esto se refiere a la Expiación:

siendo salvos y teniendo la sangre de Cristo aplicada a sus pecados. Usted también debe vestirse con *"la coraza de justicia"* (v. 14). Esto significa ser recto delante de Dios por medio de la justicia de Cristo.

¿Por qué el sacerdote debía ponerse lino? El lino es una tela absorbente. No debía de haber transpiración en la presencia de Dios. ¿Por qué? Porque sudar representa rebelión contra Dios.

Y al hombre dijo (Dios): Por cuanto obedeciste a la voz de tu mujer, y comiste del árbol de que mandé diciendo: 'No comerás de él; maldita será la tierra por tu causa; con dolor comerás de ella todos los días de tu vida. Espinos y cardos te producirá, y comerás plantas del campo. Con el sudor de tu rostro comerás el pan" (Génesis 3:17–19).

Sudar en el trabajo no era el plan original de Dios. Fue resultado de la desobediencia de Adán.

Miremos el amplio significado de esta idea. El sudar representa cualquier intento por alcanzar a Dios por nuestros propios méritos. Significa tratar de trabajar por nuestra cuenta para llegar a la presencia de Dios. ¿Vemos ejemplos de esto hoy? Suponga que una persona no tiene derecho ante Dios. Para compensar, esta persona envía trescientos dólares a la Cruz Roja. En sí no hay nada de malo con el donativo a la Cruz Roja. No obstante, Dios dice: "Eso no te permite entrar en Mi presencia. Te estás fatigando.

> Venimos a la presencia de Dios solamente por la justicia de Cristo.

Estás tratando de llegar a Mí a tu manera haciendo buenas obras, pero al mismo tiempo no vives conforme a Mi Palabra". Eso es sudar [fatigarse]. En ves de eso, pónganse el peto de justicia. Un peto protege al corazón y otros órganos preciosos. Con esta analogía, Dios está diciendo: "Quiero que seas puro en las áreas más importantes de tu vida". Podemos hacer eso solamente si nos apropiamos de la justicia de Cristo por medio de la fe: *"Al que no conoció pecado, por nosotros lo hizo pecado, para que nosotros fuésemos hecho justicia de Dios en él"* (2da Corintios 5:21). Por consiguiente, necesitamos vivir en esa justicia, haciendo lo que es correcto, manteniendo nuestro paso con el Espíritu (Véase Gálatas 5:25).

Cuando nos vestimos con la justicia de Dios, podemos regocijarnos ante el Señor:

En gran manera me gozaré en Jehová, mi alma se alegrará en mi Dios; porque me vistió con vestiduras de salvación, me rodeó de manto de justicia, como a novio me atavió, y como novia adornada con sus joyas
(Isaías 61:10).

3. Vestirse de verdad y honestidad

La próxima preparación es la verdad y la honestidad. Echemos un vistazo de nuevo a Levítico 16:4: *"...y se ceñirá el cinto de lino"*. Necesitamos el cinto así como el peto. El cinto le cubre las áreas más delicadas de su vida, las partes de las que usted no le gusta hablar, la vida secreta que sólo usted conoce. David dijo: *"He aquí, tú amas la verdad en lo íntimo, y en lo secreto me has hecho comprender sabiduría"* (Salmos 51:6). ¿Tememos a Dios como para desear ser personas de la verdad? Efesios 6:14, dice: *"Estad, pues, firmes, ceñidos vuestros lomos con la verdad, y vestidos con la coraza de justicia"*. Debemos estar ceñidos con el cinto de la verdad para que seamos limpios y transparentes ante el Señor. ¿Es ese su deseo? No hay ninguna diferencia entre la preparación del sumo sacerdote del Antiguo Testamento y lo que Dios requiere de nosotros ahora. *"¿Quién subirá al monte de Jehová? ¿Y quien estará en su lugar santo? El limpio de manos y puro de corazón..."* (Salmos 24:3–4). Necesitamos estar puros ante Dios, volviéndonos de nuestros caminos pecaminosos, recibiendo perdón por medio de Cristo y andando en el Espíritu (Véase Romanos 8:3–4).

4. Purificarse con la Palabra

"Son las santas vestiduras; con ellas se ha de vestir después de lavar su cuerpo con agua" (Levítico 16:4). Debemos estar limpios antes de entrar en la presencia de Dios. En Juan 15:3, Cristo le dijo a sus discípulos: *"Ya vosotros estáis limpios por la palabra que os he hablado"*. También Él oró al Padre: *"Santifícalos en tu verdad; tu palabra es verdad"* (Juan 17:17).

Dice Efesios 5:25–26: *"...Así como Cristo amó a la iglesia, y se entregó a sí mismo por ella, para santificarla, habiéndola purificado en el lavamiento del agua por la palabra".*
Dios no quiere pensar de nosotros que cantando himnos en el servicio de adoración sea suficiente para entrar en Su presencia. Cristo dijo que estábamos limpios por las palabras que Él había hablado. ¿Qué es lo que nos limpia? La Palabra de Dios. Por eso es que necesitamos meditar continuamente en las Escrituras.

En el Antiguo Testamento, Aarón tenía que limpiarse con agua corriente. Tenía que lavar todo su cuerpo y vestirse de lino, para que cuando fuera al lugar santísimo del tabernáculo estuviera limpio. Con el cumplimiento de la ley en el Nuevo Testamento, ya no tenemos que lavarnos con agua corriente. La Palabra de Dios es nuestra agua para la limpieza espiritual. David enfatizó esta verdad:

> La limpieza de la Palabra cambiará su mente y corazón, y, transformará su vida.

¿Con qué limpiará el joven su camino? Con guardar tu palabra. Con todo mi corazón te he buscado; no me dejes desviarme de tus mandamientos. En mi corazón he guardado tus dichos, para no pecar contra ti (Salmos 119:9–11).

Usted necesita asegurarse de estar en la Palabra cuando viene ante Dios—que usted ha *leído* la Palabra, que la Palabra *está* en usted y que usted está *obedeciendo* la Palabra. De lo contrario, usted entrará en la presencia de Dios con sus propias ideas y actitudes. No obstante, la Palabra le lavará completamente, lo que le traerá un cambio de corazón y mente, aún sin comprenderlo. Además, las cosas que usted podía pensar eran sin importancia, pero para Dios eran importantes, éstas serán transformadas dentro de usted. Por ejemplo, es muy fácil para nosotros olvidar el mandato: *"No mintáis los unos a los otros, habiéndoos despajado del viejo hombre con sus hechos"* (Colosenses 3:9). Decimos pequeñas mentiras. Les decimos a las personas que nos encontraremos con ellos en cierto lugar. Cuando llegamos tarde, estamos en aprietos, así que decimos una mentira, justificando el por qué llegamos tarde. En una variedad de maneras nos cubrimos nosotros mismos, tratando de proteger nuestra reputación. La Palabra purificará nuestras actitudes y acciones.

Usted llega a ser lo que escucha. Usted llega a ser lo que piensa. Usted llega a ser lo que está en su mente. Si su mente está llena de la Palabra de Dios, entonces usted empezará a ser lo que ella dice. Ella le lavará.

5. Adorar y alabar a Dios

[Aarón] después tomará un incensario lleno de brasas de fuego del altar de delante de Jehová, y sus puños llenos del perfume aromático molido, y lo llevará detrás del velo. Y pondrá el perfume sobre el fuego delante de Jehová, y la nube del perfume cubrirá el propiciatorio que está sobre el testimonio, para que no muera
(Levítico 16:12–13).

En la Biblia, el incienso es símbolo de adoración. Lo que Dios está diciendo es que cuando sus pecados son cubiertos y su corazón está limpio, cuando usted está siendo honesto y sus motivos correctos, y que cuando usted está siendo limpiado por la Palabra, entonces ese es el momento de adorar. En realidad, lo que Jesús le dijo a la mujer del pozo fue: "Los samaritanos están tratando de encontrar a Dios en la montaña. Los judíos están tratando de encontrar a Dios en el templo en Jerusalén. Sin embargo, si ustedes realmente quieren entrar en la presencia de Dios, deben adorar a Dios en espíritu y con sinceros motivos—en verdad. Así es cuando ustedes realmente adoran a Dios" (Véase Juan 4:19–24).

Si quiere recibir algo de alguien y esa persona le dijo que si usted hacía a, b y c, lo recibiría. ¿Qué haría usted? Usted haría a, b y c dependiendo de cuánto desea ese algo. Dios dice que para venir a Su presencia, necesitamos adorar. Él ya nos ha dicho lo que debemos hacer, pero algunas veces tratamos de obviar este paso y entramos en oración. Dios nos está diciendo: "Honren primero Mi nombre. Adórenme". Él quiere que pongamos algo de incienso sobre el fuego.

Es por eso que los líderes de adoración son tan importantes en el cuerpo de Cristo. Ellos son los que preparan el camino para que la congregación entre en la presencia del Señor. Por tanto, si el corazón de los líderes de adoración no es correcto, puede haber problemas. Si nuestra adoración colectiva no está como se supone debe estar, nuestros líderes de adoración necesitan examinar sus corazones. ¿Están poniendo el incienso sobre el fuego, o están saltando sobre el fuego tratando de llegar a la presencia de Dios sin pagar el precio de la pureza? La misma cosa es cierta para usted y para mí. Somos sacerdotes ante Dios. Debemos estar seguros de que podemos adorar.

6. Apartarse

Ningún hombre estará en el tabernáculo de reunión cuando él entre a hacer la expiación en el santuario, hasta que él salga, y haya hecho la expiación por sí, por su casa y por toda la congregación de Israel
(Levítico 16:17).

Nos preparamos para la oración apartándonos de nuestro ambiente normal, de nuestras actividades. Cuando está buscando de Dios, usted no puede estar escuchando la radio o viendo la televisión. No puede estar escuchando la conversación de las otras personas. No puede tener distracciones a su rededor. Si va a buscar de Dios, usted debe ser serio en esto. Dios dice: "Si quieres encontrarme, lo harás si Me buscas de todo corazón" (Véase Jeremías 29:13).

Dios no se reunió con Aarón en cualquier parte ni en cualquier lugar. Aarón fue y entró en el Tabernáculo de Reunión. Dios dijo: "Allí es donde yo Me encuentro—en el Tabernáculo". Para entrar al Tabernáculo, Aarón tuvo que hacer ciertas cosas correctamente. Los dos hijos de Aarón trataron de hacer las cosas a su manera, pero Dios dijo: "No, ellos no han llenado los requisitos para reunirse conmigo aquí" (Véase Levítico 9:23–24; 10:1–2).

Así como con Aarón, Dios no lo encuentra a usted en cualquier parte y de cualquier manera. Dios tiene un lugar en el cual Él se encuentra con usted. En el Antiguo Testamento había un tabernáculo, un lugar físico. Así en el Nuevo testamento se cumple el Antiguo Testamento. Esto quiere decir que todavía hay un lugar donde Dios lo encuentra a usted en oración, pero que no es un edificio. Está en su cuerpo. Es un lugar *en Dios*. Dios ha preparado un lugar en Él justamente para usted, y usted necesita entrar en ese lugar. Si su corazón, su actitud o sus motivos no son correctos—si hay cosas en su vida que no están correctas—Dios dice: "Todavía no estás en el lugar donde Yo quiero estar".

Una de las maneras para alcanzar este lugar es ayunando, un tema que exploraremos más adelante. Cuando usted ayuna, elimina distracciones. Usted mismo retira muchas cosas que han estado obstaculizando su vida y perturbando su espíritu. Se sentirá libre, menos obstruido. Usted tendrá más tiempo. Entonces, usted va en camino a ese lugar en Dios. Mientras más pronto usted lo alcance puede depender de cuan veloz usted quiere moverse, de cuan intensidad quiere lograrlo, de cuan rápido quiera ser limpiado, cuan honesto quiere ser, de cuan serio y sincero es usted. Sin embargo, cuando se encamina a ese lugar en Dios, todo mundo lo sabrá porque usted estará resplandeciente. Isaías 58 dice que si usted ayuna correctamente, entonces *"nacerá [su] luz como el alba"* (v. 8).

7. Creer

Lo siguiente es tener fe en el poder de Dios para hacer lo que Él ha prometido.

Y (Aarón) saldrá al altar que está delante de Jehová, y lo expiará, y tomará de la sangre del becerro y de la sangre del macho cabrío, y la pondrá sobre los cuernos del altar alrededor. Y esparcirá sobre él de la sangre con su dedo siete veces, y lo limpiará, y lo santificará de las inmundicias de los hijos de Israel
(Levítico 16:18–19).

En el Antiguo Testamento hubo poder de expiación por medio del sacrificio de animales. El sacerdote tenía que creer en eso cuando ponía la sangre en los cuernos del altar, el poder de Dios era tan suficiente para expiar por el pecado. El sacerdote tenía que tener fe. El pueblo también debía tener fe. Después que el sacrificio era ofrecido y el macho cabrío enviado al desierto, ellos tenían que regresar a sus hogares diciendo: "Mis pecados son perdonados para todo el año". Ellos tenían que creer que el poder manifestado en la ofrenda del sacrificio perdonaba sus pecados.

En la cultura hebrea, el cuerno representaba poder. Esto significa que cada vez que el sumo sacerdote entraba al Lugar Santo, tenía que enfrentarse al poder de Dios. Para hacerlo, él tenía que estar preparado para entrar. Su vida debía ser correcta. Asimismo, cuando su vida es correcta, se manifestará el poder de Dios. Cuando se siente seco espiritualmente, cuando usted no está experimentando el poder de Dios, examine su vida. Revise para ver si usted anda correctamente delante de Dios.

Al requerirle al sumo sacerdote que esparciera la sangre en los cuernos del altar, creo que Dios estaba diciéndonos: "Quiero que confiesen que Yo tengo el poder para hacer cualquier cosa de las que les he prometido a ustedes". La sangre mezclada de toros y machos cabríos no tenían ningún poder en sí mismas. Sin embargo, cuando el sacerdote ponía la sangre sobre los cuernos del altar, tenía el poder para expiar los pecados de Israel. ¡Gracias a Dios por Su poder!

> Dios quiere que nosotros creamos que Su poder puede realizar lo que Él ha prometido.

¿Cuándo tomó lugar la limpieza y consagración del altar de las impurezas del pueblo? A la séptima vez que la sangre fue esparcida sobre los cuernos del altar (Véase el versículo 19). Siete es el número de la perfección, y, la perfección y santificación se manifestaron con la llegada de Cristo. Después que Cristo murió en la cruz, los sacrificios de animales ya no se hicieron más porque Él mismo se había sacrificado una sola vez por el pueblo y para siempre: *Que no tiene necesidad cada día, como aquellos sumos sacerdotes, de ofrecer primero sacrificios por sus propios pecados, y luego por los del pueblo; porque esto lo hizo una vez para siempre, ofreciéndose a sí mismo"* (Hebreos 7:27). *"A quien Dios puso como propiciación por medio de la fe en su sangre..."* (Romanos 3:25).

¿Cómo puede limpiarme hoy la sangre de un Hombre que murió hace dos mil años? Yo no estaba ahí cuando Adán pecó. Yo no estaba ahí cuando Cristo murió. ¿Cómo podría Su sangre perdonar mis pecados en el Siglo XXI? Es porque la sangre todavía tiene poder. En realidad, lo que Dios nos dice a nosotros es: "Escúchenme a Mi. Yo recibí el sacrificio de animales que el sumo sacerdote trajo ante Mí. Cuando Mi poder se conectaba con el de ellos, era tan potente que expiaba los pecados de los tres millones de israelitas. ¿Cuánto más *la sangre preciosa de Cristo, como de un cordero sin mancha y sin contaminación'* (1ra Pedro 1:19)—la sangre de Mi propio Hijo—expiará por tus pecados"?

Dos mil años después Dios puede perdonarte porque Jesús fue al Lugar Santísimo del cielo.

Pero estando ya presente Cristo, sumo sacerdote de los bienes venideros, por el más amplio y más perfecto tabernáculo, no hecho de manos, es decir, no de esta creación, y no por sangre de machos cabríos ni de becerros, sino por su propia sangre, entró una vez para siempre en el Lugar Santísimo, habiendo obtenido eterna redención. Porque si la sangre de los toros y de los machos cabríos, y las cenizas de la becerra rociadas a los inmundos, santifican para la purificación de la carne, ¿Cuánto más la sangre de Cristo, el cual mediante el Espíritu eterno se ofreció a sí mismo sin mancha a Dios, limpiará vuestras conciencias de obras muertas para que sirváis al Dios vivo? (Hebreos 9:11–14).

Cristo es el sacrificio expiatorio por los pecados de todo el mundo (Véase 1ra Juan 2:2). Su sangre vale mucho. Él tenía que ser inmolado una sola vez. En el Antiguo Testamento el poder de la sangre duraba sólo un año. El sumo sacerdote tenía que regresar el año siguiente en el Día de la Expiación y sacrificar de nuevo. Doy gracias a Dios que cuando Juan vio venir a Jesús al Río Jordán para bautizarse, dijo: "Mirad, Dios ha provisto Su propio Cordero" (Véase Juan 1:29). Juan no dijo que Jesús era el cordero del hombre. Él dijo que Jesús era el Cordero de Dios. Dios mismo proveyó este Cordero como el Sacrificio por nuestros pecados. Es por eso que confiadamente podemos entrar al Lugar Santísimo donde habita Dios (Véase Hebreos 4:16, NVI)—temblando porque tememos a Dios, pero confiados porque sabemos que la sangre de Jesús ya nos limpió. Debemos creer en la efectividad de Su sacrificio en nuestro favor.

8. Dar a Dios la gloria

Levítico 16:25 dice: *"[Aarón] quemará en el altar la grosura del sacrificio por el pecado.* Debemos dar a Dios la gloria después de que entremos en la presencia de Dios por medio de la sangre de Jesús, creyendo en Su poder para limpiarnos.

Cuando Dios dio instrucciones acerca del sacrificio, Él les dijo a los israelitas que recogieran la grosura de los sacrificios. Les dijo que no comieran de lo grasoso, pero que lo pusieran sobre el altar y se lo quemaran a Él. Lo gordo es símbolo de la gloria porque lo gordo es exceso. Lo que Dios está diciendo, es: "No quiero que tomes alguna gloria para usted mismos de este perdón y expiación. Quiero que se me de todo lo gordo. Quiero que confieses que Yo soy Aquel quien ha logrado esto. Quiero que Me des toda la gloria". Al darle la gloria a Dios, podemos decir: "Gracias, Dios, por recibirme, perdonarme, limpiarme, redimirme y hacerme apto para estar en Tu presencia donde está Tu gloria".

Dios merece toda la gloria porque Él nos ha dado la vida y la redención: *"Yo Jehová; este es mi nombre; y a otro no daré mi gloria, ni mi alabanza a esculturas"* (Isaías 42:8). *"Por mí, por amor de mí mismo lo haré, para que no sea amancillado mi nombre, y mi honra no daré a otro"* (Isaías 48:11).

Dios ama la gloria. Él ama los excesos. Cuando Dios nos bendice y no podemos usar todo lo que nos ha dado, eso es la grosura o sea la gloria. Dios nos dice: "Ustedes tienen abundancia. Ustedes tienen gloria en su casa. Dedíquenla a Mí". Nuestra respuesta debería ser: "Tengo algo de gloria, algún dinero extra y bienes que quiero dárselos a Dios para que alguien más que los necesite pueda también ser bendecido".

¿Qué está haciendo con su exceso [o abundancia]?

9. Lavarse en la Palabra

Usted podría preguntarse: "¿Por qué necesito lavarme en la Palabra de nuevo? Ya he sido limpiado por ella". El primer uso de la Palabra es para limpieza. El segundo es para apropiación de las promesas de Dios.

Levítico 16:26, dice: *"El que hubiere llevado el macho cabrío a Azazel, lavará sus vestidos, lavará también con agua su cuerpo, y después entrará en el campamento".* Yo creo que Dios está diciendo por medio de este versículo: "Ustedes han hecho todo lo que están supuestos a hacer y Me han dado la gloria. Estoy complacido. Sigan adelante y pídanme lo que quieran". Siendo que entre usted y Dios todo está claro, usted puede ahora *"presentar sus peticiones delante de Dios"* (Filipenses 4:6). Lávese usted mismo en la Palabra, pidiéndole a Dios que cumpla Sus propósitos basado en Su voluntad y promesas.

10. Permanecer en la unción

Finalmente, necesitamos permanecer en la unción—en una relación correcta con Dios—para que así podamos morar continuamente en el lugar de reunión con Dios. Si queremos permanecer en Su presencia, debemos recordar que tenemos que seguir Sus instrucciones y caminos.

> *Hará la expiación el sacerdote que fuere ungido y consagrado para ser sacerdote en lugar de su padre; y se vestirá las vestiduras de lino, las vestiduras sagradas. Y hará la expiación por el santuario santo, y el tabernáculo de reunión; también hará expiación por el altar, por los sacerdotes y por todo el pueblo de la congregación.* **Y esto tendréis como estatuto perpetuo** [Mi pueblo]
> (Levítico 16:32–34, el énfasis fue añadido).

Podemos vivir en continuo estado de unión con Dios por causa de la expiación de Cristo por nuestros pecados. Cuando Cristo vino Él fue ungido y ordenado como Sumo Sacerdote por Dios, y Su expiación es completa y sustentada para todos los tiempos. Todos los sumos sacerdotes que vinieron antes que Él eran solamente tipos de Él. La expiación que Él hizo es eterna. Por consiguiente, es una ordenanza permanente. *"Pero Cristo, habiendo ofrecido una vez para siempre un sólo sacrificio por los pecados, se ha sentado a la diestra de Dios"* (Hebreos 10:12).

Para poder entrar en la presencia de Dios, tenemos que permanecer en este estado de preparación para orar. No debemos acercarnos a Dios de improviso o de manera descuidada. Los hijos de Aarón perdieron sus vidas cuando trataron de entrar a la presencia de Dios bajo sus propios términos. Dios es un Dios de santidad. Es importante que aprendamos lo que significa honrar al Señor y reflejar Su naturaleza y carácter en nuestras vidas. Estos pasos de la preparación para orar son importantes para Dios porque Jesucristo vino para hacer que todos ellos fueran posibles. Es sólo por medio de Cristo que podemos entrar en la presencia del todopoderoso y santo Dios y llamarle: *"Abba. Padre"* (Romanos 8:15).

> Si queremos permanecer en Su presencia, debemos recordar seguir Sus instrucciones y caminos.

OREMOS JUNTOS

Padre Celestial:
Tu Palabra dice: *"Bienaventurado los de limpio corazón, porque ellos verán a Dios"* (Mateo 5:8). Queremos entrar en Tu presencia. Queremos estar en el lugar donde Tú nos encuentres. Guíanos a ese lugar. Perdónanos por ser descuidados y desatentos en la manera de acercarnos a Ti. Reconocemos que Tú eres un Dios santo y justo. Recibimos la limpieza de nuestros pecados por medio de la sangre de Jesús. Te adoramos a Ti en humildad y amor. Gracias por el privilegio de poder entrar con confianza al lugar donde moras Tú, por la expiación que Tu Hijo hizo a nuestro favor. Oramos en el nombre de Jesús, el Cordero de Dios que quitó nuestro pecado. Amén.

Poniendo en Práctica la Oración

Pregúntese usted mismo:

- ¿Con qué actitud o manera me debo acercar a Dios en oración?
- ¿No tengo cuidado del pecado que hay en mi vida, no considero la santidad de Dios?
- ¿Pienso que Dios puede oír mis oraciones si hago buenas obras—o puedo venir a Él por medio de Cristo solamente?
- ¿Qué quiere decir el hecho de que yo sea miembro del sacerdocio de los creyentes?

Pasos de acción:

- Antes de que usted ore, revise los diez pasos de preparación para entrar en la presencia de Dios. Vea qué pasos usted está omitiendo y cuáles áreas usted necesita corregir ante Dios.
- Considere su función como sacerdote o intercesor ante Dios a favor del mundo. Permita que ese conocimiento lo guíe a medida que usted ora.

Principios

1. Como creyentes, somos *"pueblo escogido, real sacerdocio, nación santa, pueblo adquirido por Dios"* (1ra Pedro 2:9).
2. Como sacerdotes de Dios, debemos interceder por los demás para que ellos puedan regresar a Dios y ser colaboradores en Sus propósitos,
3. Los diez pasos de preparación para entrar en la presencia de Dios en oración, son:
   - *Apropiarse de la gracia de Dios:* Reconocer la santidad de Dios, volverse de sus pecados y limpiarse por medio de la sangre de Cristo.
   - *Vestirse de justicia:* Apropiarse de la justicia de Cristo por medio de la fe. Vivir en esa justicia, haciendo lo correcto y manteniendo nuestro paso con el Espíritu.

- *Vestirse con verdad y honestidad:* Ser transparente y limpio ante el Señor, deseando la verdad en lo más profundo y viviendo con integridad.
- *Lavarse con la Palabra:* Antes de venir ante Dios, asegúrese de haber *leído* la Palabra, que la Palabra esté *en* usted y que usted este *obedeciendo* la Palabra.
- *Adorar y alabar a Dios:* Honrar y adorar a Dios en espíritu y en verdad (Juan 4:24), reconociéndole a Él como su Todo.
- *Apartarse:* Sepárese del ambiente normal, actividades y distracciones. Busque un lugar en el cual Dios pueda encontrarle a usted viniendo a Él con un corazón recto, con buenas actitudes y buenos motivos.
- *Creer:* Tenga fe en el poder de Dios para hacer lo que Él ha prometido en la efectividad del sacrificio de Cristo.
- *Dar a Dios la gloria:* Confiese que Dios es Aquel quien logró su expiación, perdón y reconciliación con Él y que Él es digno de ser alabado. Déle a otros de la abundancia que Dios le ha dado a usted.
- *Lavarse en la Palabra:* Pídale a Dios que cumpla Sus propósitos basados en Su voluntad y en las promesas de Su Palabra.
- *Permanecer en la unción:* Permanezca en un estado de preparación para orar. Honre al Señor y refleje en su vida la naturaleza y el carácter de Dios.

Capítulo cinco

Cultivando la clase de fe de Dios

Hay fe positiva y hay fe negativa. Ambas llegan por el mismo medio—por el cual escuchamos y creemos.

En el capítulo anterior estudiamos lo que conlleva preparar nuestros corazones para entrar en la presencia de Dios y de esta manera eliminar los obstáculos para recibir respuesta a la oración, y que sea eficaz a los propósitos de Dios. En este capítulo, quiero examinar otra razón del por qué nuestras oraciones fallan en funcionar. Pudiera ser porque a menudo tenemos el tipo de fe equivocada. No estoy diciendo que nos *falta* la fe. Yo lo que dije es que tenemos el *tipo* de fe equivocada. Entender los diferentes tipos de fe y cómo funcionan son preparaciones clave para orar.

Todos Vivimos por Fe

Cada día usted y yo vivimos por fe. De hecho, todos viven por fe. Cuando leemos en la Biblia: *"El justo vivirá por la fe"* (Romanos 1:17; Gálatas 3:1, NVI), tenemos que definir lo que la Biblia quiere decir con esta declaración, porque la fe de alguna manera está funcionando en nuestras vidas, ya sea que seamos conscientes de ello o no.

Si vamos a hacer alguna clase de negocio con Dios, necesitamos estar aptos para funcionar en la fe de la que habla la Biblia. *"Sin fe es imposible agradar a Dios"* (Hebreos 11:6). A muchos de nosotros se nos enseñó que la fe es necesaria. Sin embargo, a nosotros generalmente, no se nos enseñó como obtener la fe que agrada a Dios.

¿QUÉ ES LA FE?

Primero, ¿Cómo definimos la fe en términos generales? La palabra *"fe"* en el Nuevo Testamento viene de la palabra griega *pistis,* que simplemente significa "creencia" o "confianza". Tener fe significa creer y tener confianza en las palabras que usted oye. Es creer en algo que no se ha visto como si eso ya sea una realidad—y entonces hablar y esperar hasta que eso se manifieste. Todos viven por esta definición de fe, y, las personas generalmente reciben lo que exactamente ellos tienen por fe. ¿Por qué? Hombres y mujeres fueron creados a la imagen de Dios para operar de la misma manera que Él lo hace—por medio de las palabras de fe. *"Porque él dijo, y fue hecho; él mandó, y existió"* (Salmos 33:9).

> Fuimos creados para operar de la manera que Dios lo hace—por medio de las palabras de fe.

Dios creó creyendo en la realidad de lo que Él crearía antes que Él viera su manifestación. *"Por la fe entendemos haber sido constituido el universo por la palabra de Dios, de modo que lo que se ve fue hecho de lo que no se veía"* (Hebreos 11:3). Dios no sólo habló palabras para crear las cosas, sino que Él aún usó palabras para mantener el universo en movimiento. Hebreos 1:3, dice: *"El cual, siendo el resplandor de su gloria, y la imagen misma de su sustancia, y quien sustenta todas las cosas con la palabra de su poder"*. Dios sustenta todas las cosas por medio del poder de Su Palabra. Él habló, y el universo surgió. Él se mantiene hablando y el universo se mantiene en marcha. El principio es este: Cuando en oración pide por alguna cosa, usted debe comenzar a hablar de eso como si ya existe. Además, usted tiene que *mantenerse* hablando para ver su manifestación. Entonces, cuando le llega, no basta con recibirla de Dios. Usted debe ser capaz de cuidar eso con lo que Dios le ha bendecido. ¿Cómo va usted a cuidar lo que recibió? Hablando.

Cuando el diablo trate de robárselo, usted debe decir: "No. La fe me lo trajo. Por fe es mío. Esto me pertenece".

Es por esto que cuando usted pierde algo debido a las langostas (Véase Joel 2:25,26), usted puede recibirlo nuevamente. Cuando recibe algo de Dios, de acuerdo a Su promesa, usted obtiene el título de propiedad de ello. Si Satanás le roba lo que usted ha recibido de Dios, ¿quién tiene el título de propiedad? Usted. Eso significa que usted todavía es el dueño de la propiedad aunque él se haya posesionado de ella.

Piense en algo que usted sabe recibió de Dios pero que se le ha perdido. Usted puede apropiarse de la promesa que dice que todo lo que la langosta se comiere, Dios lo restaurará. Entonces, usted puede utilizar su fe para comenzar a esperarlo. Cada vez que usted hable de ello, estará más cerca de conseguirlo. Y cuando llegue de regreso, vendrá multiplicado, de una forma u otra. El diablo pierde si roba lo que Dios nos ha dado porque Dios nos lo multiplicará. Si usted espera lo que Dios ha prometido, lo recibirá. Si no lo espera, no le llegará.

LA PALABRA DE FE

En Romanos, leemos: *"Pero la justicia que por la fe dice:... 'Cerca de ti está la palabra, en tu boca y en tu corazón'"* (Romanos 10:6, 8). ¿A qué se refiere este pasaje? *"La palabra de fe"* (v. 8). ¿Dónde está? *"Está cerca de ti; está en tu boca y en tu corazón"*. Pienso que la palabra *"cerca"* tiene que ver con lo que usted escucha. Cuando usted enciende el televisor, palabras de fe—eso es, palabras que crean la materia prima para lo que usted cree—están cerca de usted. Lo mismo es cierto cuando las personas le hablan a usted. Esto significa que la persona que se sienta cerca de usted, es muy influyente. Lo que él o ella le dicen a usted entra por sus oídos. Los oídos son la puerta a su corazón, y *"de la abundancia del corazón habla la boca"* (Mateo 12:34). Lo que usted dice es un reflejo de lo que está en su corazón, de lo que usted cree. A usted le gustaría tener lo que usted dice porque Dios le ha dado la habilidad que Él posee—expresión creativa por medio de sus palabras. Así como Dios creó Su mundo con Sus palabras, así mismo usted crea su mundo con sus palabras. Una vez más, cada palabra es una palabra de fe. Por consiguiente—

La fe es confianza en acción.

De hecho, *la fe es el más grande elemento en las civilizaciones avanzadas.* ¿Qué quiero decir con esto? La fe humana ha dado nacimiento a grandes logros y continúa haciéndolo. Nada es más poderoso en el mundo que creer. Todos los pueblos en el mundo que hayan tratado con el desarrollo humano estarán de acuerdo con este hecho. ¿Por qué? Porque la confianza crea su vida, y eso significa la fe: creer en las cosas que usted no ha visto todavía a tal punto que usted actúa hasta que llegan a ocurrir. Es por medio de la fe que la persona crece y tiene éxito en su experiencia personal.

Esta es una verdad crucial que debemos recordar. *La fe es confianza activa. Es fe combinada con certeza y acción.* ¿Ha esperado usted fallar y falló? Eso es fe. Usted espera no recibir un préstamo, de manera que usted se lo niega yendo camino al banco. Usted se dice a sí mismo las razones por las que no debe recibir el préstamo. Usted se predica a sí mismo de este modo: "De nada sirve que vaya, pero permítanme probar de todas maneras". Cuando usted no lo obtiene, confirma lo que creyó diciendo: "Tal como me lo esperaba".

Yo creo que algunas veces Dios no contesta nuestras oraciones porque Él entiende cuán poderoso es el principio de la fe y sabe que lo que estamos pidiendo no sería bueno para nosotros. Quizás usted ha estado pidiendo por largo tiempo que Dios le hable. Muchos de nosotros hemos orado de esta manera: "Oh, Señor, háblame. Dime esto o aquello, dirígeme en esto". "Oh, Señor, ya no oigo Tu voz. No me hablas". Con vehemencia queremos que Dios nos hable. El libro de Santiago dice que el hombre justo es *"pronto para*

> Algunas veces Dios no contesta nuestras peticiones porque Él sabe que no serían buenas para nosotros.

oír, tardo para hablar" (Santiago 1:19). En otras palabras, podemos hablar demasiado por cosas equivocadas. Dios no nos contesta porque Él no quiere que tengamos lo que no es correcto para nosotros. Dios quiere que le hablemos. Por consiguiente, Él quiere que oremos de manera que reflejemos la fe que Él da porque tal oración está basada en Sus buenos propósitos para nosotros.

"TENER EL TIPO DE FE DE DIOS"

Hemos discutido todos los principios de cómo funciona la fe. Sin embargo, quiero hacerles notar la calificación que Pablo dio en Romanos 10. Él dijo: *"'Cerca de ti está la palabra, en tu boca y en tu corazón'. **Esta es la palabra de fe que predicamos**"* (Romanos 10:8, el énfasis fue añadido). Pablo dijo que la palabra de fe que él quería plantar en el corazón de los creyentes era la que él estaba predicando—la que fue dada por Dios.

Una de las ilustraciones más importantes concernientes a la fe y la oración se encuentra en Marcos:

> *Al día siguiente, cuando salieron de Betania, tuvo hambre. Y viendo de lejos una higuera que tenía hojas, fue a ver si talvez hallaba en ella algo; pero cuando llegó a ella, nada halló sino hojas, pues no era tiempo de higos. Entonces Jesús dijo a la higuera: "Nunca jamás coma nadie fruto de ti". Y lo oyeron sus discípulos*
> (Marcos 11:12–14).

¿Qué hizo Jesús? Él usó palabras. ¿Qué clase de palabras usó Él? Palabras de fe. Recuerde que la fe es confianza activa. Cuando Él le habló al árbol, Él activó la fe de que el árbol moriría.

¿Sabía usted que hay pruebas científicas del poder de la palabra hablada? En cierta ocasión vi un programa de *National Geographic* por televisión, el cual describía cómo crecen las plantas. El programa informó sobre el estudio de la diferencia entre hablarle a las plantas positivamente y hablarles negativamente. En un experimento, las personas le hablaron a las plantas cosas positivas, tales como: "Tú eres bella. Estás creciendo muy bien". Las plantas florecieron. Con un grupo diferente de plantas, las personas dijeron: "Te estás marchitando. Eres fea" y palabras negativas similares. Las plantas se marchitaron.

¿Qué le pasó al árbol al que Jesús habló? *"Y pasando por la mañana, vieron que la higuera se había secado desde las raíces. Entonces Pedro, acordándose, le dijo: 'Maestro, mira, la higuera que maldijiste se ha secado'"* (Marcos 11:20–21). La mayoría de las traducciones dan la respuesta de Jesús como: *"Tened fe en Dios"* (v. 22). Aunque esta no es la manera en que está escrito en el original griego. Su traducción literal es: "Tener el tipo de fe de Dios".

Lo que usted escuchó creará fe para lo que usted está escuchando. Entonces lo que usted habla le sucede. Es por eso que Jesús dijo que si queremos operar como Él lo hace, tenemos que tener el "tipo de fe de Dios".

> *Porque de cierto os digo que cualquiera que dijere a este monte: Quítate y échate en el mar, y no dudare en su corazón, sino creyere que será hecho lo que dice, lo que diga le será hecho. Por tanto, os digo que todo lo que pidiereis orando, creed que lo recibiréis, y os vendrá* (Marcos 11:23–24).

La Biblia dice que *"la fe viene como resultado de oír"* (Romanos 10:17, NVI). Inicialmente la fe no sólo viene por el oír. Viene por oír continuamente. Si usted escucha una buena enseñanza por una hora y luego escucha una conversación negativa por dos horas, lo que usted va a tener es fe de lo negativo. La fe viene de la palabra que está cerca de usted. Es por eso que soy cuidadoso acerca de la compañía con quien ando. Quiero rodearme de personas que hablan palabras que producen *la fe de Dios* porque esta es la clase de fe que debemos tener.

> Si usted escucha una buena enseñanza por una hora y luego escucha una conversación negativa por dos horas, lo que usted va a tener es fe de lo negativo.

Continuamente debemos ser conscientes de que además del tipo de fe de Dios nos rodean otras clases de fe. Le animo a que examine la compañía con que anda; examine lo que usted escucha y de quien lo escucha; examine los libros que lee, la música que escucha, las películas y videos que mira, y a la iglesia a las que asiste—porque usted va a ser lo que escucha y va a hablar lo que oiga. Casi puedo decir la clase de compañía que una persona frecuenta por lo que él dice y de la manera en que actúa. Puede que él demuestre cierta actitud antes y de repente cambie. Eso quiere decir que él ha estado escuchando a alguien.

La Fe en Dios Viene por Su Palabra

¿Cómo obtiene usted el tipo de fe de Dios? Recuerde que Romanos 10:8 dice: *"Cerca de ti está la palabra, en tu boca y en tu corazón"*. Una vez más, todo lo que está en su corazón, sale por su boca. En este caso podríamos definir *"corazón"* como el subconsciente. Es donde usted almacena todo lo que ha estado escuchando. Así mismo, lo que sale de su boca crea su mundo porque usted es casi como Dios de la manera que usted funciona. Todo lo que usted hable tiene el poder de que ocurra.

Quiero que usted recuerde esta verdad porque va a ser la prueba más grande de su fe. ¿Qué dice usted en medio de las pruebas? ¿Qué dice usted cuando está ante la adversidad? ¿Qué dice usted cuando las cosas no van como usted quiere que vayan? Lo que usted ha estado escuchando saldrá de su boca, porque eso es lo que está en su corazón. Por eso es tan importante tener una dieta constante de la Palabra de Dios, para que ésta pueda impregnar su corazón. La Palabra nutrirá su corazón, así cuando usted experimente los problemas, la Palabra será la que brote de su boca y usted creará lo que la Palabra dice.

Pablo dice que la palabra que está cerca de usted es *"la palabra de fe que predicamos: que si confesares con tu boca que 'Jesús es el Señor', y creyeres en tu corazón que Dios le levantó de los muertos, serás salvo"* (Romanos 10:8-9). ¿Cómo es una persona salva? Confiesa con su boca y cree en el corazón. Para algunas personas es difícil entender el nacer de nuevo porque piensan que hay que sentirse conectado a la actividad sobrenatural de Dios. En otras palabras, ellos dicen: "Hice esta oración, pero no siento nada". Ese precisamente el error de ellos. La Biblia dice que si una persona quiere ser salva, necesita creer y hablar—no sentir.

Es interesante que la Biblia nos revele lo que tenemos que decir para ser salvos. No lo deja a discreción nuestra. Para ser salvo, una persona debe decir con su boca: *"Jesús es el Señor"* (v. 9). Nosotros decimos: "Dios, ¿puedo hacer algo más emocionante que eso? ¿Podría tener una luz que brille desde el cielo? ¿Podrías dejarme caer y sacudirme o algo parecido? ¡No me digas que hable nada más!" Pero Dios dice: "Así es como funciona la fe". La salvación ocurre cuando usted confiesa con su boca y cree en su corazón.

> ¿Qué efecto tienen las palabras en su vida?

Quiero que entienda esta verdad, porque es decisivo para su vida y sus oraciones. Su salvación viene de la confesión de su boca y de lo que crea en su corazón. Cuando usted confesó su fe en el Señor Jesús, Él realmente, en verdad, sin dudas, llegó a ser su Señor. A la luz de esta verdad, considere lo siguiente: Si por sus propias palabras usted dice haber nacido de nuevo, si se puede mantener alejado del infierno y va al cielo, ¿qué efecto tienen en usted el resto de palabras que habla? Las personas dicen cosas como estas: "Tengo el infierno en la tierra", y probablemente estén en lo correcto. Ellos lo dicen, por tanto, el fuego se les ha hecho un poco más caliente. Usted puede ser afectado positiva o negativamente por medio de lo que usted dice y cree.

¿Cómo se aplica este principio a la oración? Lo que más se continúa diciendo es lo que recibirá. Si usted ora por algo, pero luego empieza a decir lo contrario, usted obtendrá lo que dice.

Estudiemos más detenidamente esta declaración: *"Jesús es el Señor"* (Romanos 10:9). La palabra *"señor"* significa "propietario" o "dueño". Si sustituimos la palabra *dueño* por *"Señor"*, podemos decir que somos salvos confesando con nuestras bocas que "¡Jesús es mi dueño! Él posee toda mi vida: Todo por entero; cuerpo, mente y espíritu; pasado, presente y futuro. Él posee mi cuerpo; ya no puedo llevar más mi cuerpo a cualquier parte donde yo quiera. Él posee mi mente; ya no puedo poner más cualquier cosa dentro de mi mente. Él posee mi espíritu; no hay espacio para el diablo allí. Él posee mi carro; no puedo usarlo para hacer cosas negativas o malas. Él posee mi casa; ya no puedo hacer cosas inmorales en ella". En otras palabras, si Él es verdaderamente su Señor, entonces demuéstrelo con sus actitudes y acciones.

Leemos en 1ra Corintios:

> Sabéis que cuando erais gentiles, se os extraviaba llevándoos, como se os llevaba, a los ídolos mudos. Por tanto, os haga saber que nadie que hable por el Espíritu de Dios "llama anatema a Jesús"; y nadie puede llamar a Jesús "Señor", sino por el Espíritu Santo
>
> (1ra Corintios 12:2–3).

Conectemos el pasaje de arriba con Romanos 10. Usted es salvo por confesar que *"Jesús es el Señor"*, y, usted no puede decir esto a menos que el Espíritu Santo lo considere apto. Usted no puede fingir esta confesión—diciendo que Jesús es su Señor y luego haciendo lo que a usted le plazca hacer. Si usted dice que Jesús es su Señor, pero usted no vive como si Él poseyera su vida, entonces usted lo está insultando a Él. Probablemente usted conoce personas que se dicen ser creyentes, que claman haber aceptado a Cristo como Señor, pero su estilo de vida no ha cambiado. Todavía son ambiciosos, chismosos, mentirosos, ladrones, bebedores, usan drogas o viven en adulterio, pero van a la iglesia a tomar la Santa Cena. Ellos dicen que Jesús es el Señor, pero no están viviendo en el Espíritu de Cristo.

Cuando usted verdaderamente cree y confiesa "Jesús es mi Señor", todo el cielo entra en acción para asegurar que recibe el Espíritu Santo porque el cielo reconoce la palabra de fe. Después de que usted ha hecho su confesión, necesita mantener esa realidad en su vida. Usted necesita continuar afirmando "Jesús es mi Señor". Dios sabe si usted es serio en su confesión porque el Espíritu Santo puede confirmarlo.

"Porque con el corazón se cree para justicia, pero con la boca se confiesa para salvación. Pues la Escritura dice: 'Todo aquel que en él creyere, no será avergonzado'" (Romanos 10:10–11). Cuando usted declara que Jesús es su Señor, usted tiene que confiar en Él verdaderamente. Si usted se mantiene creyendo en eso y declarándolo, la Biblia dice que usted no será avergonzado.

Suponga que usted le dice a las personas: "He confesado a Jesús como mi Señor, y ahora soy hijo de Dios". Ellos podrían contestarle: "Bien, ¿cómo podemos saber eso? Todavía eres la misma persona que siempre conocimos". Pero si usted se mantiene confesándolo y creyéndolo, usted no será avergonzado. Ellos verán la diferencia en usted. Ellos van a saber que algo ha ocurrido.

> Si usted se mantiene confesando y creyendo, usted no será avergonzado.

Si usted se mantiene en Su Palabra y hace Su Palabra, Él verdaderamente llegará a ser el Señor de todas las áreas de su vida.

He oído a personas decir que Jesús es Salvador, pero no Señor en la vida de alguien. Pienso que eso es imposible. Creo que decir eso sería como decir: "Si Jesús no es el Señor *de* todo, por consiguiente, Él no es Señor *del* todo". No puede tenerlo a Él como Salvador y no como Señor porque entonces usted no estaría reflejando verdadera fe en Él.

PLANTADOS POR LA PALABRA

Conectemos esta idea a la oración. Se aplica el mismo principio. Si usted cree en lo que ora y le pide a Dios que solucione alguna situación en su trabajo, una relación o una idea que Él le ha dado para un negocio, si usted confiesa y mantiene la verdad de Dios concerniente a su situación, usted no será avergonzado. Por ejemplo: Dios ha prometido que si vivimos justamente y nos deleitamos en Su Palabra, seremos *"como árbol plantado junto a corrientes de aguas, que da su fruto en su tiempo, y su hoja no cae"* (Salmos 1:3). Usted mismo puede reclamar para sí lo que las Escrituras dicen: "Soy como árbol fructífero plantado junto a corrientes de aguas. Mi trabajo es como un árbol (mi relación es como un árbol), plantado junto a ríos de agua. Que producirá desarrollo (reconciliación) en su tiempo, y todo lo que haga prosperará". Si usted declara eso en oración y luego se mantiene diciéndolo y creyéndolo, Dios le dice: "No serás avergonzado en relación a eso".

El primer día que usted reclama la promesa de Dios, puede que las personas comiencen a reírse y decir: "No he visto ningún cambio en tu vida". El tercer día, puede que ellos todavía se rían de usted. No obstante, continúe diciéndolo y creyéndolo. Si Dios lo ha prometido, Él quiere que usted se lo reclame. Él dice: "No serás avergonzado". Al final, usted será el único que estará riendo—y con gozo. Pese a todo, usted debe mantenerse creyendo. Es por eso, que si usted es una persona justa viviendo por fe, debe mantener compañía con el mismo tipo de personas. Es difícil comenzar a creer y luego pasar la mayor parte del tiempo rodeado de personas que no están viviendo en la fe, porque entonces usted empieza a tomar esas actitudes, las cuales podrían aniquilar su fe.

> Cuando usted está conectado a la Palabra de Dios, usted dará fruto en su tiempo.

La Biblia dice que Cristo nos lava por medio del lavamiento de agua, por medio de la Palabra:

> *Así como Cristo amó a la iglesia, y se entregó a sí mismo por ella, para santificarla, habiéndola purificado en el lavamiento del agua por la palabra, a fin de presentársela a sí mismo, una iglesia gloriosa, que no tuviese mancha ni arruga ni cosa semejante, sino que fuese santa y sin mancha* (Efesios 5:25–27).

En la Biblia, el agua es usada como un símbolo de la Palabra de Dios. El árbol mencionado en el Salmo 1:3 está *"plantado junto a corrientes de agua"*. Está saludable y produce fruto porque está junto a las aguas y puede absorber el agua por medio de sus raíces. De la misma manera usted debe estar conectado a la Palabra de Dios para que pueda fluir continuamente en su vida. Entonces usted dará *su* fruto en su tiempo. Puede que usted no pueda ver la respuesta a su oración en ese momento, pero la temporada está por llegar porque la Palabra está fluyendo dentro de su vida. Todos los que se burlaron de su confianza en Dios van a ver el fruto en usted. Su temporada está en camino. Así que, usted puede decir: "No he visto ningún resultado todavía, pero en el árbol hay fruto".

¿Cómo usted se mantiene creyendo? Usted tiene que ser plantado. Plántese usted mismo en un lugar donde la Palabra es común y las personas a su rededor están continuamente hablándola y viviéndola. Mientras más tiempo usted pasa en la Palabra, más se transforma su mente. Usted comienza a pensar diferentemente. Cuando usted está constantemente alrededor de algo, cuando usted se mantiene escuchándolo, eso llega a ser parte de su corazón. Usted comienza a creer que eso ocurrirá y esa confianza se reflejará en lo usted dice. Luego el fruto comenzará a salir.

Algunas de las cosas por las que usted ha estado orando ahora no se han manifestado porque todavía no es el momento. Por consiguiente, entre la semilla de la oración y la manifestación del fruto, usted debe permanecer en la ribera, leyendo, meditando, hablando, viviendo, respirando la Palabra. ¡Plántese usted mismo! Para mantenerse creyendo, usted tiene que mantenerse tomando la Palabra. De hecho, los creyentes debemos ser como riberas los unos a los otros. Cada vez que se vean el uno al otro, deben edificarse mutuamente con la Palabra. Una de las maneras como podemos hacer esto es *"hablando entre* [nosotros] *con salmos, con himnos y cánticos espirituales"* (Efesios 5:19). También tenemos que recordarnos unos a otros que debemos seguir creyendo, aunque el tiempo no haya llegado todavía.

"Todo aquel que en él creyere, no será avergonzado. Porque no hay diferencia entre judío y griego—pues el mismo que es Señor de todos, es rico para con **todos** *los que le invocan"* (Romanos 10:11–12, el énfasis fue añadido). ¿A quien bendice

Dios? *"A todos los que le invocan"*. ¿Por qué? Por su fe. Cuando usted confía en Dios y cree en lo que le ha prometido, Dios dice que Él lo reivindicará al final. Él va darle a usted tal bendición que las personas van a mover sus cabezas y dirán: "Cuéntame acerca de tu Dios". Luego usted les pasará la palabra de fe a otros.

> *¿Cómo, pues, invocarán a aquel en el cual no han creído? ¿Y cómo creerán en aquel de quien no han oído? ¿Y cómo oirán sin haber quien les predique? ¿Y cómo predicarán si no fueren enviados?*
>
> (Romanos 10:14–15).

La fe es un ministerio que Dios da. Él envía la palabra de fe y Él nos usa para que se la llevemos a otros.

Viviendo en la Realidad

"Así que la fe viene como resultado de oír el mensaje, y el mensaje que se oye es la palabra de Cristo" (Romanos 10:17, NVI). De nuevo, la fe viene por el oír. Hay fe positiva y hay fe negativa, y, ambas llegan por el mismo medio. *Llegan por lo que usted escucha y cree.* La fe, la confianza activa y la expectativa llegan por medio de lo que escuchamos. La Palabra de Dios debe ser la fuente principal que escuchamos. Usted podría vivir en una sociedad donde todos viven deprimidos y usted es la única persona feliz. Es muy posible. Cristo lo hizo por treinta y tres años. Las personas alrededor de Él estaban deprimidas; sin embargo, Él decía cosas como: *"¡Tened ánimo!"* (Véase, por ejemplo: Mateo 14:27; Marcos 6:50; Juan 16:33).

> La Palabra de Dios debe ser la fuente principal que escuchamos para profundizar nuestra fe.

Jesús les dijo a Sus discípulos que tuvieran ánimo cuando se encontraban mar adentro en medio de una fuerte tempestad (Mateo 14:22–33). La mayoría de personas responderían: "No puedes estar hablando en serio. No hay nada por lo que debamos estar contentos. Hay una tormenta, el barco se está destruyendo, el mástil se está cayendo, nos estamos hundiendo, y tú dices: *'¿Tened ánimo?'* No puedes ver la realidad ¿verdad?" ¿Le suena eso familiar? Cuando usted expresa fe, algunas personas le dicen: "No te estás enfrentando a la realidad". Hemos sido entrenados para pensar que la realidad es lo que podemos ver. En realidad y sin embargo, la persona que no vive en la fe, es la única que no vive en la realidad. *"Es, pues, la fe la certeza de lo que se espera, la convicción de lo que no se ve"* (Hebreos 11:1). La fe es su titulo de propiedad. El título de propiedad es la evidencia o prueba de una posesión legal de una persona. Por consiguiente, la fe es la prueba de la posesión de lo que está orando.

Por lo tanto, usted debe asegurarse que está ejerciendo el tipo de fe de Dios. Jesús dijo: *"Si permanecéis en mí, y mis palabras permanecen en vosotros, pedid todo lo que queréis, y os será hecho"* (Juan 15:7). En realidad lo que Él estaba diciendo era: "Hagan lo que yo les digo". El tipo de fe de Dios pone su confianza plena en la Palabra de Dios.

Cuando uno de Sus discípulos se decidió a darle su propia opinión a Jesús, ¿cuál fue la respuesta de Jesús?

Desde entonces comenzó Jesús a declarar a sus discípulos que le era necesario ir a Jerusalén y padecer mucho de los ancianos, de los principales sacerdotes y de los escribas; y ser muerto, y resucitar al tercer día. Entonces Pedro, tomándolo aparte, comenzó a reconvenirle, diciendo: "Señor, ten compasión de ti; en ninguna manera esto te acontezca". Pero él, volviéndose, dijo a Pedro: "¡Quítate de delante de mí, Satanás!; me eres tropiezo, porque no pones la mira en las cosas de Dios, sino en la de los hombres" (Mateo 16:21–23).

Instantáneamente Jesús rechazó a Pedro diciéndole que no estaba hablando las cosas de Dios. ¿Qué estaba escuchando Jesús? Él estaba escuchando de Pedro decir algo que contradecía la voluntad de Dios. Por consiguiente, en el fondo, lo que Él le dijo a Pedro fue: "Tus palabras son contrarias a las Mías. ¡Tú Me estás sirviendo de tentación!" Pedro estaba diciendo algo que no era de Dios. Estaba hablando en el lenguaje equivocado. Es interesante notar que más tarde se refirió a Satanás como al *"adversario"* (1ra Pedro 5:8). La palabra griega para *"adversario"* significa "oponente". Satanás es el único que habla lo opuesto a la Palabra de Dios. Debemos tener cuidado de no hablar el lenguaje equivocado al orar por cosas adversas a la Palabra de Dios. Necesitamos también ser cuidadosos de no escuchar a personas que nos dicen lo contrario a la Palabra o por qué algo no puede ser logrado, cuando Dios dijo que se podía. La meta de Satanás es alimentarlo a usted con palabras contrarias a las palabras de Dios; de este modo, produce fe para destrucción y muerte.

Manténgase creyendo y hablando acerca de la bondad de Dios y las imposibilidades que Dios puede lograr. La Biblia dice que Dios cumple Su Palabra y *"llama las cosas que no son, como si fuesen"* (Romanos 4:17). Afirme en su corazón: "Este es el principio de un nuevo estilo de vida de fe para mí—el tipo de fe de Dios". Toda oración debe ser una oración de fe.

OREMOS JUNTOS

Padre celestial:
La Biblia dice: *"Cerca de ti está la palabra, en tu boca y en tu corazón. Esta es la palabra de fe que predicamos"* (Romanos 10:8). Oramos para que pongamos nuestra confianza en Ti y en Tu Palabra en vez de las palabras de fe de nuestro derredor que son contrarias a Tu verdad. Perdónanos por pasar más tiempo morando en nuestros propios planes, ideas, escenarios, análisis y esquemas que tomando Tu Palabra en nuestros corazones y viviéndola. Enséñanos las verdades de Tu Palabra y permítenos confiar en Ti solamente. Oramos en el nombre de Jesús, quien es la Palabra Viva. Amén.

PONIENDO EN PRÁCTICA LA ORACIÓN

Pregúntese usted mismo:

- ¿Cuánto tiempo paso en la Palabra de Dios en comparación a tomar otras perspectivas de la televisión, cine, libros, revistas e Internet?
- ¿Qué me influencia más—la Palabra de Dios u otros dichos?
- Si la fe es confianza en acción—¿qué dicen mis acciones acerca de lo que creo?
- ¿Qué pensamientos negativos e ideas he permitido que impregnen mi vida?
- ¿Hay personas en mi vida que negativamente tienen más influencia sobre mí, que yo positivamente en ellos?

Pasos de acción:

- Haga una lista de cualquier pensamiento negativo que usted tenga o que otros dicen de usted durante el día. Por la tarde revíselos y contraatáquelos con lo que Dios dice en Su Palabra.
- Comience a desarrollar el tipo de fe de Dios tomando una situación en su vida y encontrando lo que la Palabra de Dios dice acerca de ella. Establezca su descubrimiento, ore por la situación a la luz de ellas y aférrese a la Palabra de Dios cuando sea tentado a dudar.
- Disminuya la cantidad de tiempo que usted pasa con personas negativas y aumente el tiempo con aquellos que están leyendo y viviendo la Palabra. Si su esposa e hijos son negativos, viva de manera que exprese su propia fe y hábleles de la Palabra de Dios cada vez que tenga oportunidad.
- Desafío: Esta semana, pase por lo menos la misma cantidad de tiempo en la Palabra como lo hace viendo televisión.

Principios

1. La oración no contestada tiene más que ver con nuestro equivocado tipo de fe que con la falta de fe.
2. Hombres y mujeres fueron creados a imagen de Dios para operar de la misma manera que Él—por medio de la palabra de fe.
3. La fe es confianza activa. Es un punto de acción o fe combinada con la espera.
4. *"Más cerca de ti está la palabra, en tu boca y en tu corazón"* (Romanos 10:8). Hay fe positiva y hay fe negativa, y, ambas llegan por el mismo medio. Vienen de lo que escuchamos o creemos.
5. Algunas veces Dios no contesta nuestras oraciones porque Él entiende cuán poderoso es el principio de la fe y sabe que lo que estamos pidiendo no es bueno para nosotros.
6. Lo que usted dice es un reflejo de lo que está en su corazón—de lo que usted cree. Lo que usted más repita es lo que recibirá.
7. Pablo dijo que la palabra de fe que él quería plantar en el corazón de los creyentes era la que él estaba predicando— la que fue dada por Dios (Véase Romanos 10:8). Esta es la fe que debemos que tener.
8. La traducción literal de la declaración de Jesús: *"Tened fe en Dios"* (Marcos 11:22) es "tengan el tipo de fe de Dios".
9. El tipo de fe de Dios viene de oír Su Palabra.
10. Una dieta constante de la Palabra de Dios nutrirá su corazón. Cuando experimente problemas, será la Palabra la que salga de su boca y creará lo que la Palabra dice.
11. Si usted confiesa y se mantiene en la verdad de Dios, usted no será avergonzado. Él le contestará (Véase Romanos 10:10, 11). Mientras se mantenga conectado a la Palabra de Dios, usted llevará fruto en su tiempo (Véase Salmos 1:1–3).
12. Para seguir creyendo, usted debe estar plantado. Plántese usted mismo en el lugar donde la Palabra prevalezca y las personas a su derredor continuamente la hablen y la vivan.

Capítulo seis

El modelo de oración de Jesús

El secreto del éxito de Jesús en el ministerio era un estilo de vida de oración.

D e todas las cosas que los discípulos de Jesús observaron decir y hacer en Él, la Biblia registra solamente la que ellos le pidieron que les enseñara, cómo orar (Lucas 11:1). Nos podemos preguntar: "¿Por qué pedirían los discípulos que les enseñara a orar en vez de hacer 'grandes cosas' como alimentar multitudes, calmar tempestades, echar fuera demonios, sanar a los enfermos, resucitar muertos o andar sobre las aguas?" Es porque ellos vieron que Jesús oraba más que cualquier otra cosa.

LO QUE LOS DISCÍPULOS OBSERVARON

Los discípulos vivían con Jesús. Ellos iban a dondequiera que él iba y lo observaron por tres años y medio. Basados en las Escrituras, podemos deducir que Cristo oró por aproximadamente cuatro o cinco horas cada mañana. También Él oró en otras ocasiones.

Por ejemplo, dicen las Escrituras: *"Levantándose muy de mañana, siendo aún muy oscuro, salió y fue a un lugar desierto, y allí oraba"* (Marcos 1:35). Jesús se levantaba mientras los discípulos estaban todavía roncando y se escabullía sin que lo advirtieran, yéndose detrás de un arbusto o una roca para orar por horas. Mientras ellos dormían, Él oraba. Luego se levantaban los discípulos y preguntaban: "¿Dónde está el Maestro?" Cuando ellos eventualmente lo encontraban, lo miraban orando. Ellos veían esto cada mañana. Él pasaba cinco horas con Dios, Su Padre. Luego Él les decía: "Vamos a Jerusalén" o a cualquier otra parte donde Él pasaría dos segundos sanando a un hombre ciego. Note la relación: Él pasó cinco horas haciendo una cosa y unos pocos segundos haciendo otra cosa. Él continuamente operaba de esa manera. Él pasaría cinco horas orando y dos minutos echando fuera un demonio o un minuto sanando a un leproso.

Los discípulos se dirían entre sí: "Es impresionante. Limpió al leproso en sesenta segundos, pero pasó cinco horas en oración esta mañana. Esto debe significar que lo que Él hace en la mañana es todavía más importante que cualquier otra cosa que Él haga durante el día".

Hoy en día, la iglesia todavía no ha entiende esta verdad.

> "Se logra hacer la mayor parte del trabajo por medio de la oración que haciendo el trabajo mismo".
> —Martín Lutero

Pasamos cinco minutos con Dios y luego tratamos de hacer muchas horas de trabajo en Su nombre. Jesús podía echar fuera un demonio con sólo decir una palabra. Él podía decir: "Sal fuera" y saldría. Eso le tomaba alrededor de dos minutos. Sin embargo, Él había pasado cinco horas orando. ¿Cómo sacamos nosotros un demonio? Pasamos cinco horas trabajando y luego decimos: "Sal fuera". Cuando el demonio no sale, le decimos a alguien que lo saque. Pasamos todo ese tiempo tratando de sacar un demonio cuando personalmente nosotros mismos nos hemos preparado en oración por sólo unos cinco minutos esa mañana.

Martín Lutero, uno de los monjes católicos más grandes, inició la Reforma que creó el Movimiento Protestante y cambió el curso del mundo. Martín Lutero dijo algo al efecto de: "Cuando tengo mucho que hacer en el día, paso más tiempo en oración, porque se logra hacer la mayor parte del trabajo por medio de la oración que haciendo el trabajo mismo". Él estaba en lo correcto. Si yo estoy demasiado ocupado para orar, estoy demasiado ocupado. Si usted está demasiado ocupado para orar, está usted demasiado ocupado.

Realmente nunca podemos estar demasiado ocupados para orar porque el orar hace nuestras vidas más concentradas, eficientes y pacíficas. Aprender este principio ha sido esencial en mi vida. Cuando tengo muchas cosas en mi mente y en mi corazón, mucha confusión en mi vida o enfrentamiento con circunstancias arrolladoras, yo no trato de abordar estos problemas por mí mismo, voy a Dios en oración y Él me da la sabiduría y la guía que necesito para tratarlos.

A menudo contamos: "Este es el día que hizo el Señor". Me imagino a Dios diciéndonos: "Si este es Mi día, ¿entonces por qué no vienes y hablas de eso conmigo?" Necesitamos pedirle nuestra agenda del día. Hacemos muchas cosas en el día de Dios, las cuales Él no había planeado para nosotros. Una hora con Dios podría cumplir diez horas de trabajo porque usted ya no se estaría enfrentando a pruebas y errores. Dios le diría a usted lo que realmente es importante, comparado con lo que parece ser urgente. Él le dirá a usted lo que debería hacer ahora y lo que no debería hacer. La voluntad sobrenatural de Dios le da a usted sabiduría para tratar con su situación. Usted será capaz de hacer que cada acto cuente en vez de hacer diez cosas para lograr una. La oración le capacitará para pensar clara y sabiamente. Le dará discernimiento que de otra manera usted no lo podría tener. Jesús era preciso en Su conocimiento de lo que era importante porque Él pasaba tiempo con el Padre. Las horas con Dios hacen que los minutos con los hombres sean efectivos.

> Las horas con Dios hacen que los minutos con los hombres sean efectivos.

RESULTADOS DE LA INTIMIDAD CON EL PADRE

En Juan 5:1–9, leemos que Jesús hizo grandes milagros. Sanó a un hombre que por treinta y ocho años había estado enfermo. El pueblo reaccionó a esta sanidad; ellos estaban profundamente impresionados. Algunos estaban furiosos. Otros querían respuestas. Jesús les explicó algo a ellos que muchos de nosotros estamos aún tratando de entender. Cuando yo descubrí la profunda verdad que estaba enseñando aquí Jesús, eso cambió toda mi vida—mi perspectiva de mí mismo y mi relación con el Padre. *"Y por esta causa los judíos perseguían a Jesús, y procuraban matarle, porque hacía estas cosas en el día de reposo. Y Jesús les respondió: 'Mi Padre hasta ahora trabaja, y yo trabajo'"* (vv. 16–17). En la *Nueva Versión Internacional* se lee: *"Mi Padre aun hoy está trabajando, y yo también trabajo"*.

En realidad, lo que Cristo estaba diciendo a aquellos que cuestionaban Su sanidad fue: "Yo pasé el tiempo con mi Padre esta mañana. Ya he resuelto lo que Me correspondía en todo el día, porque confraternizo con Aquel que hizo los días. Mi Padre ya ha sanado las personas que yo estoy tocando. Sus sanidades son el resultado de Mi conocimiento de lo que Mi Padre está haciendo. Yo sólo lo estoy manifestando. Mi Padre trabaja; por consiguiente, Yo trabajo". En el fondo, lo que hacemos debería ser una manifestación de lo que el Padre ya hizo.

¡Que manera de vivir! "Esta mañana en oración, vi sanado este hombre enfermo, por eso vine a sanarlo este mediodía. ¿Por qué? "Mi Padre ya lo había limpiado. Yo he venido a manifestarlo".

Mire el siguiente versículo: *"Por esto los judíos aun más procuraban matarle, porque no sólo quebrantaba el día de reposo, sino que también decía que Dios era su propio Padre, haciéndose igual a Dios"* (Juan 5:18). En otras palabras, Jesús estaba diciendo que Dios era su Fuente íntima, personal. Sus detractores no podían comprender eso.

Jesús les explicó como funcionaba Su intimidad con el Padre.

De cierto, de cierto, os digo: No puede el Hijo hacer nada por sí mismo, sino lo que ve hacer al Padre; porque todo lo que el Padre hace, también lo hace el Hijo igualmente. Porque el Padre ama al Hijo, y le muestra todas las cosas que él hace (vv. 19–20).

Pasamos la mayor parte del tiempo durante el día tratando de suponer lo que Dios quiere que hagamos nosotros y perdemos todo el día. Cristo nos está diciendo: "Yo voy primero al Padre; veo lo que Él ya hizo, y yo lo hago". Este es el modelo que Él quiere que sigamos. Recuerde que la oración es el medio por el cual el hombre descubre lo que Dios ya hizo de lo que no se veía, de ese modo le da permiso celestial, por medio de la fe, para manifestarlo en la tierra. *"Todo lo que atéis en la tierra, será atado en el cielo; y todo lo que desatéis en la tierra, será desatado en el cielo"* (Mateo 18:18).

Cuando usted pasa tiempo con Dios por la mañana, o a cualquier hora, Él empieza a mostrarle lo que se supone debe hacer posteriormente. *La oración le ahorra tiempo.* Muchos de nosotros decimos que creemos en este principio, pero realmente no es cierto. Evadimos la oración porque pensamos que es pérdida de tiempo o que es de menor importancia que otras actividades. ¿Por qué Jesús pasaba horas en oración? Es porque Él tenía una genuina relación con el Padre, y cualquier relación requiere tiempo para edificarla y mantenerla. Dios nos está diciendo: "Ustedes habrán hecho más en Mi presencia que lo que realicen en la presencia de otros. Ustedes pierden el día hablando cosas triviales con otros. Ellos no están contribuyendo en nada a tu futuro. Ellos sólo hablan por hablar. Te sientas y pasas dos o tres horas hablando de política. Al final, nada ha sido resuelto, nada ha cambiado y tú quedas deprimido. Deberías haber pasado todas esas horas sobre tus rodillas orando por el gobierno, las pandillas y cualquier otra situación". A menudo descubrimos que cuando pasamos tiempo en oración, Dios empieza a hacer uso de *nosotros* para cambiar las circunstancias.

> Cuando usted pasa el tiempo con Dios, Él revela lo que usted debe hacer posteriormente.

Manifestando los Pensamientos de Dios

La oración unirse a la mente de Dios. Dios le mostraba a Jesús toda cosa que Él estaba pensando y le decía a Su Hijo: "Ve y da a conocer esto por Mí". No hay nada más íntimo que sus pensamientos. Las palabras son una extensión de nuestros pensamientos, pero nosotros *somos* nuestros pensamientos. Proverbios 23:7, dice: *"Porque* [un hombre] *cual es su pensamiento en su corazón, tal es él"*. Dios no desea hablarle a usted, sino "pensarle" a usted. Esto es lo que Jesús dio a entender cuando dijo: "Yo hago lo que vea que Mi Padre hace" (Juan 5:19). El texto implica: "Hago lo que mentalmente veo que Mi Padre está pensando".

Un pensamiento es una palabra silenciosa. Una palabra es un pensamiento manifestado. En efecto, lo que Jesús está diciendo es: "Cuando llego ante Dios en oración y paso el tiempo con Él, Él me pasa Sus pensamientos". Por consiguiente, cuando a Jesús se le preguntaba por qué Él sanó al hombre enfermo, en esencia lo que Él dijo fue: "Yo sólo vi aquel pensamiento esta mañana. Yo soy la Palabra. Yo manifiesto los pensamientos de Dios. Tengo que sanar este hombre porque eso es lo que yo vi".

"De cierto, de cierto os digo: No puede el Hijo hacer nada por sí mismo, sino lo que ve hacer al Padre; porque todo lo que el Padre hace, también lo hace el Hijo igualmente. Porque el Padre ama al Hijo, y le muestra todas las cosas que él hace" (Juan 5:19–20). Recomiendo que lean el libro completo de Juan. Es un libro poderoso. Todas las veces que Jesús hablaba de Su obra, Él continuó mencionando el amor de Su Padre. Usted podría preguntar: "¿Por qué Él continúa diciendo eso? En esencia, lo que Jesús estaba diciendo era: "Mi Padre me ama tanto que no sólo me habla, pues hablar no es suficiente. Él se comunica conmigo. Él me ama tanto que habla a Mi Espíritu y mente. La razón por la que Yo paso tiempo con Él por las mañanas es para enterarme de lo que Él está pensando, lo que Él tiene en mente".

El noventa y nueve por ciento de las veces Dios quiere hablarle a su mente por medio de su espíritu. Muchas personas están esperando ver un arbusto ardiendo o la aparición de un ángel. Sin embargo, ellos no oyen de Dios porque esperan por el lado equivocado. Generalmente, Dios no habla verbalmente. Eso no es lo suficientemente íntimo. Él le habla directamente a nuestros espíritus. Usted podría decir, por ejemplo: "Pienso hornear un pastel y se lo voy a llevar a mi hermana x". Así es Dios. Él pensó acerca del pastel y quiso manifestárselo a usted. Normalmente Dios no hornea pasteles. Él usa a las personas para que los horneen por Él. ¿Cómo sabe usted que Dios es el que habla? Es cuando la idea regresa a usted. Si usted no hornea el pastel, dos horas más tarde el pensamiento regresará. Usted no podría descartarlo y luego saber que la hermana "x" necesitaba un pastel. Pero usted no respondió al toque de Dios porque usted quería algo más "profundo". Usted quería que un profeta llegara a su casa y le dijera: "Así dice el Señor: Hornea un pastel".

Jesús fue naturalmente sobrenatural. Él pudo caminar hacia un hombre y decir: "¿Cuánto tiempo hace que estás enfermo"? "Treinta y ocho años". "Bien. Toma tu lecho y vete". Todos quedarían fascinados de ver a este Hombre trabajar. Él iría por la calle y encontraría a una mujer que caminaba encorvada. Él le diría: "Enderézate", y ella se enderezaría. Él caminaría un poco más allá y le diría a alguien: "¿Eres ciego?" "Sí". Él le tocaría los ojos de la persona y ésta miraría. Los religiosos del pueblo dijeron: "Espera un momento. Tú no eres lo suficientemente espiritual. Tú estás supuesto a decir: 'Deténganse. Voy a realizar un milagro'". Las personas religiosas pasan mucho tiempo preparándose cuando ellos intentan hacer milagros. Cristo sólo camina por lo alrededores, habla, toca—y las cosas suceden. Muchas personas se enojaron con Jesús porque ellos pensaron que Él no era lo suficientemente espiritual. Él ya se había preparado espiritualmente mucho antes que ellos lo supieran. Él ya se había preparado espiritualmente por cinco horas, así que Él podía ser espiritual por un minuto.

Oyendo de Dios

Cuando usted tenga una importante decisión que hacer, ore y ayune. Si trata de decidir si toma un trabajo, comienza un negocio, va a ir a una universidad específica o se va a casar, pase algún tiempo con Dios. Dios lo hará más fácil para usted. Él le ayudará a evitar que cometa errores y hacer las cosas dos veces. Jesús quiere que operemos de la manera que Él opera: Empleando mucho tiempo en comunión y amor con el Padre, y logrando mucho para el Reino. Jesús oró específicamente para que siguiéramos Su ejemplo en esto:

Para que todos sean uno; como tú, oh Padre, en mí, y yo en ti, que también ellos sean uno en nosotros; para que el mundo crea que tú me enviaste. La gloria que me diste, yo les he dado, para que sean uno, así como nosotros somos uno (Juan 17:21–22).

Muchas personas piensan que este versículo está hablando de la unidad de la iglesia. Es más, Jesús no dijo: "Hazlos uno para que *ellos* puedan ser uno". En realidad, Lo que Él dijo fue: "Haced que Mis discípulos sean uno, de la manera que Tú y Yo somos uno con cada uno de ellos. Hazlos uno contigo de la misma manera que Yo lo soy".

El Padre lo ama a usted y Él quiere la misma "común-unión" con usted que la que Él tuvo con Jesús. Su vida de oración puede hacer que usted intime tanto con Dios que caminará y de manera natural manifestará las obras o los pensamientos de Dios, como sólo Jesús lo hizo. De hecho, lo que los detractores de Jesús dijeron fue: "¿Por qué tú llamas a Dios Tu Padre? ¿Por qué dices Tú que Él te habla? Eso es una blasfemia. Tú no puedes estar tan cerca de Dios" (Véase Juan 5:16–18). Permítame decirle que Dios nunca se me ha aparecido a mí, pero lo oigo a Él todo el tiempo. En toda mi vida, he oído audiblemente la voz de Dios solamente unas pocas veces. El resto de Su comunicación conmigo han sido pensamientos, ideas, impresiones, sugerencias a mi corazón, sentimientos y discernimientos. Todo eso era Dios hablando. La referencia continua de Jesús "al Padre" es crucial, porque la palabra *Padre* viene de la palabra hebrea *Abba,* que significa "fuente o sustentador". En esencia, la oración es la fuente que manifiesta sus pensamientos por medio del recurso.

¿Qué es lo que busca de Dios cuando usted ora? ¿Quiere que un ángel se le aparezca o que un profeta venga de un país lejano a entregarle un mensaje de Él? Cuando usted ama a alguien, usted no quiere recibir una carta; usted quiere estar cerca de él o ella. Usted quiere intimar con esa persona. La relación de Jesús con el Padre era tan íntima que la mayoría de las personas no supieron como Él hablaba con tanta sabiduría ya hacía tales milagros. Me imagino que las personas estaban tan impresionadas que se decían entre sí: "Él está haciendo estas cosas que nosotros no conocemos".

Los discípulos conocieron el secreto de Jesús porque observaron Su estilo de vida de oración. En efecto, por eso es que ellos dijeron: "Señor, enséñanos a hacer milagros; enséñanos a orar". Si aprendemos lo que ellos aprendieron, vamos a hacer las cosas que Jesús hizo. Veamos ahora lo que Jesús enseñó a Sus discípulos con respecto a la oración.

> El Padre quiere tener con usted la misma comunión que Él tuvo con Jesús.

La Oración no viene Automáticamente

Aconteció que estaba Jesús orando en un lugar, y cuando terminó, uno de sus discípulos le dijo: "Señor, enséñanos a orar, como también Juan enseñó a sus discípulos" (Lucas 11:1).

Primero, dicen las Escrituras: *"Aconteció que estaba **Jesús** orando"* (el énfasis fue añadido). Los discípulos estaban presentes, pero no estaban involucrados. Sólo Jesús estaba orando. ¿Qué hacían ellos? Ellos estaban observándolo a Él.

En todos los pasajes que la Biblia menciona cuando Jesús estaba orando, cuenta cosas específicas de Sus acciones. Dice, por ejemplo: *"Despedida la multitud, subió al monte a orar aparte; y cuando llegó la noche, estaba allí solo"* (Mateo 14:23). *"En aquellos días él fue al monte a orar, y pasó la noche orando a Dios"* (Lucas 6:12). *"Levantándose muy de mañana, siendo aún muy oscuro, salió y se fue a un lugar desierto, y allí oraba"* (Marcos 1:35). Parece que Cristo nunca oraba con los discípulos. Creo que Él lo hacía intencionalmente. Él quería que ellos le preguntaran acerca del aspecto más importante de Su ministerio. También creo que Él oraba solo para enseñarnos que la oración es una relación y responsabilidad privada y personal. La oración colectiva nunca será un sustituto del tiempo privado y personal con el Padre.

Segundo, dijeron los discípulos: *"Señor, enséñanos a orar"*. Esto implica que la oración no era algo que ellos pensaron podía hacerse sin Su instrucción. Como jóvenes judíos, los discípulos habían sido traídos a la sinagoga y al templo, donde se les había enseñado a orar. Parte de su ritual diario era orar en la sinagoga, leyendo oraciones y repitiendo oraciones. Por consiguiente, las oraciones de Jesús eran diferentes a las que ellos acostumbraban hacer. Ellos vieron que había algo distinto en ellas. Ellos oraron, pero Él *oró* de verdad. Ellos estaban ocupados, pero Él obtenía *resultados*.

Tercero, leemos en el versículo dos que Jesús empezó a enseñarles a orar. Él les dijo: *"Cuando oréis..."*. Esto quiere decir que Jesús estaba de acuerdo en que los discípulos necesitaban aprender como orar. Él confirmó que la oración no es automática, sino más bien una función que debe enseñarse. Cuando una persona llega a ser creyente, a menudo se le dice: "Lea la Palabra, vaya a la iglesia y ore". Sin embargo, muchas personas no se detienen a pensar que estas cosas no necesariamente nos llegan naturalmente. Necesitamos aprender cómo estudiar la Palabra, cómo funcionamos en el cuerpo de Cristo y cómo debemos orar. Repito, la oración no es automática. Un nuevo creyente puede decir: "Bien, yo nunca he orado en mi vida. No sé cómo orar". A menudo se le dice: "Solamente habla con Dios y dile cómo te sientes". Eso suena bien—pero no fue eso lo que Jesús le enseñó a Sus discípulos.

> Contrario a lo que se nos ha enseñado, la oración no es solamente "hablar con Dios".

El orar no es solamente "hablar con Dios". Yo acostumbraba decir eso, también lo enseñaba. También acostumbraba a hacerlo así ¡y nada pasaba! Tuve que aprender lo que Jesús enseñó a Sus discípulos antes que yo pudiera llegar a tener una oración eficaz.

Si tiene dificultades al orar, no se sienta mal, porque muchas personas realmente no entienden la oración. Hay personas que hacen mucho ruido cuando oran. Ellos vociferan, se alborotan, gritan, gimen y chillan. Sin embargo, eso no significa que ellos estén orando correctamente. Jesús dijo: *"Y orando, no uséis vanas repeticiones, como los gentiles, que piensan que por su palabrería [*"muchas palabras"*, NVI] serán* *oídos. No os hagáis, pues, semejante a ellos; porque vuestro Padre sabe de qué cosas tenéis necesidad, antes que vosotros le pidáis"* (Mateo 6:7–8). Hay *"muchas palabras"* en muchas iglesias y grupos religiosos. Sin embargo, no es el ruido lo que le llama la atención a Dios. No es cuán alto oremos o aún las grandes palabras que usemos. Hay una manera en la que podemos orar y tiene que ser aprendida.

Un Modelo para la Oración

Para nosotros es muy importante comprender que, no importando el nombre que se le haya dado, lo que Jesús explicó a Sus discípulos realmente no fue el "Padre Nuestro". Éste un *modelo* de oración. En otras palabras, usted no necesita repetir las palabras de esta oración exactamente, sino que deberían usarse como un modelo. Como hemos visto:

Orar es acercarse a Dios para pedirle que cumpla Su voluntad en la tierra.

Cristo enseñó a Sus discípulos cómo cumplir este propósito. Al hacerlo así, Él les dio este modelo a seguir:

Padre nuestro que estás en los cielos, santificado sea tu nombre. Venga tu reino. Hágase tu voluntad, como en el cielo, así también en la tierra. El pan nuestro de cada día, dánoslo hoy. Y perdónanos nuestros pecados, porque también nosotros perdonamos a todos los que nos deben. Y no nos metan en tentación, mas líbranos del mal (Lucas 11:2–4).

Padre Nuestro

*"**Padre** nuestro"*. Primero, nos dirigimos a Dios como a nuestro *"Padre"*. Identificamos quien es Él. Nuestra definición de la palabra *padre* es "fuente". Debemos ir a Dios con el entendimiento y confesión de que Él es la Fuente que puede suplir las necesidades de cada uno. Cualesquiera que sea su problema, el Padre tiene la respuesta. Él es el *"Abba"* (Marcos 14:36), la Fuente.

*"Padre **nuestro**"*. Lo segundo que aprendemos es que nunca oramos. Cuando nos acercamos a Dios, debemos presentar las preocupaciones de las otras personas. La mayoría de nosotros vamos a orar con nuestra propia lista de compras: Nuestras listas financieras, nuestra lista de carreras y muchas otras cosas. Decimos: "Oh, Señor, por favor haz todas estas cosas para mí". Hay carnalidad en tal oración si no oramos por los demás. Dios preguntará: "¿Dónde están los demás? ¿Dónde está tu amor e interés por las necesidades colectivas de la humanidad? Todos los hombres me interesan". Por consiguiente, debemos empezar a orar pensando en los otros así también como en nosotros mismos. La primera declaración de este modelo excluye la mayoría de nuestras oraciones, ¿no es cierto?

QUE ESTÁS EN LOS CIELOS

*"Padre nuestro que estás **en los cielos**"*. Seguidamente, Jesús dice: "Cuando ustedes oren, recuerden que no están orando a alguien en la tierra" ¿Por qué? Porque allí es donde radica el problema. Usted necesita ayuda eterna. Cuando usted dice: *"Padre nuestro que estás en los cielos"*, no le está diciendo a Dios: "Reconozco que necesito ayuda exterior a mi reino". En realidad es una confesión de sumisión. "Oh, Dios, Tú eres más grande que todos nosotros. Necesitamos ayuda eterna. Necesitamos Tu ayuda". Además, el Padre no está en la tierra, por lo que necesitamos un intermediario. Necesitamos depender de Jesús y el Espíritu Santo para que ellos sean nuestros intermediarios ante Dios. Él está en los cielos. Nosotros estamos en la tierra para cumplir Sus planes para este planeta.

SANTIFICADO SEA TU NOMBRE

"Santificado sea tu nombre". La palabra *santificado* significa reverente, apartado o santo. Esto quiere decir que debemos adorar al Padre porque es Santo. Más adelante podremos presentar nuestras peticiones, pero debemos iniciar adorándole.

Cuando usted ora, debe honrar el nombre de Dios con todos los atributos de Su santidad tales como Su amor, fidelidad, integridad y gracia. Usted debe adorar, alabar, exaltar, magnificar, deificar y glorificar. Después de orar usted debe continuar honrándole a Él con su vida y en todas sus interacciones con los demás.

Cuántas veces ha dicho usted, "no entiendo cómo algunas personas pueden orar por largos períodos de tiempo. Yo siempre estoy escaso de palabras; no tengo muchas cosas por las que debo orar". Eso se debe a que no ha aprendido a orar apropiadamente. La oración no es presentarle a Dios una larga lista de peticiones. Hay tanto en la oración que podríamos orar por horas y horas. Personalmente, yo puedo orar por cinco o seis horas sin parar. Ya lo he hecho y continúo haciéndolo en ocasiones. Sin embargo, si usted no aprende a orar, después de veinte minutos se encuentra vacío, se siente cansado, aburrido y comienza a repetir todas las peticiones. Lo que Cristo dice es: "Empiece por reconocer que el Padre es su Todo y adórele". Nunca nos faltarán cosas por las que debemos adorar y alabar a Dios.

VENGA TU REINO. HÁGASE TU VOLUNTAD

"Venga tu reino. Hágase tu voluntad en la tierra como en el cielo". Esta declaración simplemente significa que una verdadera persona de oración no se interesa en su propio reino. Su interés yace en el reino de Dios y en lo que Él quiere cumplir. Siempre debemos pedir que la lista de oración de Dios se cumpla antes que la nuestra. ¡Cuán diferente a lo que normalmente hacemos!

> Dios nos bendecirá en el transcurso de Su obra en la tierra.

Debemos pedir, "Padre, ¿qué quieres hacer? ¿Qué quieres que ocurra en la tierra?" Dios se deleita cuando nos emocionamos con las cosas que Él se emociona. Dios nos bendecirá en el transcurso de Su obra en la tierra. Si comienza a orar para que la voluntad de Dios sea hecha en la tierra en las vidas de otras personas, usted no tiene que preocuparse por las necesidades que enfrenta. A Dios le gusta cuando usted presenta ante Él las peticiones de otras personas y le pide que supla esas necesidades. De nuevo, por eso es que usted debe orar diciendo, *"Padre **nuestro**"*. Cuando usted ore por otras personas, Dios le bendecirá porque Él verá que usted ha alineado su voluntad con la voluntad de Él, que usted está alcanzando a otros en amor y compasión. Él va a contestar sus propias peticiones porque usted está obedeciéndole a Él. De hecho, Él dirá: "Me gusta esta persona. El no es egoísta. Voy a asegurarme que sus propias necesidades sean suplidas".

Santiago 5:16 enfatiza esta verdad: *"Orad unos por otros, para que seáis sanados"*. Esta declaración significa que cuando usted ministra a alguien más, Dios se vuelve y ministra a su necesidad. ¿Acaso no es Dios así? *"Dad, y se os dará"* (Lucas 6:38). Por consiguiente, si usted está teniendo problemas, busque a alguien más que tenga problemas y comience a ayudarlo a resolver esos problemas. Si usted necesita que alguien ore por usted, comience a orar por alguien más. Si usted necesita ayuda financiera, déle a alguien que tenga menos de lo que usted tiene. Jesús nos dijo: "Piensen primero en el reino de Dios".

El pan nuestro de cada día, dánoslo hoy

"El pan nuestro de cada día, dánoslo hoy". Con esta declaración, Jesús está diciendo: "Cuando tú estés en la presencia de Dios y le pidas a Él que sea fiel en cumplir Su voluntad en la tierra, incluye esta petición". Debemos orar: "Danos a **nosotros** el pan de cada día". El tiempo plural empleado en esta declaración está ligado a *"nuestro"* en *"Padre nuestro"*. Si usted le dice a Dios que llega ante Él con la preocupación de otras personas, cuando le pida pan, usted tiene que pedir pan para todos. Normalmente decimos: "Señor, provéeme". No estamos pensando en alguien más. Aún cuando Dios nos pide una vez más: "Pidan por los otros así como para ustedes. Oren por los demás".

En los días de Jesús, el término "pan diario" era un modismo cultural que se refería a todo lo necesario para hacer el pan. Por consiguiente, cuando usted dice: *"El pan nuestro de cada día, dánoslo hoy"*, usted no está orando sólo por el alimento, sino por todo el proceso necesario para hacer posible el alimento. Por ejemplo: para hacer pan, se necesita un sol brillante, semilla, nitrógeno, oxígeno, suelo, nutrientes, minerales, tiempo, crecimiento, desarrollo, cosechar, moler, ingredientes para hacer el pan, mezclar, amasar y hornear. Implicados en esos pasos están la fuerza del granjero que lo hace capaz de sembrar y cosechar el grano y la fuerza de aquel que usa sus manos para amasar el pan. Jesús está hablando de todo eso. En otras palabras, usted ora por cuerpos saludables y un ambiente saludable en el cual el alimento pueda crecer.

"El pan nuestro de cada día, dánoslo hoy" es una declaración cargada. Ésta nos enseña a orar: "Gracias, Señor, por mantener el aire de nuestro país libre de contaminación. Gracias por hacernos personas inteligentes que mantenemos limpias nuestras playas. Gracias por preservar el suelo de la contaminación de petróleo. Gracias por mantener los ricos nutrientes en nuestro suelo, sin químicos que lo dañen". Necesitamos orar de esta manera. No somos lo suficientemente específicos. Tomamos demasiadas cosas por sentadas y no le pedimos a Dios que proteja y bendiga lo que necesitamos para el diario vivir—no sólo por nuestro propio bien, sino también por el bien de los demás.

PERDÓNANOS NUESTROS PECADOS, PORQUE TAMBIÉN NOSOTROS PERDONAMOS

"Y perdónanos nuestros pecados, porque también nosotros perdonamos a todos los que nos deben". Jesús ahora trata con las relaciones. Él dice: "Tu oración debe tomar en consideración a aquellos con quien tú te relacionas". Cuando usted llegue ante Dios examine si alguien tiene algo contra usted o si usted tiene algo contra alguien. Si usted le pide a Dios que lo perdone pero usted mismo se rehúsa

> El mantener buenas relaciones es una de las claves para que nuestra oración sea contestada.

a perdonar a otros, no llegue ante la presencia de Dios esperando recibir respuesta a sus oraciones.

El evangelio de Mateo incluye esta lúcida declaración sobre la enseñanza de Jesús acerca de la oración: *"Porque si perdonáis a los hombres sus ofensas, os perdonará también a vosotros vuestro Padre celestial; mas si no perdonáis a los hombres sus ofensas, tampoco vuestro Padre os perdonará vuestras ofensas"* (Mateo 6:14–15). Y si Dios no le perdona, Él no contestará la oración que usted eleve.

A menudo pasamos por alto la importancia de nuestras relaciones—y de cómo esas relaciones afectan nuestras oraciones. El diablo usa esta tendencia en contra nuestra. Vamos a la iglesia y cantamos algunos cánticos de adoración, pero se nos olvida que estamos molestos con otras personas y no determinamos enmendar la situación. Dejamos que los cánticos cubran nuestro enojo. Pero éste se queda en nosotros. Cuando vamos a casa, nos recordamos de lo que nos enojó y seguimos molestos hasta que eso se vuelve en amargura. Sin embargo, en lo que a Cristo respecta, el mantener buenas relaciones es una de las claves para que nuestra oración sea contestada:

> *"Por tanto, si traes tu ofrenda al altar, y allí te acuerdas de que tu hermano tiene algo contra ti, deja allí tu ofrenda delante del altar, y anda, reconcíliate primero con tu hermano, y entonces ven y presenta tu ofrenda"*
> (Mateo 5:23–24).

No podemos llevar a cabo ninguna acción en el altar santo si tenemos un corazón amargado. Debemos perdonar abiertamente. *"Entonces se le acercó Pedro y le dijo: Señor, ¿cuántas veces perdonaré a mi hermano que peque contra mí? ¿Hasta siete? Jesús le dijo: No te digo hasta siete, sino aun hasta setenta veces siete"* (Mateo 18:21–22).

Cuando usted ore y ayune, Dios le revelará a usted toda herida, amargura y molestia que usted guarda contra los demás. Habrá convicción en su vida porque Dios le recordará de la relación rota que usted había olvidado. ¿Por qué? Porque Él ahora puede hablarle a usted acerca de ellas.

Finalmente Él puede llegarle porque ahora usted está presto para escuchar.

Quizás usted dirá, "tengo fe para creer que Dios contestará mi oración", pero usted retiene su falta de perdón. La Biblia dice, *"ni la circuncisión vale algo, ni la incircuncisión, sino la fe que obra por el amor"* (Gálatas 5:6). Así que Dios le dirá: "Sí, pero la fe obra cuando el amor está en orden y tú no vives en el perdón". No importa cuánta fe usted tenga, si sus relaciones no son claras, éstas obstruirán su fe al punto que la misma no funcionará. Usted necesita de fe para agradar a Dios (Hebreos 11:6), pero también necesita amor porque *"Dios es amor"* (1ra Juan 4:8, 16). El perdón liberará sus oraciones para que las mismas puedan funcionar.

Por lo tanto, examine si sus relaciones son correctas. ¿Ha hecho usted algo malo en contra de alguien? ¿Guarda usted rencor? ¿Hay alguien en su familia o iglesia local, alguien en su trabajo con quien usted no mantiene una buena relación? Dios busca por manos limpias y un corazón puro (Salmos 24:3–4). El Señor no ignorará ni despreciará al corazón quebrantado o contrito (Salmos 51:17). Si guardamos iniquidad en nuestros corazones, el Señor no nos escuchará (Salmos 66:18). Sin embargo, cuando perdonamos a los demás, Dios también nos perdonará a nosotros—y se abrirá el camino para que Él escuche y conteste nuestras oraciones.

No nos metas en tentación, mas líbranos del mal

Por último, Jesús dijo: *"Y no nos metas en tentación, mas líbranos del mal"*. Esto no quiere decir que Dios nos empuja a la tentación en contra de nuestra voluntad. Esto solamente indica que debemos pedirle a Dios sabiduría para que nosotros mismos no nos coloquemos en situaciones que nos llevarán a poner en peligro nuestra relación con Él. En otras palabras, debemos pedirle a Dios por fortaleza y sabiduría para dejar de tomar malas decisiones y dejar de meternos en malas situaciones, las cuales nos tientan para pecar. Algunos de nosotros buscamos los problemas y luego le pedimos a Dios que nos libre de ellos. Lo que Dios está diciendo aquí es, "cuando vengas delante de Mí, ora pidiendo sabiduría para tomar buenas decisiones sin complicar tu vida en ninguna forma".

Cuando Jesús les pidió a Pedro, Santiago y Juan que se quedaran con Él mientras Él oraba en el Huerto de Getsemaní antes de Su arresto y crucifixión, los discípulos se durmieron. Jesús le *"dijo a Pedro: ¿Así que no habéis podido velar conmigo una hora? Velad y orad, para que no entréis en tentación; el espíritu a la verdad está dispuesto, pero la carne es débil"* (Mateo 26:40–41). Jesús sabía que Pedro estaba por ser tentado para negarle a Él—después de haber declarado que estaría dispuesto a morir con Él. Él le dijo a Pedro que se mantuviera alerta y orando. Jesús se refería a velar y a orar cuando nos enseñó a orar *"no nos metas en tentación.* Debemos estar alerta de las tentaciones y debilidades que puedan dañar nuestra relación con Dios y nuestro testimonio para Él, cosas que Satanás explotará para hacernos caer. Debemos también orar para que Dios nos proteja para no sucumbir ante ellas. La Biblia dice, *"vestíos de toda la armadura de Dios, para que podáis estar firmes contra las asechanzas del diablo"* (Efesios 6:11).

PORQUE TUYO ES EL REINO, Y EL PODER, Y LA GLORIA, POR TODOS LOS SIGLOS

Algunos de los manuscritos bíblicos incluyen esta bendición al final de la enseñanza de Jesús acerca de la oración en el evangelio de Mateo: *"Porque tuyo es el reino, y el poder, y la gloria, por todos los siglos. Amén"* (Mateo 6:13). Después de que usted haya orado, alabe al Padre nuevamente. Cuando usted lo haga, usted le estará diciendo a Dios: "Sé que contestarás esta oración; por lo tanto, Te agradeceré de antemano. Te daré toda la gloria que viene por lo que ocurrirá. Cuando la respuesta sea manifestada, le diré a todos que eso viene de Ti". Todo el poder y la gloria pertenecen a Dios para siempre.

¿VERDADERAMENTE APRENDIERON LOS DISCÍPULOS EL SECRETO DE JESÚS?

Los discípulos de Jesús observaron Su estilo de vida de oración y le pidieron que les enseñara a orar. ¿Tenemos alguna evidencia de que ellos aprendieron Su secreto?

El modelo de oración de Jesús

En Hechos 1:14, leemos que después de la resurrección y ascensión de Jesús *"todos éstos perseveraban unánimes en oración y ruego"* (Hechos 1:14). Ellos esperaban por el *"poder desde lo alto"* (Lucas 24:49) que Jesús les había prometido—y ellos "velaban y oraban", tal como Él les había enseñado. El Día de Pentecostés, Dios llenó a los discípulos con Su Santo Espíritu. Como resultado del derramamiento del Espíritu tres mil personas se convirtieron y *"sobrevino temor a toda persona; y muchas maravillas y señales eran hechas por los apóstoles"* (Hechos 2:43). Las oraciones de los discípulos resultaron en el recibimiento del bautismo con el Espíritu Santo, y, en que ellos obraran señales y prodigios para la gloria de Dios, al igual que Jesús lo había hecho.

Más adelante, vemos que los discípulos continuaron con el estilo de vida de oración que Jesús les había demostrado. Ellos declararon, *"nosotros persistiremos en la oración y en el ministerio de la palabra"* (Hechos 6:3–4). Todo el libro de Hechos describe cómo ellos continuaron con el ministerio de Jesús por medio de la oración y el poder del Espíritu Santo. Ellos aprendieron el secreto de la eficacia de Jesús en el ministerio. Ahora que usted ha aprendido el mismo secreto, ¿qué hará con este secreto?

OREMOS JUNTOS

Padre celestial:
Al igual que los discípulos, nosotros también necesitamos aprender a orar. Gracias por darnos este modelo de oración para que nosotros podamos saber cómo orar así como Jesús lo hizo, y, ser eficaces en el ministerio, al igual que Él lo fue. Tu palabra dice: *"Fiel es el que os llama, el cual también lo hará"* (1ra Tesalonicenses 5:24). Nos has llamado a un estilo de vida de oración, Te pedimos que cumplas Tu llamado en nosotros. Danos un corazón que busque una relación íntima contigo cada día y que sigamos Tus pensamientos y caminos en vez de nuestros propios pensamientos y caminos—o las opiniones de los demás. Oramos en el nombre de Jesús, nuestro Gran Intercesor. Amén.

PONIENDO EN PRÁCTICA LA ORACIÓN

Pregúntese usted mismo:
- ¿Busco una relación íntima con el Padre diariamente?
- ¿Son mis oraciones expresiones sinceras de comunión con Dios?
- ¿Estoy siendo eficaz en mi vida y ministerio para que la voluntad de Dios y Su reino sean cumplidos en la tierra?

Pasos de acción:
- En las próximas semanas, cada día aumente el tiempo que usted pasa con Dios en oración, para así poder establecer una relación íntima con Él.
- Use el modelo de oración de Jesús como guía para sus oraciones. Tome cada paso y personalícelo para que sea una expresión sincera de su creciente relación con Dios.
- Desafío: Establézcase la meta de emplear una hora diaria en oración.

Principios

1. La oración es más importante que todas las otras actividades del día. Por medio de la oración, Dios da guía, sabiduría y discernimiento para cumplir Su voluntad y propósito.
2. Por medio de Su intimidad con el Padre, Jesús conocía los pensamientos y el corazón de Dios, y, manifestó en Su ministerio lo que Dios haría en el mundo.
3. Dios quiere la misma comunión con nosotros que Él mantuvo con Jesús, para que nosotros podamos manifestar de manera natural Sus obras.
4. La oración no llega automáticamente. Ésta debe ser aprendida.
5. Orar es pedirle a Dios que cumpla Su voluntad en la tierra. Cristo enseñó a Sus discípulos cómo cumplir con

este propósito al darles una oración que podrían usar como patrón o modelo.

6. Los elementos del modelo de oración de Jesús son los siguientes:

"Padre nuestro": Llevamos ante Dios las preocupaciones de los demás como también las nuestras, reconociendo que Dios es nuestra Fuente.

"Que estás en los cielos": Admitimos que necesitamos ayuda externa en nuestro reino terrenal—que necesitamos la ayuda de Dios. Dependemos de Jesús y del Espíritu como nuestros intermediarios con Dios.

"Santificado sea tu nombre": Adoramos al Padre como al Santo, glorificando todos Sus atributos. Le honramos con nuestra vida y de la forma en que tratamos a los demás.

"Venga tu reino. Hágase tu voluntad en la tierra como en el cielo": Expresamos interés en el reino de Dios y en lo que Él quiere lograr antes que en nuestros propios intereses.

"El pan nuestro de cada día, dánoslo hoy": Le pedimos a Dios que supla las necesidades diarias de los demás como también las nuestras, y, que provea el proceso que hace factible ese sustento.

"Y perdónanos nuestros pecados, porque también nosotros perdonamos a todos los que nos deben": Nosotros perdonamos a los demás para que Dios también nos perdone a nosotros, para que luego Él escuche y conteste nuestras oraciones.

"Y no nos metas en tentación, mas líbranos del mal": Nos mantenemos alerta de las tentaciones y debilidades que Satanás explotará para dañar nuestra relación con Dios. Oramos para que Dios nos proteja para no sucumbir ante ellas.

"Porque tuyo es el reino, y el poder, y la gloria, por todos los siglos. Amén": Adoramos al Padre nuevamente, de antemano dándole a Él toda la gloria por la oración contestada.

Parte III

Principios de la oración

Capítulo siete

Doce pasos de acción para orar

Principios de oración comprobados por personajes bíblicos
cuyas oraciones fueron poderosas y eficaces.

E n este capítulo quiero mostrarle un método útil para organizar sus pasos para orar. Los siguientes principios fueron desarrollados al evaluar las vidas de oración de Jesús, Abraham, José, Moisés, David, Ezequiel y otros personajes bíblicos. Cuando usted estudia estos personajes bíblicos, usted ve que todos ellos usaron un patrón similar de oración. Sus oraciones recibieron la atención de Dios y produjeron poderosos resultados. *"La oración del justo es poderosa y eficaz"* (Santiago 5:16, NVI).

1. GUARDAR SILENCIO

Primero, la oración debe comenzar con el silencio. Usualmente no hacemos una práctica de esto, pero es un aspecto muy importante de la oración. El guardar silencio significa retirarse, estar quieto.

En Mateo 6:6, Jesús dijo: *"Mas tú, cuando ores, entra en tu aposento, y cerrada la puerta, ora a tu Padre que está en secreto; y tu Padre que ve en lo secreto te recompensará en público"*. Jesús nos dice que vayamos a un lugar quieto y apartado donde no seamos perturbados. En los tiempos del Nuevo Testamento, la mayoría de los techados de las casa eran planos y las personas acostumbraban a oran en el

147

techo. Ese era su lugar quieto. Ellos iban ahí para alejarse del ruido y de las ocupaciones del hogar.

Cuando usted comienza a entrar en la oración, primero aquiétese y elimine las distracciones. Usted no podrá orar eficazmente cuando los niños jueguen alrededor suyo, el tocadiscos esté sonando, la televisión esté encendida, y haya personas haciéndole preguntas.

Para poder orar usted necesita recogerse a sí mismo—o sea, recoger sus pensamientos, su atención, su concentración. Usted necesita silencio o aislamiento porque usted debe recogerse completamente. Normalmente muchas cosas nos distraen cuando oramos. Nuestros cuerpos están ahí, pero nuestras mentes están en algún otro lugar. Puede que experimentemos todo tipo de emociones. Por consiguiente, usted necesita recogerse en un lugar de quietud. Permita que el Señor traiga calma a su corazón. *"Tú guardarás en completa paz a aquel cuyo pensamiento en ti persevera; porque en ti ha confiado"* (Isaías 26:3). La palabra hebrea traducida como *"paz"* es *"shalom"*, la cual significa "más que suficiente". Ésta significa prosperidad. Todo lo que usted necesita, Dios se lo provee para que usted no sea distraído por las preocupaciones cuando ora.

> Para poder orar usted necesita recogerse a sí mismo y apartarse a un lugar quieto para estar ante Dios.

Este paso puede tomar diez minutos, una hora o cinco horas, pero es la entrada a la oración. Algunas veces usted lee historias de personas que oran en el bosque por diez horas. ¿Cómo lograron eso? Usted tendrá que leer los detalles en sus vidas de oración. Ellos pasan dos o tres horas caminan para poder descartar los pensamientos que les distraen. Por lo tanto, cuando usted vaya delante del Señor, en cualquier lugar privado que usted encuentre para hacerlo, quédese quieto y escuche nada más que a Dios. Permita que su corazón descanse y apártese a un lugar quieto. Sólo entonces usted habrá comenzado a orar. Demasiadas veces tratamos de apresurar este proceso. La Biblia dice, *"Estad quietos, y conoced que yo soy Dios"* (Salmos 46:10). En este sentido, nosotros podemos decir—

**La oración es la dependencia del hombre
en Dios para todas las cosas.**

Le insto a que pase tiempo en quieta contemplación ante el Señor. Está bien no decir nada. Muchas veces comenzamos a hablar inmediatamente. Pensamos en todas las cosas que ocurrieron ese día y en todas las cosas que hemos escuchado. Simplemente guarde silencio y entregue todo su ser en la oración. Si usted trata de orar, pero su espíritu, cuerpo, mente y emociones están separados, entonces usted no es uno—usted no está unido. Usted no podrá orar a Dios con claridad de propósito. El silencio le ayuda a llegar a la unidad de corazón y propósito entre usted y Dios.

2. Adorar

El segundo paso para orar es la adoración. Este paso corresponde a santificar el nombre de Dios, lo cual fue mencionado en el modelo de oración de Jesús (Véase Lucas 11:2). La adoración significa alabar a Dios. Cuando usted adora a alguien, usted expresa cuan preciada es esa persona para usted. La primera parte de Salmos 95 es un buen pasaje bíblico para este propósito. Creo que servirá como un gran cántico de adoración hoy. De hecho, usted podría ponerle su propia música a este salmo y cantarlo durante el día:

Venid, aclamemos alegremente a Jehová; cantemos con júbilo a la roca de nuestra salvación. Lleguemos ante su presencia con alabanza; aclamémosle con cánticos. Porque Jehová es Dios grande, y Rey grande sobre todos los dioses. Porque en su mano están las profundidades de la tierra, y las alturas de los montes son suyas. Suyo también el mar, pues él lo hizo; y sus manos formaron la tierra seca. Venid, adoremos y postrémonos; arrodillémonos delante de Jehová nuestro Hacedor. Porque él es nuestro Dios; nosotros el pueblo de su prado, y ovejas de su mano (Salmos 95:1–7).

¡Qué cántico de adoración! *"Venid, adoremos y postrémonos"*. Debemos adorar a Dios por quien Él es: el Rey de toda la tierra, nuestro Creador, nuestro Salvador, nuestro todo. Comience adorándole a Él. Comience alabándole a Él. Comience bendiciéndole a Él. Comience describiéndole a Él. Dígale cómo usted lo ve. Usted podría decirle, "Señor, eres poderoso, grande, maravilloso, omnipotente, sin igual. Eres Dios sobre todos y sobre todo. Eres misericordioso y maravilloso, Eres mi Consolador. Eres perfecto. Moras en mí. Nunca te debilitas. Eres eterno. Estás por sobre todas las cosas y en todas las cosas. Todas las cosas reciben su significado en Ti, Señor. Eres poderoso. No hay nada a la par Tuya ni nada que se te compare. Eres el único Dios. Eres el único Dios sabio: Nadie más es tan sabio como Tú. Todo lo sabes: Sabes todo acerca de mí y de los demás. Entiendes cosas que nosotros no entendemos. Eres más alto y más profundo que nuestros problemas. No tenemos problemas cuando Tú estás presente. Eres nuestro todo y estás en medio de todo; no hay nadie como Tú".

3. CONFESAR

El siguiente paso es la confesión. Por casi tres años, cuando estaba en la *Oral Roberts University*, cada semestre impartí un curso sobre la oración para el Ministerio Cristo para las Naciones. Cuando llegué a esta lista para enseñarles a los estudiantes cómo ir paso a paso en la oración, la mayoría preguntó, "¿no deberíamos *comenzar* con la confesión?" Yo les contestaba, "si lo hacen así, entonces no sabrían qué confesar".

A la mayoría de nosotros se nos ha enseñado que la confesión significa sacar a relucir nuestros pecados pasados, sentir remordimiento, volvernos emocionales y así sucesivamente. Pero, ese no es el centro de la confesión. El confesarse es un concepto muy distinto. Esto significa estar de acuerdo con Dios en lo que Él le dice *a* usted y *acerca de* usted. Usted puede estar de acuerdo con Dios solamente cuando usted escucha lo que Él le dice. Esto nos lleva, una vez más, a la adoración.

Cuando usted entra en la presencia de Dios por medio de la adoración, Él no va a comenzar a tratar con las otras personas primero. Él comenzará a resplandecer Su luz en lugares que usted pensó que Él no conocía. Él traerá las cosas a la luz. Usted incluso pensará, "espero que nadie se entere de lo que estoy pensando. Si ellos supieran las cosas que Dios me dice, ellos no se me acercarían". De hecho, Dios nos dice a todos: "No quiero que se condenen a sí mismos; quiero que me digan que estoy en lo correcto. ¿Estoy en lo correcto? ¿Estás en pecado?, si es así, entonces tú debes estar de acuerdo conmigo en que lo que haces está mal y deben dejar de hacerlo".

> Confesar significa estar de acuerdo con Dios en lo que Él le dice *a* usted y *acerca de* usted.

La confesión se da cuando Dios señala algo en su vida y dice, "deshazte de eso", o, "eso es rebeldía", o, "sabes que no debiste haber hecho eso", o, "eso es pecado", y usted contesta, "Sí, Dios, estás en lo correcto. No seguiré haciendo esto". Entonces usted coloca su confianza en Él para que le ayude a caminar en el Espíritu. *"Andad en el Espíritu, y no satisfagáis los deseos de la carne"* (Gálatas 5:16). Cuando el Espíritu Santo le muestra que algo en su vida no anda bien, entonces usted debe estar de acuerdo con Él. Si usted disiente con Él, usted no confiesa.

Veamos este paso en términos prácticos. Suponga que Dios señala un pecado particular en su vida, pero usted ignora Su sugerencia. Usted va a una reunión de oración y el Espíritu Santo le dice, "no me pidas nada hasta que resuelvas este problema", pero usted continúa orando por otras cosas. El Espíritu entonces le dice, "hiciste algo malo y no lo haz resuelto todavía. Quiero que lo resuelvas esta noche". Sin embargo, usted sigue cantando y tratando de ahogar la culpabilidad. Usted no confiesa. Cuando usted está de acuerdo con Dios, entonces usted confiesa.

Como escribí anteriormente, este pasaje fue escrito para los creyentes: *"Si confesamos nuestros pecados, él es fiel y justo para perdonar nuestros pecados"* (1ra Juan 1:9). Cuando Él nos perdona, ¿qué más hace? *"limpiarnos de toda maldad"*

(v. 9). La palabra *rectitud* significa "ser íntegro" o estar en posición de autoridad. Eso significa que Dios nos limpiará de todo lo que pueda detenerle a Él de colocarnos nuevamente en integridad o alineamiento con la perfecta voluntad de Dios para después bendecirnos.

¿Cómo llega esa limpieza? Usted tiene que hacer algo. Usted debe admitir su pecado y apartarse del mismo. Decirle a Dios que siente mucho haber hecho lo que hizo mientras piensa volverlo a hacer es demostrarle a Dios que usted no está de acuerdo, eso es un problema. *"Si decimos que no hemos pecado, le hacemos a él mentiroso, y su palabra no está en nosotros"* (v. 10).

La Biblia dice, *"él es fiel y justo"*. *"Justo"* quiere decir recto [o correcto]. Dios dice: "Si estás de acuerdo con que lo que digo es verdadero y que lo que te he señalado es pecado, entonces tengo el derecho de perdonarte por medio de la expiación de Cristo por tus pecados". En otras palabras, Dios responderá de manera justa y le perdonará. Esto significa que el pecado no perdonado es todavía pecado que usted no reconoce como tal. Usted sigue guardándolo y haciéndolo; por consiguiente, Dios no le limpia de ello.

Así es que la adoración le lleva a pasar tiempo en la oración tratando con usted mismo. Créame, Dios tiene una manera de revelarle su corazón una vez que usted comienza este proceso. La Biblia dice que Dios habita en la alabanza de Su pueblo. Cuando usted se retira a un lugar quieto y se deshace de las distracciones, cuando usted comienza a adorar a Dios y Él comienza a habitar en usted, usted comienza a ver la santidad en su presencia, y, Él señala las iniquidades. Usted no responde diciendo, "eso no es totalmente cierto, Señor". Él contesta, "Yo no puedo hacer negocio contigo si tú no estás de acuerdo conmigo. ¿Me estás diciendo que estoy equivocado?"

Puede que Dios le inste a llamar a alguien y pedirle disculpas por lo que usted hizo. Entonces Dios le dirá, "¿haremos negocio o no? Todavía guardas iniquidad en tu corazón y quiero que hagas algo al respecto, ahora". "Pero, Dios, ¿Tú quieres que yo lo llame a *él*? "Mira, no entiendes. Esto está bloqueando tu vida de oración".

David fue uno de los peores pecadores del mundo. El cometió adulterio, concibió un hijo fuera del matrimonio y mató a un hombre. Con todo, Dios dijo: Este es *"varón conforme a [mi] corazón"* (Véase 1ra Samuel 13:14). ¿Por qué Dios dijo esto acerca de David? Si hubo alguien que confesó rápidamente después de que se le señaló su pecado, ese fue David. El fue completamente honesto con respecto a su pecado. El no puso excusas; él admitió que había pecado contra Dios. Este hecho asombroso hizo que su vida de oración fuera poderosa. Él estuvo de acuerdo con Dios, he aquí su confesión:

> *Ten piedad de mí, oh Dios, conforme a tu misericordia; conforme a la multitud de tus piedades borra mis rebeliones. Lávame más y más de mi maldad, y límpiame de mi pecado. Porque yo reconozco mis rebeliones, y mi pecado está siempre delante de mí. Contra ti, contra ti solo he pecado, y he hecho lo malo delante de tus ojos; para que seas reconocido justo en tu palabra, y tenido por puro en tu juicio* (Salmos 51:1–4).

Cuando David confesó, él expresó, *"contra ti, contra ti solo he pecado, y he hecho lo malo delante de tus ojos"* (v. 4). Cuando pecamos, nosotros pecamos contra la naturaleza y el carácter de Dios, contra Su pureza y rectitud, contra Su amor y gracia. David confesó, "yo *'he hecho lo malo delante de tus ojos; para que seas reconocido justo en tu palabra, y tenido por puro en tu juicio'*, Tú lo llamas pecado y estás en lo correcto, Dios".

Si usted continúa jugando con el pecado y no está de acuerdo con Dios en ello, el pecado le destruirá. Lo que usted ha deseado para su vida nunca ocurrirá, porque usted será la ruina de lo que persigue alcanzar. Piense en lo que Dios está diciendo. Confesar no busca simplemente traer a luz su pasado. Más bien significa estar de acuerdo con Dios y obedecerle inmediatamente cuando Él le muestras que usted está en el error. Sólo entonces Dios se le acercará a usted. Él dirá, "me agrada esta persona. El es alguien conforme a Mi corazón. El tiene una mente como la Mía. El no se permite morar en el engaño".

Si usted ha hecho algo malo, confiéselo inmediatamente. Yo practico este principio porque es algo que aprendí desde temprano en mi vida como creyente. Por varios años trabajé como capellán de *Oral Roberts University*. Mi supervisor inmediato era el capellán principal de la universidad. Por sobre él estaba el Decano de la Facultad de Teología. Un día, ellos me llamaron a una reunión y los tres hablamos acerca de algo que estaba mal en mi departamento. Tratando de ayudar a alguien, yo había hecho algo indebido. Me senté con ellos tratando de explicarles por qué había hecho lo que hice.

Una vez que Dios lo haya limpiado a usted, no hay nadie que pueda condenarle.

En medio de mi explicación, el decano me detuvo y dijo, "detente, si quieres que Dios te bendiga, nunca hagas eso". A lo que yo contesté, "¿hacer qué?". El respondió, "no te has arrepentido si tratas de justificarte. Lo que trates de explicar no lo lamentas. Simplemente di, 'hice lo incorrecto, perdóname', y, pídele a Dios que te perdone. Esta reunión debió haber concluido en los primeros dos minutos. Estás haciendo que esta reunión se alargue y complicando tu vida. No lleves este hábito contigo cuando salgas de esta oficina".

Si usted alguna vez encuentra que ha errado, simplemente confiéselo, asienta, pida perdón y siga su vida. Lo que usted trate de explicar, usted realmente no lo lamenta Quizás usted trate de justificar el por qué cayó en cierto pecado. En vez de esto, simplemente diga, "Dios, perdóname. Hice mal. Voy de regreso a casa". No se meta a dar explicaciones largas y tediosas acerca del por qué usted pecó y sus ramificaciones. Dios pregunta, "¿estás en pecado?" "Sí". "Bien, como estás de acuerdo conmigo de que estás en pecado, ahora Yo te perdonaré. Yo te limpiaré de toda iniquidad. Permíteme limpiarte". Dios es fiel. Una vez que Dios lo haya limpiado a usted, no hay nadie que pueda condenarle. *"¿Quién acusará a los escogidos de Dios? Dios es el que justifica. ¿Quién es el que condenará?"* (Romanos 8:33–34).

4. Dar Gracias

Después que usted haya confesado, comience a dar gracias. *"Estad siempre gozosos. Orad sin cesar. Dad gracias en todo, porque esta es la voluntad de Dios para con vosotros en Cristo Jesús"* (1ra Tesalonicenses 5:16–18). El dar gracias es parte de la voluntad de Dios para con nosotros.

Por supuesto, ahora que usted ha confesado, usted podrá dar gracias abundantemente porque su corazón ha sido liberado. Dios no sólo le da libertad, sino que también le da algo por lo que usted pueda estar agradecido. Él le acaba de perdonar sus pecados. Usted ahora tiene razón suficiente para dar gracias por largas horas.

David pensaba en dar gracias aun mientras confesaba. *"Líbrame de homicidios, oh Dios, Dios de mi salvación; cantará mi lengua tu justicia. Señor, abre mis labios, y publicará mi boca tu alabanza"* (Salmos 51:14–15). Así es como se debe orar. De hecho, este salmo de confesión concluye con una alabanza. *"Los sacrificios de Dios son el espíritu quebrantado; Al corazón contrito y humillado no despreciarás tú, oh Dios...Entonces te agradarán los sacrificios de justicia, el holocausto u ofrenda del todo quemada; entonces ofrecerán becerros sobre tu altar"* (vv. 17, 19). El ofrecer sacrificios y ofrendas quemadas era un método de adoración en el Antiguo Testamento. Si usted ha confesado su pecado ante Dios, entonces su corazón está limpio y usted podrá ofrecer sacrificios de alabanza a Dios (Véase Hebreos 13:15).

5. Suplicar

El siguiente paso es presentar oración y ruego. Filipenses 4:6 dice, *"por nada estéis afanosos, sino sean conocidas vuestras peticiones delante de Dios en toda oración y ruego, con acción de gracias"*. [La Biblia de las Américas traduce *"oración y ruego"* como *"oración y súplica"*].

"Súplica" es una palabra que implica tres cosas. Suplicar significa interceder, pedir e incubar. Por incubar me refiero a una pasión profunda. Cuando usted presenta una súplica, eso quiere decir que usted siente el corazón de Dios. Usted desea Su voluntad tanto que se vuelve una experiencia emocional.

Normalmente, es entonces cuando usted comienza a sollozar en la oración u ora más fervientemente. Es una arrolladora experiencia emocional con Dios. Dios le muestra a usted algo de lo que Él está sintiendo y usted se une a Sus propósitos y deseos. La súplica es un resultado natural de la acción de gracias. Cuando usted da gracias, usted usualmente se mueve a la súplica porque el dar gracias agrada a Dios y Él le revela a usted lo que hay en Su corazón.

6. ESPECIFICAR LAS PETICIONES

El paso a seguir es el de especificar las peticiones. La oración no es jerigonza. Es más bien una comunicación bien articulada e intencional. Es un arte. Un abogado debe estudiar mucho antes ir ante un juez o un jurado a presentar su caso. Por eso se le paga. El investiga para poder presentar la información pertinente al caso. Algo común que se le escucha decir a un abogado fiscal o defensor es "¡irrelevante!". Cuando usted presenta delante de Dios sus peticiones por cosas que usted desea que Él haga, usted debe asegurarse que la evidencia que usted presenta sea relevante al caso. Es por eso que Dios tiene tantos nombres. Usted debe dirigirse a Él específicamente de acuerdo a sus peticiones particulares.

> La oración debe ser intencional y práctica.

Si usted quiere paz, usted apela ante Él como Jehová Shalom (Dios es nuestra paz), en vez de Jehová Yiréh (Dios es nuestro proveedor). Si usted necesita sanidad, Él es Jehová Rafa (Dios es nuestro sanador). "Señor, necesito que seas Jehová Rafa específicamente en este caso. Apelo ante la corte por sanidad. No necesito un carro ahora mismo; ni siquiera puedo manejarlo. Necesito ser sanado. Tú dices que si Te amo y guardo Tus mandamientos, *quitará Jehová de ti toda enfermedad'*" (Deuteronomio 7:15).

Por consiguiente, especifique sus peticiones reconociendo el nombre y la Palabra de Dios. Una forma de lograr esto es escribiendo las cosas por las cuales desea orar; a la par de esas cosas escriba los pasajes que usted usará en su oración.

Una vez más, la oración debe ser intencional y práctica. No es algo que usted junta al azar. Sería bueno que escriba las cosas específicamente. Entonces, cuando usted ore por su lista de peticiones, Dios sabrá que hay pensamiento e intención detrás de sus peticiones. Cuando usted ora por cada una de sus peticiones, usted ora de acuerdo con la Palabra de Dios, y, a cambio Dios enviará ayuda por cada petición. *"Y esta es la confianza que tenemos en él, que si pedimos alguna cosa* **conforme a su voluntad***, él nos oye. Y si sabemos que él nos oye en cualquiera cosa que pidamos, sabemos que tenemos las peticiones que le hayamos hecho"* (1ra Juan 5:14–15, el énfasis fue añadido).

7. Asegurar las Promesas

El siguiente paso va relacionado al anterior: Asegure sus promesas. *"Porque todas las promesas de Dios son en él Sí, y en él Amén, por medio de nosotros, para la gloria de Dios"* (2da Corintios 1:20). Aférrese a las promesas de Dios cuando presenta Su Palabra ante Él, aplicándola a la petición particular que usted está presentando.

Cuando Jesús quería ministrar a las personas, Él nunca asumió lo que ellos necesitaban. Él les preguntaba: *"¿Qué queréis que os haga?"* (Mateo 20:32). Dios contesta las peticiones específicas basadas en Sus promesas. Veamos un ejemplo de esto.

Bartimeo era ciego y mendigaba junto al camino. Cuando él escuchó que Jesús se acercaba, dijo, *"¡Jesús, Hijo de David, ten misericordia de mí!"* (Marcos 10:47). Jesús se le acercó y dijo: *"¿Qué quieres que te haga?"* (v. 51). Usted podrá pensar que era obvio lo que Bartimeo necesitaba. Con todo, hay personas que prefieren quedarse en la condición en que se encuentran. *"Y el ciego le dijo: Maestro, que recobre la vista. Y Jesús le dijo: Vete, tu fe te ha salvado. Y en seguida recobró la vista, y seguía a Jesús en el camino"* (v. 52).

Bartimeo fue sanado porque pidió sanidad basado en sus derechos legales. El gritaba, *"Hijo de David"* (Marcos 19:47–48). Esa era una declaración legal. El pacto de Abraham llegaba por medio de David. Las Escrituras dicen que el

Mesías descendía del linaje de David y que el trono de David duraría para siempre (Isaías 9:6–7). Bartimeo razonó, "si Jesús es el Mesías, Él debe ser Hijo de David. Si Él es el Hijo de David, entonces toda promesa de pacto que Dios le hizo a Abraham, Moisés y David llegan a mí por medio de Él". Entonces dijo, *"¡Jesús, Hijo de David, ten misericordia de mí!"* (Marcos 19:47–48). *"Y Jesús le dijo: Vete, tu fe te ha salvado"* (v. 52). Este hombre merecía ser sanado porque él apeló presentó su petición específicamente por medio de las promesas. De igual forma, nosotros debemos asegurar las promesas cuando oramos.

Veamos un caso bíblico en el cual una persona fue sanada sin pedirle a Jesús que la sanara, pero fue sanada basada en las promesas. Un día, en el *sábat*, Jesús entró en una sinagoga. Había una mujer sentada entre la multitud, ésta tenía problema en su espalda. Jesús se levantó y leyó las Escrituras. Cuando él terminó, Él vio entre la multitud a la mujer. La Biblia dice que ella andaba encorvada. Ella no podía enderezarse. Entonces Jesús puso Sus ojos en ella, la llamó, impuso manos sobre ella y la sanó. La Biblia dice que *"ella se enderezó luego, y glorificaba a Dios"* (Lucas 13:13).

> Dios nos sana porque le presentamos evidencia de que ese es nuestro derecho legal basado en Sus promesas.

El líder del templo y otros líderes religiosos comenzaron a murmurar entre sí diciendo, "¡cómo se atreve a sanarla en el día de reposo!, Jesús se volvió a ellos y dijo: *"Y a esta hija de Abraham, que Satanás había atado dieciocho años, ¿no se le debía desatar de esta ligadura en el día de reposo?"* (Lucas 13:16).

¿Qué estaba haciendo Jesús? Él sacaba cantidad de archivos que contenían evidencias. Por alguna razón, tenemos la impresión de que si nos vemos enfermos, Dios se apiadará de nosotros y nos sanará. Con todo, aunque esta mujer se miraba terrible, ella no fue sanada sino hasta que la acción legal entró en juego. Jesús dijo: *"Y a esta **hija de Abraham**..."*. Esa fue una declaración poderosa. En otras palabras, ella tenía el derecho de ser libertada y sanada, conforme a la promesa de Dios. Jesús no la sanó solamente porque era el día de reposo. Él la sanó porque, en el contrato que Dios había trazado con Su pueblo escogido en nombre de Abraham, Él había dicho, *"quitará Jehová de ti toda enfermedad"* (Deuteronomio 7:15).

Le pedimos al Señor que nos sane porque padecemos, y, Él nos muestra Su compasión al sanarnos (Véase Mateo 14:14). Sin embargo, la razón principal por la cual Él nos sana es porque le presentamos evidencia de que ese es nuestro derecho legal.

8. Alegar el Caso

Seguidamente, alegue su caso. Veamos más detenidamente lo que significa "alegar". Alegar su caso no significa rogar, gemir o ponerse emocional. A Dios no le impresiona nada de eso. Cuando usted grita, todo lo que logra es cansarse. Usted no obtiene respuestas. Nuevamente, la oración es un arte legal. Es algo que usted hace porque legítimamente merece lo que usted pide basado en las promesas de Dios.

De hecho, en Lucas 18, Jesús le dijo a Sus discípulos, "permítanme no sólo enseñarles a orar, sino también a obtener respuesta" (Véase el versículo 1). Él les reveló cómo entrar de lleno en la oración hasta ver a Dios.

Jesús comenzó diciendo: *"Había en una ciudad un juez, que ni temía a Dios, ni respetaba a hombre"* (v. 2). Este es Dios mismo enseñando sobre la oración, y Él nos dice, "como ilustración, imagínense a alguien que no le importa quién es Dios y no se preocupa por su situación. Imagínense tener que pedirle a esta persona algo". Él usó el peor ejemplo de recurso. Creo que él quería ilustrar el hecho de que la oración no tiene nada que ver con que usted le agrade o no a Dios [como persona]. Nosotros decimos, "Señor, si Me amas, bendíceme". A esto Dios contesta, "Te bendeciré por dos razones: primero, calificas por medio de tu fe en Mis promesas y tu recta manera de vivir; y segundo, Yo soy santo; por consiguiente, Yo cumplo Mi palabra".

Jesús luego continuó diciendo: *"Había también en aquella ciudad una viuda, la cual venía a él, diciendo: Hazme justicia de mi adversario"* (v. 3). La razón por la cual Él usó el ejemplo de la viuda es que, en los tiempos de Jesús, una viuda era alguien que estaba por el suelo en su vida. En la cultura israelita, si un hombre casado moría, su hermano debía casarse con la viuda del primero, cuidarla y proteger el nombre de su hermano para que ella no tuviera que salir a las calles a mendigar y traer desgracia al nombre de la familia. Si el segundo hermano moría, el tercer hermano debía casarse con ella y así sucesivamente. Por ende, cuando una mujer enviudaba, era porque no quedaban más hermanos. No había más parientes que cuidaran por ella y le ayudaran.

Por consiguiente, cuando Dios enseñó acerca de la oración, Él usó el peor panorama para describir no sólo al que debía contestar la oración, sino también al que oraba. Permítame decirle porque la viuda es tan importante en esta ilustración. Dios quiere que usted ore con una actitud que diga, "Tú eres el único que puede ayudarme". A menudo oramos para que Dios nos ayude, pero tenemos un plan auxiliar, por si acaso. Dios dice, "puedes orar todo lo que quieras. No te contestaré hasta que no tengas otro lugar a donde ir. Entonces sabrás que Yo soy tu Proveedor".

> Dios quiere que usted ore con una actitud que diga, "Tú eres el único que puede ayudarme".

Dios no quiere ser usado como una llanta de repuesto. Nosotros tenemos la tendencia de decir, "si no puedo lograr la ayuda de nadie más, se la pediré a Dios". Esta mujer no tenía ninguna opción, ninguna alternativa. A veces nos encontramos en situaciones similares: "Señor, si Tú no me ayudas, perderé esta casa". Tenemos que depender completamente de Él.

Jesús continuó diciendo: *"Durante algún tiempo él* [el juez] *se negó"* (v. 4, NVI). ¿Por cuánto tiempo? No lo dice. Cuando oramos, a veces la respuesta no llega inmediatamente, pero eso no significa que no esté por llegar. Puede que las personas le pregunten, "¿hasta cuándo creerá usted que esto ocurrirá?" "¿Por cuánto tiempo?" "Durante algún tiempo". "¿Cuánto tiempo es eso?" "No lo sé. Me aferraré a esto hasta que lo vea, porque el puro de corazón verá a Dios. Sin santidad, sin claridad de propósito, nadie verá la salvación de Dios".

Jesús concluyó Su historia con, *"pero después de esto dijo dentro de sí: Aunque ni temo a Dios, ni tengo respeto a hombre, sin embargo, porque esta viuda me es molesta, le haré justicia, no sea que viniendo de continuo, me agote la paciencia"* (vv. 4–5). ¿Dijo el juez, 'veré que ella halle descanso'? No, él usó una palabra legal. *"Le haré justicia* [para que obtenga lo que legítimamente le pertenece]".

Dios no puede mentir. Por lo tanto, lo que Él prometió se cumplirá. Es la integridad de Su nombre y de Su Palabra la que nos llama a ser persistentes en nuestra oración. *"Dios no es hombre, para que mienta, ni hijo de hombre para que se arrepienta. El dijo, ¿y no hará? Habló, ¿y no lo ejecutará?"* (Números 23:19).

Prosiguió Jesús a explicar la parábola: *"Y dijo el Señor: Oíd lo que dijo el juez injusto. ¿Y acaso Dios no hará justicia* **a sus escogidos**, *que claman a él día y noche? ¿Se tardará en responderles? Os digo que pronto les hará justicia"* (vv. 6–8, el énfasis fue añadido). Jesús estaba diciendo aquí, "si un hombre no reconoce a Dios o Su justicia verá porque una mujer que a él no le agrada obtenga lo que merece, cuánto más Dios, quien los ama, verá para que ustedes obtengan justicia—y rápidamente". En otras palabras, Dios no tomará tanto tiempo como ese juez al que no le gustaban las personas. Él hará justicia a Sus escogidos, a aquellos que han recibido Sus promesas como herencia espiritual.

Jesús añadió: *"Pero cuando venga el Hijo del Hombre, ¿hallará fe en la tierra?"* (v. 8). La fe es creer en las promesas. Las personas oran, pero no quieren creer sino hasta *después* que llegan las respuestas. Esta parábola nos dice que cuando creemos en la Palabra de Dios y le repetimos Sus promesas a Él, Dios dice, "Yo te contestaré—no porque 'me agradas', sino porque Yo soy santo". Por consiguiente, alegue su caso basado en la Palabra e integridad de Dios.

9. CREER

Este es un paso difícil para muchos de nosotros: Creer. Al igual que en la parábola del juez injusto que acabamos de estudiar, Dios dice que después de alegar nuestro caso, debemos creer. El preguntar en sí no hará que usted reciba.

Lea cuidadosamente las palabras de Cristo en este pasaje de Marcos 11. Este es otro mini seminario sobre la oración:

> *Respondiendo Jesús, les dijo: "Tened fe en Dios. Porque de cierto os digo que cualquiera que dijere a este monte: Quítate y échate en el mar, y no dudare en su corazón, sino creyere que será hecho lo que dice, lo que diga le será hecho. Por tanto, os digo que todo lo que pidiereis orando, creed..."* (vv. 22–24).

¿Cuál es la siguiente frase?, *"...que lo recibiréis"*. ¿Puede usted ver la aseveración en *"recibiréis"*? Cuando usted pida, crea en ese preciso momento que usted ya lo ha recibido. Es posible pedir algo en oración y no creer. Lo hacemos todo el tiempo. Normalmente nos rendimos demasiado pronto.

En el libro de Daniel, leemos que Daniel oró y que el mismo día que él oró, la respuesta fue enviada. Sin embargo, Daniel no lo sabía (Véase Daniel 10:10–14; 9:23). ¿Qué hizo Daniel? El continuó orando. Después de veintiún días, un ángel llegó con la respuesta. El punto aquí es que Daniel no dijo, "han pasado diez días. Esto no funciona. Voy a volver a hacer lo que antes hacía". No. Daniel creyó que si Dios decía algo, se suponía que eso ocurriera. El no iba a dejar de orar hasta que fuera manifestado. El iba a perseverar hasta que lo viera con sus propios ojos.

¿Cree usted que la oración que usted hizo anoche será contestada? Quiero confesarle algo. Diga, "Señor, yo creo". Puede que usted no crea completamente. Puede que usted tenga la tendencia a dudar. Pero cuando usted comience a dudar, sea honesto, como el padre del joven endemoniado y diga, *"¡Sí creo! ...¡Ayúdame en mi poca fe!"* (Marcos 9:24, NVI). Esa es una buena oración. No debemos permitir que la duda penetre en nuestras oraciones porque eso causaría un corto circuito.

> *Y si alguno de vosotros tiene falta de sabiduría, pídala a Dios, el cual da a todos abundantemente y sin reproche, y le será dada. Pero pida con fe, no dudando nada;*

porque el que duda es semejante a la onda del mar, que es arrastrada por el viento y echada de una parte a otra. No piense, pues, quien tal haga, que recibirá cosa alguna del Señor (Santiago 1:5-7).

En cambio cuando usted crea que usted *ha recibido* lo que pidió, eso será suyo.

10. DAR GRACIAS

Después de haber creído, de gracias nuevamente. Comparemos las dos acciones de gracia. Hay una progresión en la oración. La primera acción de gracias expresa su aprecio por el perdón y la misericordia de Dios. La segunda acción de gracias es la más alta forma de fe. Usted agradece a Dios por lo que usted todavía no ve, pero que usted cree que ya ha sido hecho. Eso requiere fe. Si usted realmente cree que cuando usted ora, recibirá lo que pidió, entonces usted comenzará a agradecerle a Él. No debemos esperar hasta ver la manifestación de nuestras respuestas para entonces expresar nuestra gratitud.

> Concluya su tiempo de oración con acción de gracias porque lo que usted pidió ya ha sido recibido.

De hecho, usted no le demuestra a Dios que realmente usted cree sino hasta que usted le agradece. Lo hacemos así con los humanos, pero no lo hacemos con Dios. Por ejemplo, suponga que usted va al banco y habla con el gerente para obtener un préstamo. El banquero aprueba su préstamo y le dice, "considérele hecho. El dinero será depositado en su cuenta". Usted no ve el dinero. Usted no sabe si él lo hizo o no. Pero, ¿qué le responde usted? "Muchísimas gracias". Luego usted sale a continuar con sus asuntos basado en la palabra del banquero. Dios dice, "haz lo mismo conmigo. Agradece antes de que sea registrado en tu estado de cuenta". ¿Por qué? Si creemos en Dios, entonces la respuesta llegará

Con mucha frecuencia bloqueamos las respuestas a nuestras oraciones. La respuesta llegará, pero nosotros nos alejamos diciendo, "no voy a perder mi tiempo creyendo en esto". Entonces, ¿qué pasa? *"No piense, pues, quien tal haga, que recibirá cosa alguna del Señor"* (Santiago 1:7).

No bloquee sus oraciones. Comience a dar gracias. Agradezca a Dios hasta que la respuesta sea manifestada. Si alguien le pregunta mañana, "¿cómo está?", simplemente conteste, "estoy agradeciéndole a Él por lo que he recibido". Si le preguntan, "¿cómo se siente?", conteste, "me siento muy bien". "¿Por qué?" "Estoy dándole gracias a Dios por lo que ha de ser manifestado". Cuando usted responde de esa manera, usted comienza a atraer a los ángeles. La Biblia dice, *"¿No son todos espíritus ministradores, enviados para servicio a favor de los que serán herederos de la salvación?"* (Hebreos 1:14).

Usted puede concluir su tiempo de oración con acción de gracias porque lo que usted pidió ya ha sido recibido. Todavía no ha sido revelado para que las otras personas lo vean.

11. VIVIR A LA EXPECTATIVA

Continúe en un espíritu de acción de gracias, viviendo a la expectativa de la respuesta a su oración. No se olvide de lo que pidió. Mi vida ha cambiado a medida que he aplicado este principio. Mientras más camino con el Señor, Él me enseña las verdades fundamentales que hacen una diferencia significativa en mi vida. Si usted cree que será bendecido financieramente, si usted espera que Dios le bendiga, entonces le sugiero que haga algo similar a lo que yo hice. Hace muchos años le dije a mi banquero, "quiero abrir una nueva cuenta". El preguntó, "¿para qué?". Yo le contesté, "para algo que espero". Tengo diferentes cuentas en ese banco pero yo le dije, "esta es diferente. Esta es la cuenta de mi bendición. Espero que Dios me bendiga y quiero probarle a Él que sí espero esa bendición dándole un lugar a Él donde colocarla. Si la pongo en mi cuenta regular, puede que no me dure. Si la pongo en mi cuenta de préstamo, puede que se pierda. Le daré a Dios un punto donde Él pueda dirigir las bendiciones". Después de abrir esa cuenta, tuve mucho más dinero que antes en toda mi vida.

Muchas veces las personas se me acercan y dicen, "Pastor Mules, estoy orando por un empleo". Yo les contesto, "¿cuántas solicitudes han llenado?" "Bueno, estoy esperando que el Señor me guíe". Por supuesto que debemos seguir la dirección de Dios, pero muy a menudo somos haraganes y no creemos. Debemos tocar a la puerta. Si usted cree que Dios le dará un empleo, entonces llene todas las solicitudes que pueda porque Dios le dará a usted uno de esos empleos. Si el empleador no sabe que usted está ahí, ¿cómo podrá llamarle para una entrevista?

Viva a la expectativa. Si usted le pide a Dios que le provea de un auto para que usted pueda manejar hacia la iglesia para adorarle a Él y usted cree que Dios le escuchó, entonces salga a comprar. No regrese a la iglesia diciendo, "el Señor tiene el control". Vaya al concesionario y busque. ¿Por qué? Porque usted espera que Dios haga algo. Quizás usted esté orando por su cónyuge. Arréglese, luzca lo mejor que pueda. Puede que esa persona aparezca hoy mismo. Si usted no espera, eso significa que usted no cree. Haga los arreglos para recibir su respuesta. Probablemente usted esté orando por muebles nuevo. Crea en Dios, luego haga espacio para los muebles en su casa. ¿Necesita usted que Dios le bendiga con ropa nueva este año? Comience a regalar su ropa vieja. Si alguien le pregunta, "¿qué hace?", contéstele, "estoy haciendo espacio para mi respuesta". Efesios 3:20 dice, *"y a Aquel que es poderoso para hacer todas las cosas mucho más abundantemente de lo que pedimos o entendemos, según el poder que actúa en nosotros".*

12. Practicar una Fe Activa

El último paso es practicar una fe activa, lo cual demuestra que usted vive a la expectativa. A eso se refería Jesús con "buscar y tocar". En Lucas 11:1, cuando los discípulos le pidieron, *"Señor, enséñanos a orar"*, Jesús procedió a enseñarles un modelo de oración. El noveno versículo es parte de Su discurso sobre la oración: *"Y yo os digo: Pedid, y se os dará; buscad, y hallaréis; llamad, y se os abrirá".*

Jesús nos dice aquí, "no paren después de haber orado. Levántense y busquen lo que pidieron. Lo encontrarán si lo buscan. Puede que esté detrás de algunas puertas cerradas, entonces llamen". Si usted cree que eso es suyo, o se supone que sea suyo, o que legítimamente le pertenece, ninguna puerta o barrera podrá detener lo que Dios tiene para usted. Cuando el diablo trata de retenerlo, siga persistiendo hasta que los muros caigan. De acuerdo a Su Palabra, si usted llama, se le abrirá. Eso es lo que significa una oración activa.

> Ninguna puerta o barrera podrá detener lo que Dios tiene para usted.

Una vez más, si usted cree que Dios le dará una nueva casa, entonces comience a buscarla. Vaya a los vecindarios que tienen el tipo de casa que usted desea. Use su fe en proporción a su confesión. Diga, "Dios, creo que Tú harás esto". Luego empiece a buscar. Llame a los agentes de bienes raíces y pregúnteles "¿qué tienen en el mercado?" Dígales a las personas que viven en el área que a usted le gustaría saber si algunos de los vecinos pondrán su casa a la venta.

Algunas veces la respuesta puede llegar en forma de bienes que han sido incautados de los dueños anteriores. Permítame explicarle lo que Dios compartió conmigo acerca de los bienes incautados. Cuando los israelitas entraron en la Tierra Prometida, ellos necesitaban un hogar. Los cananitas ya vivían ahí. ¿Por qué Dios los sacó para que Israel entrara? Porque los cananitas era el pueblo más diabólico, pagano y perverso de la Biblia. Miles de bebés morían cada año por manos de los sacerdotes cananitas. Cuando un cananita quería buena suerte, éste llevaba a su bebé ante el sacerdote para ser sacrificado. La sangre del niño caía al suelo y esa tierra había sido corrompida por las prácticas cananitas. Ellos perdieron esa tierra porque habían abusado de ella. Este principio básico todavía tiene validez. Hay personas que no han vivido rectamente, es por esa razón que sus propiedades les han sido quitadas. Dios dará sus propiedades a los justos.

Sin embargo, tome nota: Esta propiedad debe ser usada para bendecir no sólo a nosotros, sino a los demás, porque nosotros también podríamos ser desalojados. ¿Recuerda lo que ocurrió cuando los israelitas comenzaron a corromper la tierra con sus abominaciones? De hecho, Dios dijo, "los dispersaré por la tierra". Pero Él también dijo, "si me obedecen, los recogeré" (Véase Nehemías 1:8–9).

Por consiguiente, practique una creencia activa y continúe viviendo en santidad y verdad ante Dios. Dios le bendecirá si usted pide, busca y llama.

CREZCA EN GRACIA Y CONOCIMIENTO

A medida que usted aprenda a orar conforme a los principios bíblicos, usted llegará a ser un creyente eficaz y poderoso. Use estos doce pasos de acción como una guía para su oración y asegúrese de que todo en su vida esté en orden de acuerdo a la voluntad y los propósitos de Dios. Me emociona pensar en lo que Dios hará en su vida a medida que usted aplica estos principios y a medida que usted crece en gracia y conocimiento de Dios y Sus caminos.

OREMOS JUNTOS

Padre celestial:

Gracias por darnos en Tu Palabra los principios para orar. Salmos 119:15 dice, *"En tus mandamientos meditaré; consideraré tus caminos"*. No permitas que nos alejemos de Tus verdades o que las olvidemos. Ayúdanos a estudiar estos principios y a considerar cuidadosamente Tus caminos los cuales son revelados en Tu Palabra. Ínstanos a levantarnos en fe para poner en práctica estos principios en nuestras vidas. A medida que lo hagamos, te agradeceremos por contestar nuestras oraciones y por *"hacer todas las cosas mucho más abundantemente de lo que pedimos o entendemos, según el poder que actúa en nosotros"* (Efesios 3:20). Oramos en el nombre de Jesús, el Mediador del nuevo pacto. Amén.

Poniendo en Práctica la Oración

Pregúntese usted mismo:
- ¿Tomo tiempo para estar quieto delante del Señor antes de orar, o usualmente oro apresuradamente como para terminar con una labor más en el día?
- ¿Oro esporádicamente y al azar u oro con determinación conforme a la Palabra de Dios?
- ¿Hay algún pecado en mi vida, el cual estoy tratando de justificar?

Pasos de acción:
- Esta semana comience gradualmente a incorporar los doce pasos de acción en sus oraciones.
- Si usted ha estado justificando algún mal en su vida, asiente con Dios de que eso es pecado y arrepiéntase sinceramente, alejándose de ello y pidiéndole a Dios que le limpie de toda iniquidad (Véase 1ra Juan 1:9).
- Tome una de las cosas por las que usted pide, para comenzar a vivir a la expectativa, y, practique una fe activa. Anticipe que lo que pidió ocurrirá conforme a la Palabra de Dios y haga los arreglos necesarios para recibir la respuesta.

Principios

Los doce pasos de acción para orar son—

1. *Guardar silencio*: Guarde silencio y recójase. Si su espíritu, cuerpo, mente y emociones están separados, entonces usted no podrá orar pidiendo la voluntad de Dios con claridad de propósito.
2. *Adorar*: Adore a Dios por quien Él es: el Rey de toda la tierra, su Creador, su Salvador, su todo.
3. *Confesar*: Esto significa estar de acuerdo con Dios en lo que Él le dice *a* usted y *acerca de* usted. No se detenga en los pecados del pasado, más bien obedezca a Dios

inmediatamente que Él le muestre que usted está en el error.

4. *Dar gracias*: Ofrezca sacrificios de alabanza a Dios con un corazón libre por todo lo que Él ha hecho por usted.

5. *Suplicar*: A medida que Dios le muestre lo que Él desea, sinceramente asienta con Él en oración para cumplir Su voluntad.

6. *Especificar las peticiones*: Cuando usted le pida a Dios que haga algo por usted, traiga evidencia relevante al caso—usando la voluntad y Palabra de Dios—por medio de una comunicación intencional y específica.

7. *Asegurar las promesas*: Cuando usted le pida algo al Señor, presente ante Dios Sus promesas, aplicándolas a la petición específica que usted esté presentando. Entonces, aférrese a las promesas de Dios.

8. *Alegar el caso*: No ruegue o gima ante Dios, más bien ore inteligentemente porque, basado en las promesas de Dios, usted legítimamente merece la respuesta.

9. *Creer*: Crea desde el momento que usted pide por la respuesta a su petición, y usted lo recibirá.

10. *Dar gracias*: Agradezca a Dios por lo que usted no ve porque eso significa que usted cree que ya ha sido hecho.

11. *Vivir a la expectativa*: Anticipe las respuesta a sus oraciones haciendo espacio para ellas.

12. *Practicar una creencia activa*: No se detenga después de haber orado. Levántese y busque lo que usted pidió. Si usted busca y llama, ocurrirá.

Capítulo ocho

Barreras para recibir respuesta a la oración

Reconocer y vencer los obstáculos para recibir respuesta a la oración protegerá su potencial de oración y le dará a usted la correcta motivación y perspectiva para orar.

L a oración es el más grande privilegio y oportunidad ofrecidos a una persona en Cristo. Por causa del poder de la oración, el adversario hace su trabajo para ver que las oraciones de las personas e iglesias sean inefectivas. Satanás sabe que una iglesia es simplemente tan poderosa como sea su vida de oración. Por consiguiente, él utilizará conceptos equivocados acerca de la oración para entorpecer nuestro potencial en la oración. Estos conceptos erróneos son obstáculos que debemos vencer cuando tratamos los problemas que nos llevan a la oración no contestada.

Algunos de estos obstáculos pueden ser amigos cercanos a usted, si usted los ha aceptado y ha vivido con ellos por algún tiempo. Puede que usted difícilmente reconozca eso—y aún más duro será apartarse de ellos. En este capítulo, quiero delinear claramente un número de creencias erróneas acerca de la oración para que usted pueda ver cómo ellas difieren de la definición de la oración que está basada en la Palabra de Dios. El ascenso de estos obstáculos citados anteriormente a través de la gracia de Dios le capacitarán a usted para entender verdaderamente el propósito y poder de la oración.

171

1. Aprender de la Oración, pero no Practicarla

El primer obstáculo es un deseo de sólo leer de la Biblia y orar, en vez de estudiar la Palabra misma y equiparse a sí mismo para la oración. Obtenemos un falso sentido de satisfacción cuando aprendemos *acerca* de algo, pero realmente no lo *hacemos.* Pensamos que es una parte de nuestras vidas, pero que no pasó de nuestras cabezas al corazón, nunca pasó de la teoría a la práctica. A Satanás le encanta cuando leemos acerca de lo que deberíamos estar haciendo, pero que nunca lo hacemos; cuando compramos libros sobre la oración y la Biblia, pero nunca seguimos lo que dicen los libros; cuando compramos cintas de enseñanzas, pero nunca practicamos lo que las cintas enseñan. Es como comprar un libro de cocina, pero nunca cocinar ninguna de las recetas. ¿Cuántos libros de cocina tienen las personas en sus hogares y nunca han hecho uso de ellos? Muchos cristianos leen en la Biblia de cómo los creyentes recibieron respuestas a sus oraciones y se sienten inspirados. Ellos pueden decir: "Daniel oró, José oró y miren los resultados que ellos obtuvieron. *'La oración eficaz del justo puede mucho'* (Santiago 5:16). Yo debo orar también". En todo caso, ellos nunca se comprometieron a hacerlo.

A menudo tenemos la falsa idea de que si *sabemos* mucho acerca de la oración, de alguna manera *hemos* orado. Por ejemplo: usted puede que haya comprendido importantes verdades acerca de la oración por primera vez a través de la lectura de este libro. Usted se estará diciendo: "Esto es poderoso. Esto puede cambiar mi vida". Sin embargo, si no aplica estos principios a su vida, su conocimiento no le ayudará espiritualmente. *La causa mayor de la oración no contestada es ser expertos en el conocimiento de la oración, pero no maestros en la práctica de la oración.* El mejor método de oración es orar.

2. Consentimiento Mental en Vez de Acción

Este obstáculo es una variación del anterior. El consentimiento mental parece mucho como la fe que muchas personas no pueden ver la diferencia entre las dos. El consentimiento mental significa aceptar intelectualmente la Palabra como verdadera—la admiran y están de acuerdo con ella—pero no le permiten que tenga un impacto en usted, así que no le hace nada bien a usted. En el fondo, el consentimiento mental está de *acuerdo* con Dios pero no *cree* en Dios.

El consentidor mental afirma que toda la Biblia procede de Dios, que es la revelación de Dios y que cada palabra de ella es verdadera. No obstante, cuando una crisis llega, él dice: "Sí, creo que la Biblia es la verdad, pero no funciona para *mí*". A menudo cita las Escrituras en las que él realmente no cree. Por ejemplo: Esta persona mentalmente puede afirmar la promesa: *"Así que mi Dios les proveerá de todo lo que necesiten, conforme a las gloriosas riquezas que tiene en Cristo Jesús"* (Filipenses 4:19, NVI), pero nunca confía en Dios para hacer suya la aplicación personal de este versículo en su propia vida.

Una persona que mentalmente asiente con la Palabra de Dios dice: "Señor, lo que Tú dijiste es maravilloso"—y lo deja como está. Me puedo imaginar a Dios contestándole: "Gracias. ¿Quisieras hacerlo ahora, por favor?" Esa persona puede ser exitosa en conocimiento de la Palabra, pero en lo que respecta a Su vida espiritual, él habrá fallado. El verdadero creyente es un hacedor de la Palabra y no un oidor solamente (Santiago 1:23). El creyente construye sobre la roca, mientras que el consentidor mental construye sobre la arena. (Véase Mateo 7:24–27).

> El consentimiento mental está de *acuerdo* con Dios pero no *cree* en Dios.

De la única manera que la promesa de Dios sea una realidad en su vida es que las ponga en acción—y usted no las puede poner en acción sin fe. De hecho, la verdadera palabra *promesa* requiere fe. Si yo le prometo a usted algo, eso significa que usted no lo tiene todavía, así que usted tiene que creer que yo se lo daré. Todo lo que Dios dijo que Él nos daría son *"las promesas de Dios"*. Dios nos dice: "Yo prometo que haré esto por ustedes, pero en realidad, ya está hecho.

Quiero que crean que lo que Yo he prometido es real. Ya está cumplido, porque Yo cumplo cada promesa que hago".

Una variación del consentimiento mental es el "sentido de conocimiento". Esta es una actitud que dice: "Si no puedo verlo, entonces no es real. Lo creeré cuando lo vea". La Biblia nos dice, *"por fe andamos, no por vista"* (2ᵈᵃ Corintios 5:7). Esto significa que la fe y el sentido de conocimiento no son compatibles. La fe es la sustancia y la evidencia de cosas que su sentido de conocimiento no puede ver. (Véase Hebreos 11:1). El sentido de conocimiento ha llegado a ser uno de los mayores obstáculos para la fe porque, en muchas culturas, somos entrenados y condicionados para vivir solamente por medio de nuestros cinco sentidos. Si no podemos analizar algo y empíricamente concluimos que realmente funciona, entonces no creemos que eso sea real. Sin embargo, Dios dice que lo que Él ha prometido que ya es una realidad. No obstante, será una realidad manifestada en nuestras vidas hasta que creamos que es real *antes* que lo veamos—por medio de confiar completamente en Él y en Su Palabra. Así es como opera la fe.

Una vez más, la Biblia dice: *"Es, pues, la fe la certeza de lo que se espera, la convicción de lo que no se ve"* (Hebreos 11:1). Nótese cuidadosamente que este versículo *no* dice que la fe es la evidencia de cosas que no existen. Dice que la fe es la evidencia *de cosas que usted no puede ver*. Por ejemplo: usted no siempre puede ver cómo la voluntad de Dios suplirá sus necesidades. Sin embargo, Dios dice: "Ya fue suplido; creed en Mí". Eso es vivir por fe. Si usted vive por cualquiera de los otros medios, usted sufrirá de alta presión sanguínea, depresión y temor. Usted vivirá en frustración porque usted tratará de entender cómo satisfacer sus propias necesidades cuando no tiene esa capacidad. Dios dice: "Yo supliré todas tus necesidades. Yo lo tengo todo planeado. Confía en Mí que Yo lo haré".

Si usted ha estado consintiendo mentalmente a la verdad pero no actuando en ella, usted ha estado viviendo por debajo de su privilegio por mucho tiempo. Usted necesita comenzar a vivir por la fe que Dios le dio para que Su Palabra pueda cumplirse en su vida. La gente dice: "Bueno, entonces necesito más fe". La fe es fácil de obtener. La fe viene por oír la Palabra de Dios (Romanos 10:17). Cuando usted recibe la Palabra, su fe crece. Cada vez que usted lee la Palabra u oye buena enseñanza y la pone en práctica, su vida espiritual se fortalece un poco más. Usted no recibe la Palabra de Dios sin tener un cambio para bien. La Palabra es la semilla. Una vez que usted pone la semilla en buena tierra, la semilla va a crecer porque el poder está en la semilla.

> Si sólo ha estado consintiendo mentalmente a la verdad, usted ha estado viviendo por debajo de su privilegio.

Santiago 1:22 dice: *"Pero sed hacedores de la palabra, y no solamente oidores, engañándoos a vosotros mismos"*. Este versículo separa el consentimiento mental de la fe. Santiago dice que si usted piensa que sólo por escuchar la Palabra hará la diferencia, usted se está engañando a sí mismo. Usted debe aprender a aplicar lo que ha oído, creyendo y tomando acción en ello.

Jesús le dijo al jefe de los sacerdotes y a lo ancianos del pueblo:

> *"Pero ¿Qué os parece? Un hombre tenía dos hijos, y acercándose al primero, le dijo: 'Hijo, ve hoy a trabajar en mi viña' Respondiendo él, dijo: 'No quiero'; pero después, arrepentido, fue. Y acercándose al otro, le dijo de la misma manera; y respondiendo él, dijo: 'Sí, señor, voy'. Y no fue. ¿Cuál de los dos hizo la voluntad de su padre?" Dijeron ellos: "El primero"*
> (Mateo 21:28–31).

El segundo hijo consintió mentalmente hacer lo que el padre le pidió, pero nunca tomó ninguna acción. Aunque el primer hijo inicialmente se rebeló, terminó acordando hacer lo que su padre le solicitó. Jesús estaba mostrándonos que no podemos solamente decir que creemos. Tenemos que vivir nuestra fe haciendo lo que Dios pide. No solamente debemos estar de acuerdo con Su Palabra y voluntad, sino también vivirla.

3. Oír la Palabra, pero no Asimilarla

Otro obstáculo mayor a la oración contestada es oír la Palabra pero no asimilarla en nuestra vida. Pasar por alto ese paso es nocivo para nuestra salud espiritual porque debemos interiorizar la Palabra si es que va a hacer un impacto en nuestras vidas. Cuando no asimilamos la Palabra, a menudo entra por un oído y sale por el otro. Satanás se la roba de manera que no tenga haga impacto en nuestra relación con Dios. Jesús dijo: *"Cuando alguno oye la palabra del reino y no la entiende, viene el malo, y arrebata lo que fue sembrado en su corazón"* (Mateo 13:19).

La declaración anterior es parte de la parábola del sembrador. En esta parábola, la Palabra de Dios es descrita como semilla, mientras que varios tipos de actitudes humanas están representadas por diferentes tipos de suelo. Cuando la semilla se siembra en el camino—esto es cuando la Palabra no llegó a ser la parte central en la vida de la persona—el enemigo llega inmediatamente para robarla. En su intento por destruir la obra de Dios en nuestras vidas, el enemigo no se interesa en nuestro dinero o salud. Esas cosas no son tan importantes como la fuente de nuestra vida espiritual—la Palabra.

Cristo dijo que el enemigo llega *inmediatamente* para robar la Palabra de Dios. Esto significa que mientras usted lee el libro que tiene en sus manos, el enemigo está tratando de robarle la verdad de Dios. Me imagino que él está diciendo: "Si ellos aplican realmente este libro, yo estoy en problemas". Es por eso que la fusión crítica para usted, en términos de beneficio para su vida espiritual, no es tanto mientras usted lee este libro como cuando regresa a otras actividades. Si usted concienzudamente no aplica estas verdades a su vida, el enemigo tratará de hacer que usted olvide lo que ha leído. Cuando usted comienza a preparar una comida, viendo las noticias en la televisión o conversando con otra persona, de repente ellos se irán, a menos que se integre a ellos.

A menudo Jesús concluyó Sus enseñanzas diciendo: *"El que tiene oídos para oír, oiga"* (Véase por ejemplo, Mateo 13:9; Marcos 7:16; Lucas 14:35). Hay oído físico y hay oído espiritual. Jesús sabía que las personas estaban escuchando Sus palabras. Por consiguiente, en realidad Él les dijo: "Mis palabras necesitan establecerse en sus corazones". Si nosotros, hoy en día, hacemos esto, seremos bendecidos:

Pero si alguno es oidor de la palabra pero no hacedor de ella, éste es semejante al hombre que considera en un espejo su rostro natural. Porque él se considera a sí mismo, y se va, y luego olvida como era. Mas el que mira atentamente en la perfecta ley, la de la libertad, y persevera en ella, no siendo oidor olvidadizo, sino hacedor de la obra, éste será bienaventurado en lo que hace. (Santiago 1:23–25).

Me gusta como *Nueva Versión Internacional* parafrasea el mandato de Jesús en Apocalipsis 2:7: *"El que tenga oídos, que oiga lo que el Espíritu dice a las iglesias. Al que salga vencedor le daré derecho a comer del árbol de la vida, que está en el paraíso de Dios"*. Permita que el mensaje le penetre. Mantenga el enfoque después de que haya oído y leído la Palabra y deje que verdaderamente entre en su espíritu. A este proceso la Biblia le llama *meditación*. La meditación era un importante y valioso ejercicio tanto en el Antiguo Testamento como en el Nuevo Testamento. La mayoría de los creyentes no practican la meditación

> La meditación significa dejar que la palabra penetre en su espíritu.

por lo que pierden mucho beneficio de lo que leyeron en la Biblia. Quizás esto se deba a una mala interpretación de la palabra *meditación*. La meditación bíblica es muy diferente a la meditación trascendental que es una práctica de las religiones orientales. La meditación trascendental envuelve cantos y encantamientos, mientras que la meditación bíblica pone su atención sólo en la Palabra de Dios.

Cuando llegó el tiempo para que Josué fuera el líder de los israelitas, el Señor le dijo: *"Nunca se apartará de tu boca este libro de la ley, sino que de día y de noche meditarás en él, para que guardes y hagas conforme a todo lo que en él está escrito"*. El Señor agregó: *"Porque entonces harás prosperar tu camino, y todo de saldrá bien"* (Josué 1:8). ¿Cómo llegó

Josué a ser próspero y exitoso? Meditando en la Palabra para que llegara a ser parte de su vida y práctica.

Después que el apóstol Pablo instruyó a Timoteo en los caminos de Dios, le dijo: *"Ocúpate en estas cosas; permanece en ellas, para que tu aprovechamiento sea manifiesto a todos"* (1ra Timoteo 4:15). La palabra griega para *"meditar"* en este versículo es *meletao* que significa *"girar en la mente"* [dar vueltas en la cabeza una idea]. La meditación bíblica no es un proceso estólido de cantos, sino que conlleva el *uso* de su mente—pensar en algo una y otra vez hasta entender todas sus verdades y aplicaciones—y entonces adoptar estas verdades para aplicarlas a toda su vida.

La meditación también puede compararse con el proceso de rumiadura, tal como una vaca mastica su alimento. La vaca tiene dos estómagos. El primer estómago toma el alimento que la vaca come y lo mantiene. Cuando la vaca está llena, busca un lugar agradable y tranquilo en la grama donde se echa a rumiar. Trae de regreso el alimento a su boca y lo mastica de nuevo. La rumiadura es el proceso por medio del cual la vaca lo digiere; lo pone dentro en una forma que pueda ser asimilado dentro del sistema de la vaca a través del segundo estómago. De esta manera, el alimento puede llegar darle fuerza y vida al animal.

La Biblia dice que nosotros también debemos someternos a un doble proceso para asimilar la Palabra de Dios en nuestras vidas. El primer proceso es recibir la Palabra. Cuando usted lee la Biblia u oye una enseñanza bíblica, la Palabra inicialmente es sembrada en su "primer estómago"—su corazón (Véase Mateo 13:19). No obstante, para recibir fortaleza espiritual y vida de ella, usted debe meditar en ella "digiriéndola" para que pueda penetrar todo su ser. Una ventaja que tenemos hoy, que nos puede ayudar en esta "digestión", es la disponibilidad de materiales grabados que podemos escuchar múltiples veces para recibir el beneficio completo de ellos.

Note cuidadosamente: Satanás quiere que usted jamás alcance la etapa de la meditación porque es así cuando la Palabra de Dios puede llegar a ser el medio para recibir respuesta a la oración. Sólo sentarse y escuchar una buena enseñanza el domingo por la mañana o el miércoles por la noche no es clave para el éxito. El éxito está en asimilar la Palabra. Recuerde que: *"Cuando alguno oye la palabra del reino y no la entiende, viene el malo, y arrebata lo que fue sembrado en su corazón"* (Mateo 13:19). Dios dice: *"Porque yo apresuro mi palabra para ponerla por obra"* (Jeremías 1:12). Si Satanás puede robarle la Palabra a usted, él puede robar lo que Dios le ha dado a usted para cumplir Sus propósitos en su vida.

Algunas veces, justo después de la iglesia, personas bien intencionadas vendrán y hablarán con usted de cosas que no tienen relación con el mensaje del Pastor y le cambiarán todo el interés y actitud. Yo a menudo pido a mi congregación que pasen unos pocos minutos al final del servicio en oración y meditación para que podamos pensar acerca de lo que el Señor nos ha enseñado y que eso pueda llegar a ser parte de nuestras vidas. Cuando eso sucede, el diablo no puede parar la Palabra, porque Dios tiene ahora algo que Él puede usar para hacer cumplir Su voluntad.

4. Ilusionar en vez de Tener Fe

Otro obstáculo que bloquea las oraciones de muchas personas es "esperar" en vez de tener fe. Hay dos maneras en que la idea de esperar puede interferir con lo que Dios quiere cumplir por medio de la oración: (1) cuando aplicamos la definición bíblica de esperar (cumplimiento futuro) a las situaciones de fe del día presente; y (2) cuando nuestra esperanza no es la bíblica sino que es realmente sólo ilusiones.

Primero, muchas personas confunden la esperanza con la fe. Sin embargo, ambas tienen distintos conceptos. La Biblia dice: *"Y ahora permanecen la fe, la esperanza y el amor, estos tres; pero el mayor de ellos es el amor"* (1ra Corintios 13:13). Recuerde que la palabra griega para *"fe"* es *pistis* que significa "creer" o "confianza". También puede significar "convicción" o "seguridad". La palabra para *"esperanza"* es *elpis*, que significa "expectación", "confianza". La esperanza bíblica está basada en la fe porque es la confianza anticipada del máximo cumplimiento de esa fe.

La esperanza es algo hermoso y necesario cuando es acerca del cielo, la Segunda Venida de Cristo y todo lo que Dios nos ha prometido para el futuro—la culminación de nuestra salvación, la resurrección de nuestros cuerpos, el nuevo cielo y nueva tierra y nuestro reinado con Jesús para siempre. La seguridad de futuras bendiciones es todo lo que la esperanza bíblica abarca: *"La cual tenemos como segura y firme ancla del alma, y que penetra hasta dentro del velo"* (Hebreos 6:19). *"Y el Dios de esperanza os llene de todo gozo y paz en el creer, para que abundéis en esperanza por el poder del Espíritu Santo"* (Romanos 15:13). Sin embargo, esta clase de esperanza puede llegar a ser un obstáculo a la respuesta de la oración cuando se aplica mal. Hay bendiciones que Dios quiere darnos en esta vida, en el día presente. Si pensamos que todas están para cumplirse en el futuro, no ejercemos nuestra fe para ver el cumplimiento en nuestras vidas *ahora*. Donde no se aplica la fe, no puede darse el cumplimiento.

> La ilusión es un elemento destructivo en la oración.

Los creyentes que tienen esta perspectiva recibirán las bendiciones futuras porque tienen esperanza y fe, pero perderán las bendiciones que Dios quiere darles ahora. Por ejemplo, cuando usted le pide a Dios que le supla sus necesidades para pagar la hipoteca del próximo mes, usted no necesita el dinero en tiempo futuro. Lo necesita ahora. Eso requiere fe, no esperanza.

Segundo, hay un tipo de esperanza que es realmente sólo ilusiones. No está basada en la fe como lo está la esperanza bíblica. Al contrario, está basada en la incertidumbre o la duda. Podemos pensar en la diferencia de esta manera: la primera, es esperanza; la segunda, es "esperar". Esperar es cuando decimos: "Espero que esto suceda". "Espero que esto funcione". "Espero que Dios oiga mis oraciones".

La ilusión es un elemento destructivo en la vida presente y en la práctica de la oración. Hebreos 11:1 dice: *"Es, pues, la fe la **certeza** de lo que se espera, la **convicción** de lo que no se ve"* (el énfasis fue añadido). Tal como aprendimos en capítulos anteriores, recibimos lo que Dios nos ha prometido *cuando* oramos. Tener fe significa hablar y afirmar este hecho hasta que la respuesta sea manifestada. Esperar es peligroso porque esto puede cancelar nuestras oraciones. Por ejemplo, suponga que usted le pide a Dios por algo de acuerdo a Su Palabra y dice: "Señor, yo creo". Luego se levanta de su tiempo de oración y dice: "Bien, espero que suceda". Si lo hace así, usted acaba de anular su oración.

Cuando usted ora por las bendiciones del día presente, la esperanza no juega un papel, excepto en su espera segura de que lo que pidió está en camino. Cuando Daniel continuó en oración aunque su respuesta no llegó durante tres semanas, él no estaba anhelando una respuesta; él estaba esperando una respuesta. Allí está la diferencia. Suponga que usted llama a un amigo y le dice: "Estoy haciendo un pastel y se me terminó la mantequilla. ¿Podrías traerme un poco?" Usted está haciendo una petición. Su amigo le contesta: "Voy en camino". ¿Se detiene usted esperando recibir la mantequilla? No. Usted continúa preparando el pastel porque cree que la mantequilla viene en camino. Usted la está esperando porque su amigo le prometió traerla.

La única dificultad con esta analogía es la persona que la prometió. La Biblia dice: "Si Dios lo dijo, él lo hará. Si él lo prometió, Él lo ejecutará" (Véase Números 23:19). Pero su amigo pudo haberse desviado, se le desinfló una llanta, o cambió de pensamiento. A eso se refiere la Biblia cuando dice: "No pongas tu confianza en el hombre, sino en Dios" (Salmos 118:8).

La esperanza no consigue que nada se cumpla. ¿Cuánto tiempo ha estado esperando para ir a la escuela, tomar una clase por la noche, aprender computación? Talvez dos años, cinco años, diez años—y todavía no lo ha hecho. ¿Cuánto tiempo ha estado esperando perder de peso, aunque no ha comenzado un programa de pérdida de peso? ¿Cuánto tiempo ha estado esperando conseguir un trabajo diferente, aunque nunca ha llenado una solicitud? La fe hace su trabajo. La esperanza no. Otro término para esperanza es "Algún día yo..." ¿Cuánto tiempo ha estado en la "Isla Algún Día"?

Las bendiciones de Dios ya fueron cumplidas en el reino espiritual. Él está esperando por algún humano que crea en Él para que pueda manifestarlas. Si usted quiere ir a la universidad pero no tiene el dinero, haga esa petición a Dios y dígale: "Dios, Tú dijiste que los justos serán *'como árbol plantado junta a corrientes de agua, que da su fruto en su tiempo, y su hoja no cae; y todo lo que hace prosperará'* (Salmos 1:3). Estoy obedeciendo tu Palabra. Espero prosperar. No seré como *'el tamo que arrebata el viento'* (v. 4). Voy a ir a la universidad porque soy justo y mi fruto vendrá a su tiempo". Cuando usted termine, comience a llenar las solicitudes. De otra manera, ir a la universidad será sólo una esperanza y un sueño.

Cuando manifestamos ilusiones y dudas, demostramos que realmente no confiamos en Dios, que no creemos en Él, que somos escépticos acerca de Su carácter e integridad. Dudar realmente es un insulto a Dios. No se asombre de lo que dijo Santiago que si una persona dudaba *"no piense, pues, quien tal haga, que recibirá cosa alguna del Señor"* (Santiago 1:7).

Muchos de nosotros deseamos y esperamos. Cuando no recibimos lo que pedimos, nos preguntamos si la Palabra de Dios es verdadera. El problema no está en la Palabra de Dios, sino en nosotros. Él ya cumplió lo que le hemos pedido, pero no hemos estado a la expectativa de lo que pedimos. No estamos actuando como si ya lo tenemos; por lo tanto, Dios no puede dárnoslo. Estamos deteniéndolo a Él. *"Gracia y gloria dará Jehová. No quitará el bien a los que andan en integridad"* (Salmos 84:11).

5. Orar Pidiendo Fe

Lucas 17:5 dice: *"Dijeron los apóstoles al Señor: Auméntanos la fe"* ¿Alguna vez ha hecho usted una oración como esa? Usted está en buena compañía. Los discípulos vivieron con Jesús por más de tres años. Ellos lo vieron echar fuera demonios, sanar enfermos y levantar muertos, y todavía le pidieron, *"auméntanos la fe"*. Su respuesta fue maravillosa. *"Entonces el Señor dijo: 'Si tuvierais fe como un grano de mostaza, podríais decir a este sicómoro: 'Desarráigate, y plántate en el mar; y os obedecería'"* (v. 6).

Cuando estuve en Israel, se me mostró un árbol de mostaza. Era imponente. Después se me mostró una semilla de mostaza. Es imposible imaginar que un árbol tan inmenso pueda venir de una semilla tan pequeñita. Jesús le estaba diciendo a Sus discípulos: "Ustedes no necesitan más fe; sólo con un poco moverán montañas. Con lo poco que ustedes tienen, pueden hacer mucho, pero no la están usando".

Cuando usted ora pidiendo fe, está orando para creer. No creo que usted ore para creer. Una persona cree o no cree. Ese tipo de oración realmente se basa en la incredulidad, y, por lo tanto, no será contestada. Nunca he oído que a alguien le fuera aumentada su fe al orar para que fuera aumentada. La fe crece a medida que la Palabra sea tomada dentro de nuestras vidas y actuemos conforme a ella. Romanos 10:17 dice: *"Así que la fe es por el oír, y el oír, por la palabra de Dios"*. La fe viene y aumenta cuando oímos y creemos la Palabra, y, la ponemos en práctica.

> No es el tamaño de su fe lo que cuenta—es el tamaño de su Dios.

No es el tamaño de su fe lo que cuenta—es el tamaño de su Dios. Si usted cree, usted activa el cielo. Quizás usted esté pensando: "No estoy seguro de tener fe". *"La fe viene por el oír...la palabra de Dios"*. Si usted quiere aumentar su fe, aumente su ración de la Palabra de Dios. Lo que usted sepa de la Palabra llega a ser el límite de su fe porque usted puede creer sólo de lo que conoce. Por eso es muy importante pertenecer al cuerpo local de creyentes donde la enseñanza sea sana y cubra todos los aspectos de la vida cristiana. Necesitamos entender cómo Dios opera en cada área de la vida porque queremos tener fe en todas esas áreas. Jesús dijo: *"Conforme a vuestra fe os sea hecho"* (Mateo 9:29).

6. Preocupaciones del Mundo/Holgazanería

Hay un último obstáculo que quiero mencionar: La oración del todo descuidada, ya sea por medio de una absoluta holgazanería o por las distracciones y ocupaciones de la vida. La holgazanería y la negligencia son las peores razones para no orar. Ninguno de nosotros quiere que Dios le llame *"siervo malo y negligente"* (Mateo 25:26) con respecto a este propósito crucial para nuestras vidas.

En la parábola del sembrador, Jesús dijo: *"El que fue sembrado en espinos, éste es el que oye la palabra, pero el afán de este siglo y el engaño de las riquezas ahogan la palabra, y se hace infructuosa"* (Mateo 13:22). Cuando una persona no quiere molestarse con la oración porque él siente que tiene cosas más importantes que hacer o cuando permite que las muchas preocupaciones de esta vida le excluyan su práctica de orar, entonces todo lo que él sabe de la oración, no dará ningún fruto en su vida.

Mateo 3:10 dice: *"Y ya también el hacha está puesta a la raíz de los árboles; por tanto, todo árbol que no da buen fruto es cortado y echado en el fuego"*. Debemos ser cuidadosos en no ser complacientes en nuestro conocimiento de la Palabra y negligentes al nutrirla. Por lo tanto, cuando oímos, asimilamos y aplicamos la Palabra, llevaremos el fruto de mucho crecimiento espiritual y oraciones contestadas. Veremos a Dios en su propósito original para bendecir toda la tierra por medio de nuestras propias vidas.

OREMOS JUNTOS

Padre celestial:

Tu Palabra dice: *"Sed sobrios, y velad; porque vuestro adversario el diablo, como león rugiente, anda alrededor buscando a quien devorar; al cual resistid firmes en la fe"* (1ra Pedro 5:8–9). Te pedimos que nos ayudes a permanecer alerta a los obstáculos en nuestras vidas que el enemigo quiere usar para destruir nuestro potencial en la oración. Ayúdanos a resistirlo mientras permanecemos firmes en la fe. Permite que Tu Santo Espíritu nos muestre dónde estamos siendo engañados en nuestras actitudes hacia la oración y la Palabra para que podamos practicar la oración verdadera y eficaz. Te pedimos estas cosas en el nombre de Jesús, quien resistió al enemigo por medio del poder de Tu Palabra. Amén.

PONIENDO EN PRÁCTICA LA ORACIÓN

Pregúntese usted mismo:

- ¿Cuál de estos obstáculos describe mejor mi práctica de oración y de la lectura de la Palabra?
- ¿Por qué actitudes o perspectivas debo arrepentirme para poder levantarme de este obstáculo por medio de la Palabra de gracia?

Pasos de acción:

- Escoja un obstáculo que represente su práctica habitual de oración. Concienzudamente tome pasos para corregirlo, aplicándole la verdad de la Palabra de Dios.
- Cada día, mientras lea la Biblia, pídale a Dios que abra los ojos de su corazón para ver lo que Él le está diciendo por medio de Su Palabra. Practique la meditación pasando el tiempo pensando acerca de las implicaciones y aplicaciones de lo que usted ha leído.
- Esta semana, después de la iglesia pase al menos cinco minutos sentado quietamente, reflexionando en el mensaje y en lo que Dios está diciéndole por medio de ese mensaje.

Principios

Los seis obstáculos para la oración contestada son—

1. *Aprender de la oración, pero no practicarla*: Obtenemos un falso sentido de satisfacción cuando aprendemos de la Biblia y de la oración pero que no vivimos lo que hemos aprendido. No es asunto de cuánto sabemos; nuestro conocimiento no nos ayudará espiritualmente a menos que lo pongamos en práctica. El mejor método es orar.

2. *Consentimiento mental en vez de acción*: El consentimiento mental *asiente* con Dios pero no cree en Dios. Una variación del consentimiento mental es el "sentido de conocimiento".

Esta actitud dice: "Creeré cuando lo vea"; mientras que la fe es creer antes que veamos la manifestación de nuestras oraciones. Santiago 1:22 nos dice que si pensamos que sólo escuchar la Palabra es suficiente, estamos equivocados. Debemos creer la Palabra y ponerla en práctica.

3. *Oír la Palabra, pero no asimilarla*: Cuando no asimilamos la Palabra, Satanás se la roba para que no haga impacto en nuestra relación con Dios. Asimilamos la Palabra meditando en ella, dejándola que entre en nuestro espíritu. Cuando esto sucede, el diablo no puede parar la Palabra porque Dios ahora tiene algo que Él puede usar para cumplir Su voluntad en nuestras vidas.

4. *Ilusionar en vez de tener fe*: Hay dos maneras en que la idea de esperar puede interferir con lo que Dios quiere cumplir por medio de la oración: (1) cuando aplicamos la definición bíblica de esperar (cumplimiento futuro) a las situaciones de fe del día presente; y (2) cuando nuestra esperanza no es la bíblica sino que es realmente sólo ilusiones.

5. *Orar pidiendo fe*: Cuando ora pidiendo fe, oramos para creer. Ese tipo de oración realmente se basa en la incredulidad, y, por lo tanto, no será contestada. La fe viene y aumenta cuando oímos y creemos la Palabra, y, la ponemos en práctica.

6. *Preocupaciones del mundo/Holgazanería*: Si somos muy perezosos como para orar, nos arriesgamos a que Dios nos llame *"siervo malo y negligente"* (Mateo 25:26) con respecto a este propósito crucial para nuestras vidas. Cuando permitimos que las muchas preocupaciones de esta vida nos excluyan nuestra práctica de orar, entonces lo que sabemos de la oración, no dará ningún fruto en nuestras vidas.

Capítulo nueve

Impedimentos para recibir respuesta a la oración

**Deshacer los impedimentos de nuestras vidas nos permitirá
vivir en armonía con Dios y los demás, y,
tendremos confianza en la oración.**

Además de los obstáculos descritos en el capítulo
anterior, hay impedimentos espirituales y emocionales
en nuestras oraciones, los cuales debemos tratar si
deseamos tener una verdadera confraternidad con Dios y
recibir respuestas a nuestras oraciones. Algunos de estos
impedimentos han sido discutidos en otras secciones y
contextos de este libro. Sin embargo, los he incluido aquí
de manera más sistemática para que podamos reconocer y
entender los mayores obstáculos que entorpecen nuestras
oraciones, y, por consiguiente, tratar con ellos más
efectivamente.

1. Pecado

Primero, debemos reconocer el impacto del pecado en
nuestra vida. Según dice la Biblia, hay *"abundancia"* de
pecado (Santiago 1:21), y nuestra naturaleza caída es causa
de muchos problemas y malos entendidos con respecto a
nuestra fe, obediencia y oraciones. *"Por lo cual, desechando*

toda inmundicia y abundancia de malicia, recibid con mansedumbre la palabra implantada, la cual puede salvar vuestras almas. Pero sed hacedores de la palabra, y no tan solamente oidores, engañándoos a vosotros mismos" (vv. 21-22).

Cuando hay pecado—especialmente pecado voluntario—en su vida y usted no obedece la Palabra, Dios no le escucha. Usted no recibirá Su favor. Isaías 59:2 nos dice, *"pero vuestras iniquidades han hecho división entre vosotros y vuestro Dios, y vuestros pecados han hecho ocultar de vosotros su rostro para no oír"* y Salmos 66:18 dice, *"si en mi corazón hubiese yo mirado a la iniquidad, el Señor no me habría escuchado".* Primera de Juan 3:22 dice, *"y recibimos todo lo que le pedimos **porque obedecemos sus mandamientos y hacemos lo que le agrada"*** (NVI, el énfasis fue añadido).

Sin embargo, cuando pecamos, 1ra Juan 2:1 nos asegura que, *"si alguno hubiere pecado, abogado tenemos para con el Padre, a Jesucristo el justo".* Las Escrituras también nos prometen:

> *Si se humillare mi pueblo, sobre el cual mi nombre es invocado, y oraren, y buscaren mi rostro, y se convirtieren de sus malos caminos; **entonces yo oiré desde los cielos**, y perdonaré sus pecados, y sanaré su tierra* (2da Crónicas 6:14, el énfasis fue añadido).

2. Temor

Segundo, el temor es un impedimento significativo que debemos vencer ya que a menudo nos detiene de creer que podemos acercarnos a Dios en oración. Primera de Juan 4:18 dice, *"en el amor no hay temor, sino que el perfecto amor echa fuera el temor; porque el temor lleva en sí castigo ['porque el temor involucra castigo', LBLA]. De donde el que teme, no ha sido perfeccionado en el amor".* La idea de *"castigo"* en este versículo se refiere a nuestro temor de acercarnos a Dios porque pensamos que Él pueda recordar nuestro pecado o falta. Nos impide de tener libertad y confianza al orar. Tememos pedirle a Dios cualquier cosa porque creemos que

Él tiene algo en contra nuestra. Este tipo de temor bloqueará su fe, y, por ende, sus oraciones serán ineficaces.

La Biblia dice que *"el temor involucra castigo"*. Este temor le inmoviliza, drena la energía de su cuerpo. Esto le lleva a preocuparse sin sentido. El temor es tener fe en lo que pueda salir mal en vez de tener fe en lo que pueda salir bien. Es creer en lo que el diablo y otras personas le dicen en vez de creer en lo que Dios le dice a usted.

> El temor es tener fe en lo que pueda salir mal en vez de tener fe en lo que pueda salir bien.

Cuando usted se presenta ante Dios, no importa cuál fue su pasado, no importa lo que usted hizo ayer e incluso lo que usted hizo esta mañana, cosas que fueron desagradables para Él. Si delante de Dios usted confiesa su pecado, se apropia de la sangre limpiadora de Jesús para purificarse de toda iniquidad (Véase 1ra Juan 1:9), entonces Él le perdonará y usted podrá acercarse a Él como si nunca hubiera pecado. Ningún temor debe tomar lugar en nuestras oraciones.

Veamos nuevamente 1ra Juan 4:18: *"El que teme, no ha sido perfeccionado en el amor"*. Ahora veamos el versículo diecinueve: *"Nosotros le amamos a él, porque él nos amó primero"*. El versículo diecinueve tiene la solución para nuestro temor, para ese no haber *"sido perfeccionado en el amor"*. Cuando nos damos cuenta que Dios nos amó primero y deseó establecer una relación con nosotros aun cuando no le conocíamos y vivíamos en pecado, es entonces cuando entendemos que podemos acercarnos a Él libremente y pedir perdón. Romanos 5:8 es eco de esta idea: *"Mas Dios muestra su amor para con nosotros, **en que siendo aún pecadores**, Cristo murió por nosotros"* (el énfasis fue añadido).

Algunos creyentes piensan, "eso está bien para los que vienen a Cristo por primera vez, pero yo he sido cristiano por años. El hecho de que todavía peco me hace sentir un fracasado. ¿Cómo puede Dios perdonarme una y otra vez?" En realidad, ahora que usted es un creyente, usted está en mejor posición. Veamos Romanos 5:9: *"Pues mucho más, estando ya justificados en su sangre, por él seremos salvos de la ira"*.

Tenemos la palabra de Jesús de que continuaremos siendo perdonados. Cuando Jesús le dijo a Pedro que él debía seguir perdonando a la otra persona, no importa cuántas veces esa persona haya pecado contra él (Véase Mateo 18:21–22), Él reflejaba la actitud de Dios con respecto al perdón. Isaías 43:25 dice, *"Yo, yo soy el que borro tus rebeliones por amor de mí mismo, y no me acordaré de tus pecados"*. ¡Anímese! Dios quiere que usted viva con la seguridad del perdón y siga adelante con Sus propósitos con toda confianza. *"Porque no nos ha dado Dios espíritu de cobardía, sino de poder, de amor y de dominio propio"* (2ᵈᵃ Timoteo 1:7, NVI).

3. CULPABILIDAD

La culpa va relacionada al temor de no ser perdonado. Algunas personas viven con un constante sentido de ser condenados por Dios; por consiguiente, ellos siempre se sienten culpables. Sin embargo, Romanos 8:1–2 nos dice: *"Ahora pues, ninguna condenación hay para los que están en Cristo Jesús, los que no andan conforme á la carne, mas conforme al espíritu. Porque la ley del Espíritu de vida en Cristo Jesús me ha librado de la ley del pecado y de la muerte"*.

Si Dios dice que ha perdonado sus pecados, entonces Él los ha perdonado.

"Ahora pues, ninguna condenación hay" (Romanos 8:1). Es crucial que entendamos la verdad si hemos de acercarnos a Dios en oración. Recuerdo que en una reunión de oración hablé acerca de la libertad de la condenación, libertad que tenemos en Cristo. Después de la reunión, alguien se me acercó y dijo, "esas palabras fueron tan importantes para mí; antes pensaba que porque había hecho tantas cosas terribles en mi vida, Dios no iba a usarme nunca más. Me sentía como si Dios no quería que fuera parte de Su obra". Aun después de que algunas personas han sido perdonadas, puede que ellas asistan a la iglesia, adoren, canten y parezcan estar felices, pero dentro de sí todavía se sienten culpables por las cosas que hicieron en el pasado. Su crecimiento espiritual fue impedido debido a que

ellos pensaban que Dios usaría esos pecados contra ellos; de manera que ellos no se acercaban a Él en fe y amor perfectos. Esta persona dijo, "yo pedí perdón, pero necesitaba escuchar a Dios decirme, 'está bien. Has sido perdonado'".

Dios ha perdonado y olvidado su pecado, si es que usted lo ha confesado, se ha arrepentido y ha creído que ha sido cubierto con la sangre de Cristo. Hebreos 8:12 dice: *"Porque seré propicio a sus injusticias, y nunca más me acordaré de sus pecados y de sus iniquidades"*.

Suponga que usted se encuentra en una reunión de oración o en un servicio de adoración; de repente, usted comienza a recordar cosas que usted hizo mal en el pasado—cosas por las cuales usted ya ha sido perdonado y limpiado, pero que continúan haciéndole sentir culpable. ¿Por qué se siente de esa manera? Algunas veces la culpabilidad viene por la falta de fe. Si usted todavía carga ese pecado en su corazón y mente, entonces usted duda que Dios le haya perdonado. Es por eso que la culpa llega nuevamente a su vida. El diablo usa esa culpa para minar su fe; cuando usted ora, su fe es débil, y, sus oraciones no son contestadas.

La Biblia dice, "[Dios] *volverá a tener misericordia de nosotros; sepultará nuestras iniquidades, y echará en lo profundo del mar todos nuestros pecados"* (Miqueas 7:19), y *"Yo, yo soy el que borro tus rebeliones por amor de mí mismo, y no me acordaré de tus pecados"* (Isaías 43:25). Dios elige no recordar nuestros pecados una vez que han sido perdonados. Él no permite que éstos entorpezcan nuestra relación con Él. He aquí lo importante de este hecho: Puesto que Él ha elegido olvidarlos, Él tampoco quiere que usted se los recuerde. No traiga a la luz bultos viejos cuando Dios no sabe de lo que usted está hablando. Dios es tan poderoso que si Él le ha dicho que ha olvidado sus pecados, entonces Él los ha olvidado. Si Él ya decidió olvidarlos, entonces no se los recuerde. ¡Qué bendición!

Uno de mis colegas profesores solía decir, "después de que pedimos perdón, Dios coloca un cartel que dice, 'No pescar'". Él echa nuestros pecados al mar del olvido y nosotros no debemos salir a pescar ahí. Quizás nosotros decimos, "pero Señor, ¿te acuerdas lo que hice hace unos años? Eso todavía está en mi mente". Dios dice, "no sé de lo que hablas. Yo ya te perdoné. Eso ya se me olvidó". Gracias a Dios que todo lo del pasado es perdonado y olvidado. Hemos sido limpiados de todo ello.

Si usted siente carga de culpabilidad sobre su pasado, usted puede entrar en la presencia de Dios sin sentirse condenado. No hay condenación para los que estamos en Cristo Jesús porque Dios ya nos perdonó por medio de Cristo. Hebreos 10:14 dice, *"porque con una sola ofrenda* [Cristo] **hizo perfectos para siempre a los santificados"** (el énfasis fue añadido).

Si en la actualidad hay pecado en su vida, cúbralo con la sangre de Jesús. Permita que Él eche su pecado en el mar del olvido para que usted pueda obtener el poder en la oración con Dios. Busque la reconciliación de sus relaciones rotas y restituya el mal que ha cometido, de acuerdo como Dios le guíe. Si usted peca en el futuro, pídale a Dios que le perdone y continúe el proceso de santificación en su vida. Acepte Su perdón y acérquese a Él una vez más con una fe confiada:

"Este es el pacto que haré con ellos. Después de aquellos días", dice el Señor: "Pondré mis leyes en sus corazones, y en sus mentes las escribiré", añade: "Y nunca más me acordaré de sus pecados y transgresiones". Pues donde hay remisión de éstos, no hay más ofrenda por el pecado. Así que, hermanos, teniendo libertad para entrar en el Lugar Santísimo por la sangre de Jesucristo, por el camino nuevo y vivo que él nos abrió a través del velo, esto es, de su carne, y teniendo un gran sacerdote sobre la casa de Dios, acerquémonos con corazón sincero, en plena certidumbre de fe, purificados los corazones de mala conciencia, y lavados los cuerpos con agua pura (Hebreos 10:16–22).

4. Sentimiento de Inferioridad

Las oraciones de algunas personas son impedidas porque ellos no creen ser lo suficientemente dignos de recibir una respuesta. Cuando usted tiene una baja opinión de sí mismo, eso es debido a que usted no conoce la verdadera opinión que Dios tiene sobre usted, la cual es revelada en Su Palabra. Este es un impedimento crucial que debemos vencer para que no sabotee nuestra vida de oración. Usted no podrá orar eficazmente si se avergüenza de sí mismo y no se considera digno de recibir lo que le pide a Dios.

> La baja opinión de usted mismo no proviene de Dios. Usted es valioso para Él.

El primer capítulo de Efesios en un pasaje maravilloso que describe cómo Dios realmente se siente acerca de nosotros. Este fue de bendición especial para mí cuando fui adolescente.

En amor [Dios] ***habiéndonos predestinado para ser adoptados hijos suyos*** *por medio de Jesucristo, según el puro afecto de su voluntad, para alabanza de la gloria de su gracia, con la cual nos hizo aceptos en el Amado, en quien tenemos redención por su sangre, el perdón de pecados según las riquezas de su gracia, que hizo sobreabundar para con nosotros en toda sabiduría e inteligencia, dándonos a conocer el misterio de su voluntad, según su beneplácito, el cual se había propuesto en sí mismo, de reunir todas las cosas en Cristo, en la dispensación del cumplimiento de los tiempos, así las que están en los cielos, como las que están en la tierra. En él asimismo tuvimos herencia, habiendo sido* ***predestinados***

(vv. 4–11, el énfasis fue añadido).

Fuimos escogidos en Cristo mucho antes de que la tierra fuera formada. Dios le ama tanto que Él ha derramado Su amor en usted. La baja opinión de usted mismo o el auto-odio no proviene de Dios, sino del enemigo. El usa esas cosas como un insulto a Dios. El no quiere que usted se de cuenta que si Dios le amó tanto como para dar lo mejor que tenía, entonces el valor que usted tiene ante Él es incalculable.

En todo el capítulo de Hebreos 10 nos dice cuán preciados somos para Dios. Ese capítulo habla sobre el hecho de que

Jesús, nuestro Sustituto, pasó a ser el sacrificio o propiciación por nuestro pecado. Él redimió nuestras vidas. El resultado de esto es que *"hermanos, [podemos tener la] libertad para entrar en el Lugar Santísimo por la sangre de Jesucristo"* (v. 19). Este pensamiento también se encuentra en Hebreos 4:16: *"Acerquémonos, pues, confiadamente al trono de la gracia, para alcanzar misericordia y hallar gracia para el oportuno socorro"*. A la luz de nuestro valor en Dios, podemos tratarnos a nosotros mismos con respeto y podemos acercarnos a Él como hijos escogidos a los cuales se les ha dado *"según las riquezas de su gracia"* (Efesios 1:7).

Por ende, de la forma que una persona se sienta de sí misma jugará un papel importante en cómo se acerca a Dios en oración. Muchos no reciben respuesta a sus oraciones porque no creen merecer esa respuesta. Sin embargo, cuando usted tiene una correcta auto-estima como hijo redimido de Dios, usted no ora como mendigo. En cambio, usted presenta su caso con toda confianza. La oración no busca que Dios haga algo por usted haciéndole a Él sentir pena. Es más bien acercarse a Él sabiendo que usted no sólo merece lo que pide debido a la justicia de Cristo, sino que también tiene derecho a ello basado en Su Palabra.

Usted debe presentar la evidencia de Su Palabra como en un tribunal. Además, usted debe creer que cuando usted entra al tribunal de Jehová, Jesús se encuentra a su izquierda, que es el lado de los testigos (Véase Hebreos 7:25). El Espíritu Santo está a su derecha porque Él funge como consejero [o consolador] (Véase, por ejemplo, Juan 14:16–17). Lo maravilloso de entrar en el tribunal de Dios para alegar su caso es que el Juez es su Padre celestial, el testigo es su Hermano Mayor y el Espíritu Santo es su Consejero privado. ¿Cómo podría usted perder el caso?

> Usted no puede *ser* quien usted es si usted no *sabe* quien es usted. Usted es hijo de Dios.

Jesús se presenta ante el Padre y testifica de su fe en Él. Cuando usted no sabe cómo alegar su caso correctamente, el Espíritu Santo le ayuda en su debilidad. Cuando usted no está seguro de cómo citar las promesas, Él le ayuda con gemidos indecibles (Véase Romanos 8:26–27). Él le habla a Dios directamente del corazón de un consejero legal. Por consiguiente, cuando sus esfuerzos son inadecuados, usted tiene ayuda para orar.

Algunas personas creen que ellos no deben actuar con denuedo cuando oran. Ellos creen que más bien deben ser apacibles y aduladores en la oración, creyendo equivocadamente que Dios les tendrá por humildes y les otorgará sus peticiones. Debemos entender la verdadera naturaleza de la humildad. Humildad no significa que se debe tratar de ser lo que no se es. Primero que todo, una persona humilde sabe quién es. El es una persona honesta. Sin embargo, usted no puede *ser* quien usted es si usted no *sabe* quien es usted. Por eso resulta difícil acercarse a Dios en oración si usted no sabe quién es usted. Debemos darnos cuenta que no somos ángeles caídos que no pueden ser redimidos. Ni siquiera somos ángeles rectos, los cuales son siervos en la casa de Dios. Nosotros somos hijos de Dios y debemos acercarnos a Él como tales.

Cómo se sentiría usted si su hijo llegara a la casa arrastrándose por el suelo porque teme verle a la cara y decirle, "¿podría darme de comer hoy?". Eso sería afrenta a su amor, ¿no es así? Algo anda mal si su hijo teme verle a la cara y pedirle alimento. Si usted es hijo de Dios, entonces usted debe ir con denuedo al trono y decir, "hola, *Abba*". Su padre le contestará, "¿Qué puedo hacer por ti, hijo? Recuérdame qué fue lo que te prometí". Entonces usted podrá presentar su caso.

Si usted estuviera en un tribunal y su abogado estuviera presentando el caso por usted, ¿diría su abogado?, "señor juez, por favor, por favor déjelo libre. Le pido que lo deje libre". Alegar su caso no significa que usted deba simplemente decir, "¡Oh, Dios, *por favor* perdóname!" Alegar su caso significa que usted debe decirle a Dios, por ejemplo: "De acuerdo a Tu Palabra, Tú has dicho que, *'la justicia de Dios por medio de la fe en Jesucristo, para todos los que creen en él'* (Romanos 3:22). Estoy presentando Tus palabras como evidencia. Por lo tanto, creo que Tú me justificarás". Usted no podrá orar de esta manera si se siente temeroso o inferior.

Voy a usar un antiguo caso de estudio para demostrarle cómo ora la mayoría de personas. Jesús contó la historia de un hombre que se fue del hogar de su padre. El salió he hizo un enredo de su vida hasta que no le quedó nada—financiera, física, emocional o espiritualmente. Finalmente dijo, "iré a la casa de mi padre y le pediré que me haga uno de sus empleados". Este hombre tenía problemas de inferioridad. El no tenía idea de cuánto su padre lo amaba y valoraba. Cuando llegó a casa, su padre estaba tan emocionado que les ordenó a sus siervos que mataran un becerro gordo para la fiesta, que le pusieron vestidos nuevos y que le colocaran el anillo de autoridad en su dedo. El restauró el lugar del hijo en la familia. Antes de que el hijo dijera lo que había planeado decir, que era, "padre no soy digno de ser llamado tu hijo", el padre gozosamente le dijo, "¡mi hijo estaba perdido pero fue hallado!" (Véase Lucas 15:11–24).

¿Quién cocinó el becerro gordo para el muchacho y tomó cuidado de las otras necesidades? Los siervos, actuando por orden del padre. La mayoría de nosotros no entiende lo que la oración significa con respecto a nuestra relación con Dios. La parábola del hijo pródigo nos ilustra esta relación. Cuando vamos antes Dios en oración, se supone que lo hagamos reconociendo quién dice Él que somos. Todos los que estamos en Cristo somos hijos de Dios. ¿Quiénes son los siervos? Son sus ángeles. *"Ciertamente de los ángeles dice: El que hace a sus ángeles espíritus, y a sus ministros llama de fuego"* (Hebreos 1:7). Dios, de hecho, nos está diciendo a cada uno de nosotros, "tú no eres un siervo; tú eres un hijo. Tus oraciones activan a los ángeles, quienes ministran bajo Mi autoridad". Con demasiada frecuencia oramos diciendo, "Señor, soy Tu siervo indigno". A lo que Dios responde, "¿de qué hablas?, ¡tú eres Mi hijo amado!".

Cuando Jesús fue tentado por el diablo, Él respondió fuertemente usando la Palabra de Dios: *"Escrito está: No sólo de pan vivirá el hombre, sino de toda palabra que sale de la boca de Dios"* (Mateo 4:4). *"Escrito está: Al Señor tu Dios adorarás, y a él sólo servirás"* (v. 10). La Biblia dice que después de la tentación de Jesús, *"vinieron ángeles y le servían"* (v. 11). Cuando usted ora como hijo, usted activa a los ángeles y ellos salen a contestar su petición, conforme a la Palabra. *"¿No son todos los ángeles espíritus dedicados al servicio divino, enviados para ayudar a los que han de heredar la salvación?"* (Hebreos 1:14, NVI).

Cuando ore, tenga presente quién es usted en Cristo y lo que Dios le ha prometido. Si no recibe respuesta inmediata, tenga cuidado de no permitir que los sentimientos de indignidad le hagan pensar, "no estoy seguro de que algo haya ocurrido". Ya ocurrió. Puede que se tome una semana o veintiún días, como en el caso de Daniel. Puede que tome más tiempo. No obstante, su oración ha sido contestada y será manifestada. Créame amigo, Dios escuchó lo que usted dijo. Eso quedó archivado. Los ángeles ya están listos. La oración que usted eleva, conforme a la Palabra, cambia las cosas.

Recuerde—usted no es un siervo, sino un hijo de Dios. *"Para alabanza de su gloriosa gracia, que nos concedió en su Amado"* (Efesios 1:6, NVI). Dios le amó desde antes de la fundación del mundo. Cuando usted se alejó de Él por causa del pecado, Él envió a Su Hijo a morir por usted. Él le ha hecho digno en Cristo Jesús. Él le ha hecho coheredero con Su Hijo. Él envía Sus ángeles para ministrarle a usted. Por consiguiente, viva y ore como tal.

5. DUDA

Y si alguno de vosotros tiene falta de sabiduría, pídala a Dios, el cual da a todos abundantemente y sin reproche, y le será dada. Pero pida con fe, no dudando nada; porque el que duda es semejante a la onda del mar, que es arrastrada por el viento y echada de una parte a otra. No piense, pues, quien tal haga, que recibirá cosa alguna del Señor. El hombre de doble ánimo es inconstante en todos sus caminos (Santiago 1:5–8).

Aunque hemos tratado el tema de la duda en otras secciones del libro, ésta es un impedimento mayor en la oración que debemos estudiarlo brevemente aquí. La duda es hacer un gran alboroto ante Dios por algo que usted quiere que Él haga, luego que la oración acaba, usted mismo no cree una palabra de lo que dijo. Es como estar en una reunión de oración y decir, "Dios, creo en Ti", para luego salir de la reunión rezongando, "no estoy seguro de la oración que hicimos". Con eso usted demuestra que no cree porque no espera una respuesta o porque no hace los arreglos necesarios para recibir la respuesta.

Por ejemplo, si usted ora para que alguien en su familia sea salvo, anticipadamente usted puede comprar una Biblia para esa persona. Eso es creer. Si usted ora para que alguien sea sanado, usted puede hacer arreglos para llevar a esa persona a comer. Dígale a esa persona, "te invito a cenar fuera". "¿Por qué?" "He orado para que seas sanado; espero que seas sanado. Estoy haciendo los arreglos para ello. Cuando llegue el momento de que Dios manifieste tu sanidad, te llevaré a cenar".

> Confíe en la generosidad y bondad de Dios, poniendo su fe en el carácter de Dios y Su Palabra.

Las Escrituras nos dicen que debemos creer. *"pídasela a Dios, y él se la dará, pues Dios da a todos generosamente sin menospreciar a nadie. Pero que pida con fe, sin dudar"* (vv. 5–6, NVI). En vez de dudar, confiemos en la generosidad y bondad de Dios, poniendo nuestra fe en Su carácter y Palabra.

6. Motivos Equivocados

La Biblia dice que si sus motivos son equivocados, sus oraciones no serán contestadas. *"Pedís, y no recibís, porque pedís mal, para gastar en vuestros deleites"* (Santiago 4:3). ¿Cuáles son sus motivos para orar? ¿Le pide usted a Dios algo por medio de lo cual promover su propio ego o para cumplir con propósitos egoístas? ¿O le pide usted a Dios que cumpla Su Palabra para que Su reino venga a la tierra?

Dios conoce nuestras necesidades y no está mal pedirle que Él las supla basado en Su Palabra. Jesús dijo: *"Vuestro Padre sabe de qué cosas tenéis necesidad, antes que vosotros le pidáis"* (Mateo 6:8). Pero nuestro enfoque principal deberá ser el honrar a Dios y promover Sus propósitos. Cuando nuestras prioridades son correctas, podemos confiar en que Él suplirá nuestras necesidades diarias. Jesús nos prometió,

No os afanéis, pues, diciendo: ¿Qué comeremos, o qué beberemos, o qué vestiremos? Porque los gentiles buscan todas estas cosas; pero vuestro Padre celestial sabe que tenéis necesidad de todas estas cosas. Mas buscad primeramente el reino de Dios y su justicia, y todas estas cosas os serán añadidas (vv. 31–33).

Por consiguiente, cuando usted ore, examine cuáles son sus razones para orar. Pídale a Dios que le perdone por algún motivo equivocado que usted pueda tener y le permita desarrollar los motivos correctos por medio de la obra del Espíritu Santo en su vida. *"Porque Dios es el que en vosotros produce así el querer como el hacer, por su buena voluntad"* (Filipenses 2:13).

7. AMARGURA

La amargura es algo peligroso, especialmente con respecto a la oración. A menudo esto indica un odio escondido. La amargura representa algo que usted guarda en contra de alguien y no libera a esa persona por medio del perdón. Usted se hiere más que la persona contra la que usted siente amargura. Cuando usted

> La amargura llega hasta la misma fuente de su vida y la seca.

se aferra a esa amargura, ésta llega hasta la misma fuente de su vida y la seca. Esto no sólo le afectará espiritualmente, sino también le marchitará mental, social y físicamente. Es como un cáncer. Debemos reservar nuestro odio solamente para el diablo.

¿En qué afecta la amargura a su vida de oración? La Biblia dice, "Si en mi corazón hubiese yo mirado a la iniquidad, el Señor no me habría escuchado" (Salmos 66:18). La amargura es iniquidad. Dios odia la iniquidad más que al pecado, si se puede hacer la distinción entre ambos. La iniquidad es un tipo especial de pecado. La palabra hebrea para iniquidad es *avon*. Esto quiere decir perversidad o vileza moral. Cualquier rebelión contra Dios es considerada pecado. Sin embargo, la iniquidad es un tipo de pecado envilecido que Dios odia expresamente. Leemos en Hebreos 1:9, *"has amado la justicia y aborrecido la iniquidad,"* (LBLA). En este versículo, la palabra griega para *"iniquidad"* es *anomia*, que quiere decir rebeldía u ofensa contra la ley.

La iniquidad es un pecado oculto—no en el sentido de que usted lo comete en otro lugar, sino en el sentido de que es algo que usted no puede ver, tal como los celos. Por ejemplo, la iniquidad se da cuando usted sonríe a alguien, pero realmente siente envidia de lo que esa persona tiene. O cuando usted abraza a alguien durante el servicio y le dice, "Dios le bendiga", pero realmente usted detesta a esa persona. Eso es iniquidad. Dios dice odiar este tipo de pecado más que cualquier otro. Por lo tanto, Él dice que si nosotros voluntariamente guardamos tales cosas en nuestro corazón, no importa cuánto tiempo oremos; Él no nos escuchará.

La amargura es un pecado horroroso y peligroso. "Mirad bien, no sea que alguno deje de alcanzar la gracia de Dios; que brotando alguna raíz de amargura, os estorbe, y por ella muchos sean contaminados" (Hebreos 12:15). Para guardarnos de este pecado y que nuestras oraciones no sean impedidas, debemos mantener corazones transparentes y puros ante Dios y el hombre. *"Quítense de vosotros toda amargura, enojo, ira, gritería y maledicencia, y toda malicia. Antes sed benignos unos con otros, misericordiosos, perdonándoos unos a otros, como Dios también os perdonó a vosotros en Cristo"* (Efesios 4:31–32).

8. FALTA DE PERDÓN

Al igual que la amargura, la falta de perdón impedirá que nuestras oraciones sean contestadas bloqueando nuestra relación con Dios y con los demás. Marcos 11:25 dice, *"y cuando estéis orando, perdonad, si tenéis algo contra alguno, para que también vuestro Padre que está en los cielos os perdone a vosotros vuestras ofensas".*

La falta de perdón puede llegar a ser una presencia subyacente en nuestras vidas, aun cuando no nos damos cuenta que estamos albergándola en nuestros corazones. ¿Ha perdonado usted a su ex esposa, ex esposo, novio, o quienquiera que le enoja cada vez que usted piensa en él? ¿Qué de un miembro de la iglesia que le hirió o un amigo que le debe dinero? ¿Qué del compañero de trabajo que le hizo daño—alguien con quien usted todavía está molesto después de tres semanas, seis meses o incluso diez años? Estas cosas pueden bloquear su vida de oración porque usted está nutriendo al espíritu de falta de perdón. La Biblia dice, *"airaos, pero no pequéis; no se ponga el sol sobre vuestro enojo, ni deis lugar al diablo"* (Efesios 4:26–27). La falta de perdón no refleja el carácter de Cristo y demuestra ingratitud por el vasto perdón que Dios le ha extendido a usted. En Mateo 18:23–35, Jesús dejó muy claro este punto con la parábola del siervo que no perdonó. Si quiere que Dios escuche sus oraciones, usted debe resolver los asuntos de falta de perdón en su vida.

9. RELACIONES FAMILIARES ROTAS

Las relaciones rotas en el hogar, entre un esposo y su esposa, por ejemplo, entorpecerán nuestras oraciones. Primera de Pedro 3:7 dice, *"vosotros, maridos, igualmente, vivid con ellas sabiamente, dando honor a la mujer como a vaso más frágil, y como a coherederas de la gracia de la vida, para que vuestras oraciones no tengan estorbo"*. Lo que Pedro estaba diciendo es, "esposos, vivan con sus esposas con entendimiento y no permitan que haya antipatía entre ustedes para que sus oraciones no sean entorpecidas".

Aunque él se dirigía específicamente a los esposos, el mismo principio aplica a las relaciones entre los demás miembros de la familia, ya que la ley de la falta de perdón se aplica a todos. Como creyentes, el Espíritu de Dios habita en nosotros. Por lo tanto, debemos demostrar la naturaleza de Dios los unos para con los otros. Salmos 103:8 nos dice, *"misericordioso y clemente es Jehová; lento para la ira, y grande en misericordia. No contenderá para siempre, ni para siempre guardará el enojo. No ha hecho con nosotros conforme a nuestras iniquidades, ni nos ha pagado conforme a nuestros pecados"*. Si no demostramos el amor, la compasión, el perdón y la gracia de Dios a los demás, estaríamos representando mal a Dios. ¿Cómo entonces podríamos pedirle que cumpla Sus propósitos contestando nuestras oraciones cuando nosotros violamos esos mismos principios por la manera en que tratamos a los demás?

Mateo 5:23–24 dice,

Por tanto, si traes tu ofrenda al altar, y allí te acuerdas de que tu hermano tiene algo contra ti, deja allí tu ofrenda delante del altar, y anda, reconcíliate primero con tu hermano, y entonces ven y presenta tu ofrenda.

Si en su hogar hay relaciones rotas o hay heridas; Dios, de hecho le dice, "no vengas a la iglesia a orar. Quédate en casa reconcíliate antes de venir". Si usted trata de adorar y alabar ignorando el hecho de que sus relaciones están tensas o en enemistad, usted terminará perdiendo el tiempo ante Dios. Arregle esas relaciones y luego vaya a orar y adorar. De igual manera si usted asiste a un servicio de adoración o a una reunión de oración y Dios le muestra una relación que debe ser enmendada, ríndase al toque del Espíritu y enmiende las cosas tan pronto como pueda. *"Si es posible, en cuanto dependa de vosotros, estad en paz con todos los hombres"* (Romanos 12:17–18).

10. Ídolos

"Hijo de hombre, estos hombres han puesto sus ídolos en su corazón, y han establecido el tropiezo de su maldad delante de su rostro. ¿Acaso he de ser yo en modo alguno consultado por ellos?" (Ezequiel 14:3, el énfasis fue añadido). En este lúcido versículo Dios está diciendo, "Yo no contestaré tus oraciones si buscas ídolos". Aquí Él no está hablando de estatuas, sino que se está refiriendo a los ídolos del corazón. Debemos tener cuidado de no poner ídolos en nuestras vidas, aunque sean muy sutiles.

La televisión por cable puede ser un ídolo. Su carro puede ser un ídolo. La ropa puede ser un ídolo. Su esposa e hijos pueden ser ídolos. Un novio o una novia pueden ser un ídolo. Su reputación puede ser un ídolo. Un ídolo es todo aquello que tiene más alta prioridad que Dios.

El desplazamiento de Dios de Su legítima posición en nuestras vidas puede llegar gradualmente. Eso puede ocurrir sin que nos demos cuenta. Por eso debemos examinar nuestras vidas y establecer lo que es más importante para nosotros, cuáles son nuestras prioridades y cómo empleamos nuestro tiempo. Dios merece nuestro amor, respeto y devoción. *"Y amarás a Jehová tu Dios de todo tu corazón, y de toda tu alma, y con todas tus fuerzas"* (Deuteronomio 6:5).

11. MEZQUINDAD

Finalmente, un corazón poco generoso puede entorpecer nuestras oraciones. Proverbios 21:13 dice, *"el que cierra su oído al clamor del pobre, también él clamará, y no será oído"*. Dios nos está diciendo que si somos mezquinos, eso impedirá que nuestras oraciones sean escuchadas. ¿Cómo podemos pedirle a Dios que supla nuestras necesidades cuando no nos preocupamos por las necesidades de los menos afortunados? No obstante, si somos compasivos y generosos, si somos dadivosos, podemos estar seguros de que nuestras oraciones serán contestadas. *"El alma generosa será prosperada; y el que saciare, él también será saciado"* (Proverbios 11:25). *"El ojo misericordioso será bendito, porque dio de su pan al indigente"* (Proverbios 22:9).

Además, cuando somos generosos con Dios, Él promete que nos bendecirá abundantemente:

> *Traed todos los diezmos al alfolí y haya alimento en mi casa; y probadme ahora en esto, dice Jehová de los ejércitos, si no os abriré las ventanas de los cielos, y derramaré sobre vosotros bendición hasta que sobreabunde* (Malaquías 3:10).

DESHÁGASE DE SUS IMPEDIMENTOS

Hebreos 12:1 dice: *"Por tanto, nosotros también, teniendo en derredor nuestro tan grande nube de testigos, despojémonos de todo peso y del pecado que nos asedia, y corramos con paciencia la carrera que tenemos por delante"*. Determinemos, por medio de la gracia, remover todos los impedimentos de nuestras vidas para que vivamos en armonía con Dios y los demás, y para que nuestras oraciones sean confiadas y eficaces.

OREMOS JUNTOS

Padre celestial:
Como dice Tu Palabra, sentimos carga por las cosas que nos entorpecen espiritual y emocionalmente, también nos vemos envueltos en el pecado fácilmente. Estos estorbos nos imposibilitan establecer una relación gozosa e inquebrantable contigo, con nuestras familias, amigos, compañeros de trabajo y demás personas. Te pedimos que nos permitas tener un verdadero entendimiento de quiénes somos en Tu Hijo, Jesucristo. Ayúdanos a deshacernos cada uno de los impedimentos en nuestras vidas para que así podamos vivir libremente como Tus hijos, y, para que podamos orar en armonía con Tu voluntad y Tus propósitos para el mundo. Te pedimos esto en el nombre de Jesús, quien es nuestro Cargador—quien llevó nuestros pecados y dolores, quien nos ha sanado por medio de Sus heridas y cuyo sufrimiento nos trajo paz contigo (Isaías 53:4–5). Amén.

PONIENDO EN PRÁCTICA LA ORACIÓN

Pregúntese usted mismo:
- ¿Hay algo en mi vida que me impide tener una conciencia limpia y una comunión inquebrantable con Dios?
- ¿He confesado mis pecados delante de Dios y he pedido Su perdón?
- ¿He aceptado el perdón de Dios? ¿O todavía guardo los pecados y la culpabilidad del pasado?
- ¿He reconocido que soy hijo de Dios? ¿He pensado acerca de lo que realmente significa mi relación con Dios?
- ¿Cuáles son mis motivos para orar?
- ¿Estoy albergando amargura y falta de perdón contra alguien?

Pasos de acción:

- Si usted halla que está comenzando a dudar después de haber orado, concienzudamente reemplace esas dudas con lo que la Palabra de Dios dice sobre su situación.
- Si hay relaciones en su vida que deben ser enmendadas, pídale a Dios que le ayude a deshacerse de su amargura. Esta semana, tome un paso para reparar una de esas relaciones perdonando a alguien y pidiéndole su perdón.
- Enumere cualquier cosa que usted crea que esté colocando antes que a Dios en su vida; cosas tales como dinero, relación o carrera. Esta semana, ofrézcalas a Dios y comience a renovar su amor y compromiso con Él, empleando más tiempo en adoración y reconociendo la paternidad y soberanía de Dios en su vida.

Principios

Los mayores impedimentos para recibir respuesta a la oración son—

1. *Pecado*: Si nos humillamos, buscamos a Dios y huimos del pecado, Dios nos perdonará y escuchará nuestras oraciones (2da Crónicas 7:14).
2. *Temor*: El temor bloquea nuestras oraciones, minando así nuestra fe. Debemos aceptar el perdón de Dios y el nuevo espíritu que Él nos ha dado—uno de poder, fe y dominio propio.
3. *Culpabilidad*: Para ser libres de los sentimientos de condenación, debemos darnos cuenta que Dios no sólo nos ha *perdonado*, sino que también se ha *olvidado* de nuestros pecados; por consiguiente, podemos orar con una conciencia limpia y con seguridad.
4. *Sentimiento de inferioridad*: Como hijos amados de Dios, no debemos actuar como mendigos en nuestras oraciones. Podemos orar con confianza basados en la

Palabra de Dios, el testimonio de Jesús y en la defensa del Espíritu.

5. *Duda*: La duda entorpece nuestras oraciones porque realmente no creemos en lo que pedimos. Nosotros demostramos nuestra confianza en Dios al hacer los arreglos para el cumplimiento de nuestras peticiones.

6. *Motivos equivocados*: Cuando nuestras prioridades son correctas—colocando el reino de Dios y Su honor por sobre todas las cosas—Él escuchará nuestras oraciones y suplirá nuestras necesidades.

7. *Amargura*: Dios no escuchará nuestras oraciones si albergamos iniquidad en nuestros corazones, tales como los celos. Debemos mantener corazones transparentes y puros delante de Dios y el hombre.

8. *Falta de perdón*: La falta de perdón estorba nuestras oraciones al bloquear nuestras relaciones con Dios y los demás. Efesios 4:26–27 dice, *"Airaos, pero no pequéis; no se ponga el sol sobre vuestro enojo, ni deis lugar al diablo"*.

9. *Relaciones familiares rotas*: Dios no contestará nuestras oraciones si violamos Sus propósitos al no demostrar Su amor y gracia a los miembros de nuestra familia. Debemos enmendar toda relación rota tan pronto como nos sea posible.

10. *Ídolos*: Debemos examinar nuestras prioridades. Cualquier cosa que tenga mayor valor que Dios es un ídolo e impedirá que nuestras oraciones sean contestadas. Dios merece nuestro más alto amor y respeto.

11. *Mezquindad*: Proverbios 21:13 dice, *"El que cierra su oído al clamor del pobre, también él clamará, y no será oído"*. Si somos mezquinos, no seremos escuchados, pero si somos compasivos y generosos, nuestras oraciones serán contestadas.

Parte IV

El poder de la oración

Capítulo diez

El poder de la Palabra

Dios quiere usar Su poder en el mundo. Sin embargo, para que Él lo haga, nosotros debemos entender cómo apropiarnos de Su Palabra.

En los capítulos anteriores, hemos estudiado cómo acercarnos a Dios en oración, también vimos obstáculos e impedimentos que evitan que nuestras oraciones sean contestadas. Una vez que entendemos nuestra función como mediadores de Dios para el mundo y hemos tratado con las áreas de nuestra vida que bloquean nuestras oraciones, tenemos que asegurarnos de que entendemos el poder detrás de la oración: La Palabra de Dios, el nombre de Jesús, y, el Espíritu Santo. Exploraremos estos temas en los próximos capítulos.

En este capítulo, estudiaremos acerca del poder de la Palabra. Para entender completamente este poder, primero tenemos que recordar qué es la oración:

La oración es licencia terrenal para la interferencia celestial.

El núcleo de la oración es pedirle a Dios que intervenga en el mundo para cumplir Sus propósitos eternos para la humanidad. Entretejido a lo largo de este libro encontramos el principio de que debemos orar a Dios en base a Su Palabra— la revelación de quién Él es, cuál es Su voluntad y lo que Él ha

209

prometido. Recuerde que cuando Dios le dio al hombre dominio sobre la tierra, Él le dio la libertad de legalmente funcionar como su autoridad. Él colocó Su voluntad para la tierra en la cooperación de la voluntad del hombre. Sin embargo, aunque al hombre se le ha dado libre albedrío y autoridad sobre la tierra, esto no quiere decir que él debe hacer lo que quiera con su vida y con los recursos del mundo. Ni el hombre ni el mundo funcionarán apropiadamente o alcanzarán todo su potencial fuera de la voluntad de Dios—porque ellos fueron diseñados para funcionar en alineación con los propósitos de Dios. Así como el creador de un producto sabe cómo él diseñó ese producto para que funcionara, Dios sabe cómo nosotros debíamos funcionar y ha provisto ese conocimiento en Su Palabra.

> El propósito de Dios debe ser tanto la motivación como el contenido de nuestras oraciones.

Por consiguiente, cómo ya hemos visto, la clave para la oración eficaz yace en el entendimiento del propósito de Dios para su vida—como seres humanos en general y como individuos en particular. De esta forma, la voluntad de Dios llega a ser la autoridad de sus oraciones. La verdadera oración manifiesta lo que Dios ya ha propuesto y predestinado—el establecimiento de Sus planes para la tierra. Esto significa que lo que sea que nosotros le pidamos a Dios que haga en nuestras vidas, en la vida de los demás o en el mundo debe estar basado en Su voluntad. El propósito de Dios debe ser tanto la motivación como el contenido de nuestras oraciones. En otras palabras—

El propósito de Dios es la "materia prima" de la oración.

Es por medio de la Palabra de Dios que podemos, por medio de la fe, conocer, creer y estar de acuerdo con la voluntad de Dios. Sin la Palabra de Dios, nuestras oraciones no tienen fundamento. Éstas estarían basadas meramente en nuestras opiniones, deseos y sentimientos y no en *"la palabra de Dios que vive y permanece para siempre"* (1ra Pedro 1:23). Tales oraciones son insuficientes para efectuar un cambio.

No obstante, todo el poder de Dios está a la disposición de la persona que verdaderamente ora. Dios quiere usar Su poder en el mundo; Dios quiere usar Su poder en el mundo. Sin embargo, para que Él lo haga, nosotros debemos entender cómo apropiarnos de Su Palabra.

La oración en realidad es muy simple. Es enunciar la Palabra de Dios exactamente como Él nos la dio. No hay diferencia entre lo que se le dio a las personas de la Biblia como base para sus oraciones eficaces y lo que a usted y a mí se nos ha dado para trabajar. Ellos confiaban en lo que Dios le ha dado a toda la humanidad—Su Palabra.

Nuestro poder en la oración es la Palabra de Dios. Él ya nos ha dado esto. Nuestro trabajo es aprender como administrarlo apropiada y responsablemente (2da Timoteo 2:15). Puesto que nosotros recibimos la misma materia prima de la oración que otros creyentes han recibido, nuestra eficacia o ineficacia en la oración a menudo tiene que ver con la manera en que manejamos Su Palabra. Lo que hace la diferencia entre la oración contestada y la no contestada es nuestra manera de usar lo que Dios nos ha dado. Podremos usar correctamente la Palabra de Dios sólo cuando entendamos lo que es y cómo aplicarla.

Dios Mismo Habla en la Palabra

Primero, debemos entender que Dios mismo habla en la Palabra, porque la Palabra es quien Él es: *"En el principio era el Verbo, y el Verbo era con Dios, y* **el Verbo era Dios"** (Juan 1:1, el énfasis fue añadido). Por lo tanto, la presencia de Dios pasa a ser parte de nuestras oraciones cuando enunciamos Su Palabra en fe.

En 1ra de Reyes 19, leemos que Elías no encontró a Dios en el viento, en el terremoto o en el fuego, sino en *"un silbo apacible y delicado"* (v. 12). Aunque muchas personas quieren ver una manifestación del poder de Dios, ellos fallan en darse cuenta que la Palabra de Dios es el fundamento de ese poder—*fallan en darse cuenta que ese poder es meramente un reflejo de la grandeza de Dios mismo.* Fue su *"silbo apacible y delicado"* el que estaba detrás de las fuerzas de la naturaleza que Elías vio. El poder de la Palabra de Dios es tan grande que si nuestra fe fuera del tamaño de una semilla de mostaza, las montañas serían movidas (Véase Mateo 17:20).

La Palabra Revela la Naturaleza de Dios

Seguidamente, la Palabra revela la naturaleza de Dios—y es Su naturaleza la que refleja Su voluntad. Todo lo que Dios dice es una revelación de Su carácter y de Sus propósitos. Una vez más, Él y Su Palabra no pueden ser separados. Es por esta razón que el cumplimiento de la Palabra de Dios es un asunto de integridad personal para Él

La pregunta que debemos hacernos es esta: ¿Cómo debemos responder a lo que la Palabra revela acerca del carácter de Dios? Números 23:19 dice, *"Dios no es hombre, para que mienta, ni hijo de hombre para que se arrepienta. El dijo, ¿y no hará? Habló, ¿y no lo ejecutará?"*. ¿Confiamos en que Dios sea honorable y que Él cumplirá Su Palabra? Un principio cardinal para que la oración sea contestada es creer en la fidelidad de Aquel a quien usted le ora. El poder de sus oraciones depende de ello. La Palabra obrará en su vida sólo a medida que usted crea en ella:

> *Por lo cual también nosotros sin cesar damos gracias a Dios, de que cuando recibisteis la palabra de Dios que oísteis de nosotros, la recibisteis no como palabra de hombres, sino según es en verdad, la palabra de Dios,* **la cual actúa en vosotros los creyentes**
> (1ra Tesalonicenses 2:13, el énfasis fue añadido).

Usted demuestra que usted cree en alguien cuando muestra confianza en su palabra y carácter. Sin embargo, si usted no cree en él, usted revela que usted no le confía. Lo mismo se aplica en su relación con Dios. ¿Qué demuestra usted acerca de su creencia (o escepticismo) en Dios? Si Dios promete algo pero usted no cree que eso será cumplido, usted le está diciendo a Dios, "no tengo fe en Ti". Usted podría pensar, "¡Oh, yo nunca le diría eso a Dios!" Con todo,

La fe es confianza en acción.

eso es lo que usted estaría diciéndole siempre que usted no crea en Su Palabra.

Su fe es la evidencia de que usted confía en Dios. A Él no le impresiona cuantos pasajes bíblicos usted pueda citar o cuanto tiempo usted ora. Él es conmovido y convencido cuando usted cree en lo que Él le ha dicho y cuando usted lo comprueba con sus acciones. *La fe es confianza en acción.*

LA PALABRA ES VIVA

Es más, hay poder en la Palabra, porque para nosotros la Palabra no es solamente conocimiento y hechos, es vida misma.

Aplicad vuestro corazón a todas las palabras que yo os testifico hoy, para que las mandéis a vuestros hijos, a fin de que cuiden de cumplir todas las palabras de esta ley. Porque no os es cosa vana; es vuestra vida, y por medio de esta ley haréis prolongar vuestros días sobre la tierra adonde vais, pasando el Jordán, para tomar posesión de ella (Deuteronomio 32:46–47).

El espíritu es el que da vida; la carne para nada aprovecha; las palabras que yo os he hablado son espíritu y son vida (Juan 6:63).

Siendo renacidos, no de simiente corruptible, sino de incorruptible, por la palabra de Dios que vive y permanece para siempre. Porque: Toda carne es como hierba, y toda la gloria del hombre como flor de la hierba. La hierba se seca, y la flor se cae; mas la palabra del Señor permanece para siempre. Y esta es la palabra que por el evangelio os ha sido anunciada (1ra Pedro 1:23–25).

Porque la palabra de Dios es viva y eficaz, y más cortante que toda espada de dos filos; y penetra hasta partir el alma y el espíritu, las coyunturas y los tuétanos, y discierne los pensamientos y las intenciones del corazón (Hebreos 4:12).

¡La Palabra es viva—así de poderosa es! ¿Qué usó Dios para crear el mundo? *"[El verbo] era en el principio con Dios. Todas las cosas por él fueron hechas, y sin él nada de lo que ha sido hecho, fue hecho"* (Juan 1:2–3).

¿Qué le dio Dios a Abraham para hacerle creer? *"Entonces Abram se postró sobre su rostro, y **Dios habló con él, diciendo**: He aquí mi pacto es contigo, y serás padre de muchedumbre de gentes"* (Génesis 17:3–4, el énfasis fue añadido).

¿Qué le dio Dios a Moisés que le hizo tan exitoso? *"Viendo Jehová que él iba a ver, **lo llamó Dios** de en medio de la zarza, y dijo: ¡Moisés, Moisés! Y él respondió: Heme aquí"* (Éxodo 3:4, el énfasis fue añadido; véase también los versículos 5–10).

¿Qué le dio Dios a Ezequiel para que éste se convirtiera en un profeta poderoso? Cincuenta veces en el libro de Ezequiel, el profeta reportó, *"vino a mí palabra de Jehová"* (Véase, por ejemplo, Ezequiel 3:16).

¿Qué envió Dios al mundo para redimirlo? *"Y aquel Verbo fue hecho carne, y habitó entre nosotros (y vimos su gloria, gloria como del unigénito del Padre), lleno de gracia y de verdad"* (Juan 1:14).

¿Qué le dio Jesús a Sus discípulos para que fueran salvos y santificados? *"El que oye mi palabra, y cree al que me envió, tiene vida eterna; y no vendrá a condenación, mas ha pasado de muerte a vida"* (Juan 5:24). *"Ya vosotros estáis limpios por la palabra que os he hablado"* (Juan 15:3). *"Santifícalos en tu verdad; tu palabra es verdad"* (Juan 17:17).

¿Qué usaron los discípulos para continuar con el ministerio de Jesús en la tierra?

> *"Y ahora, Señor, mira sus amenazas, y **concede a tus siervos que con todo denuedo hablen tu palabra**"...Cuando hubieron orado, el lugar en que estaban congregados tembló; y todos fueron llenos del Espíritu Santo, **y hablaban con denuedo la palabra de Dios*** (Hechos 4:29, 31, el énfasis fue añadido).

La Palabra es viva y actúa a nuestro favor. Probablemente nadie citó las Escrituras más que Jesús. Cuando Él fue tentado por el diablo en el desierto, ¿qué hizo Él? Cada vez, Él le dio al diablo Palabra de Dios, diciendo: *"Escrito está"* (Mateo

4:4, 7, 10). Jesús conocía tan bien la Palabra que Él no fue engañado cuando el enemigo intentaba distorsionarla (Véase el versículo 6). Dios cuida Su Palabra para así cumplirla (Jeremías 1:12). Es por esa razón que cuando Jesús habló la Palabra en fe, Dios la cumplió, y Cristo venció la tentación.

¿Qué hacemos normalmente cuando somos tentados? Decimos algo como, "diablo te ato. Tienes que irte de mi lado. El Señor es más fuerte que tú. Protégeme, Señor". Jesús no dijo nada de eso. Él solamente citó la Palabra. Dios es el Dios de la Palabra. Él dice: *"Mi palabra que sale de mi boca; no volverá a mí vacía, sino que hará lo que yo quiero, y será prosperada en aquello para que la envié"* (Isaías 55:11). Si la iglesia creyera en las Escrituras, podría estremecer al mundo. A la Palabra de Dios no le falta poder. Como dijera Jesús, "porque todas las cosas son posibles por medio de la Palabra de Dios" (Véase Marcos 10:27).

No obstante, debemos recordar que, si queremos que la Palabra obre poderosamente en nuestras vidas, debemos asegurarnos que vive en nosotros. Jesús dijo: *"Si permanecen en mí y mis palabras permanecen* [viven] *en ustedes, lo que quieran pedir se les concederá"* (Juan 15:7, NVI). Quizás usted haya leído este versículo y lo haya puesto a prueba, pero no le funcionó. Quizás usted ni siquiera intenta aplicar este versículo a su vida de nuevo; para usted es simplemente un pasaje que suena bien. Sin embargo, Cristo nos estaba dando la clave del éxito. ¿Cuál es la primera palabra en el versículo? *"Si"*. A nosotros nos gusta la parte de *"se les concederá"*, pero muy a menudo se nos olvida el *"si"*.

Hay dos condiciones para que las oraciones sean contestadas: *"Si permanecen en mí"* y *"*[si] *mis palabras permanecen en ustedes"*. Primero, ¿qué significa para usted el permanecer en Cristo? Esto quiere decir fluir constantemente en comunión espiritual con Él. Usted logra eso al confraternizar con Él y adorarle, al ayunar y orar.

Segundo, ¿qué significa el que Sus palabras permanezcan o vivan en usted? He aquí como usted puede comprobar que la Palabra está en usted: ¿Qué es lo primero que sale de su boca cuando usted está bajo presión? ¿Es una afirmación de la fe? ¿O es temor, confusión, frustración, duda o enojo?

Sabemos que la Palabra verdaderamente habita en nosotros cuando ésta dirige nuestros pensamientos y acciones.

Usted no puede hacer que la Palabra habite en usted manteniéndola en un librero de la casa. Usted no puede hacer que la Palabra penetre su espíritu si la coloca bajo la almohada durante la noche esperando absorberla por osmosis. Como tampoco puede usted hacer que la Palabra viva en usted solamente porque alguien se la predica. La predicación solamente aviva la fe. La Palabra ya debe habitar en usted. Usted debe leer y meditar en la Palabra regularmente.

Jesús nos dio la condición: *"Si...mis palabras permanecen en ustedes"*, para que la última parte del versículo, la cual tiene que ver con la oración, pudiera ser cumplida en nosotros: *"lo que quieran pedir se les concederá".*

Dios ejecuta Su Palabra—no sus sugerencias o sentimientos.

Si Sus palabras permanecen en usted, entonces lo que usted desee y pida reflejará esas palabras. ¿Ve usted la conexión? Si está lleno de la Palabra, entonces usted no pedirá por pedir. Usted pedirá basado en Su Palabra, cosa que Él busca cumplir.

Recuerde que muchas de nuestras oraciones no son contestadas porque oramos por cosas que Él nunca nos pidió que oráramos. No obstante, cuando oramos conforme a Su Palabra, saber que orando de acuerdo con la voluntad de Dios. Dios ejecuta Su Palabra y nada más. Él no ejecuta sus sugerencias o sentimientos. Él no ejecuta su perspectiva de las cosas. Por lo tanto, si no le presenta Su Palabra, usted no podrá experimentar el *"lo que quieran pedir se les concederá".* Con demasiada frecuencia pensamos que la frase *"pedid todo lo que queréis"* significa que podemos pedir cualquier cosa. Pero a lo que Cristo se refería, de hecho, era a que "si Mi Palabra permanece en ustedes, entonces ustedes pueden pedir de lo que permanece en ustedes y será hecho". Ese es el poder de la Palabra.

La Palabra Edifica la Fe

La Palabra también es poderosa porque produce en nosotros algo que agrada a Dios y le induce a contestar

El poder de la Palabra

nuestras peticiones: *fe*. Como ya hemos visto, la Palabra de Dios es la made de toda la fe. *"Así que la fe es por el oír, y el oír, por la palabra de Dios"* (Romanos 10:17). *"Por la fe entendemos haber sido constituido el universo por la palabra de Dios, de modo que lo que se ve fue hecho de lo que no se veía"* (Hebreos 11:3). La fe es el resultado de vivir en la Palabra y con ella. Cuando la Palabra de Dios es vivida y practicada en nuestras vidas, ésta se vuelve poderosa para nosotros.

La meta para el resto de su vida debería ser edificar su fe, ya que la Biblia deja en claro que por medio de la fe es que vivimos: *"el justo por su fe vivirá"* (Habacuc 2:4, véase también Romanos 1:7; Gálatas 3:11; Hebreos 10:38). Vivimos por fe, no por vista (2da Corintios 5:7).

Con Cristo estoy juntamente crucificado, y ya no vivo yo, mas vive Cristo en mí; y lo que ahora vivo en la carne, lo vivo en la fe del Hijo de Dios, el cual me amó y se entregó a sí mismo por mí (Gálatas 2:20).

Usted debe trabajar en eso llamado fe—fe en Dios y Su Palabra. Jesús dijo: *"Escrito está: No sólo de pan vivirá el hombre, sino de toda palabra que sale de la boca de Dios"* (Mateo 4:4). Su fe necesita ser alimentada. Necesita alimentarse de la Palabra, si es que usted desea ser sustentado espiritualmente. Alimente su fe cumpliendo con la Palabra de Dios y luego asegúrese de actuar conforme a la Palabra. Esto es muy importante. La palabra del hombre refleja lo que el hombre es; la Palabra de Dios refleja lo que Dios es. Si quiere vivir como hijo de Dios, entonces usted debe creer en Su Palabra.

> Tener fe es simplemente tomarle a Dios Su Palabra.

Tener fe quiere decir tener convicción total con respecto a las promesas de Dios para el hombre. Creer en Dios es simplemente tomarle a Dios Su Palabra, hacer peticiones basados en Su Palabra y conducirnos como si somos dueños del título de propiedad que Él nos ha prometido. Recuerde que es mejor, más seguro, más saludable y más razonable vivir en fe que vivir en la duda y de ilusiones. Las personas que viven en la duda y de ilusiones viven con hipertensión, frustración, tensión y enojo. Viven enojados con el mundo porque no pueden ver más allá de su débil esperanza. Sin embargo, aquellos que viven por fe desafían el entendimiento mundano. Ellos tienen paz y gozo aun cuando estén pasando por situaciones difíciles. Al igual que Jesús, ellos pueden dormir en medio de la tormenta.

Dios dice, "no se supone que viva por lo que ves, sino por lo que Yo te he dicho" (Véase 2da Corintios 5:7). Eso significa que *lo que usted sabe es más importante que lo que usted ve*. Mucho de lo que se ve contradice lo que usted sabe de la Palabra de Dios. Cuando camina conforme a lo que sabe, eso vencerá lo que usted ve. Lo que ve puede deprimirle. Puede que usted ve problemas. Sin embargo, si usted sabe que Dios le librará de toda tribulación (2da Timoteo 4:18), entonces en lo que a usted respecta, en realidad no tiene problemas; simplemente usted está experimentando una molestia pasajera.

Ya dejé de usar la palabra *problemas*. No he tenido "problemas" por casi treinta años. ¿Por qué? Porque entiendo que todo lo que hay en el mundo está bajo el mandato de Dios, incluso el mismo diablo. Es por esa razón que la Biblia dice, *"Y sabemos que a los que aman a Dios, todas las cosas les ayudan a bien, esto es, a los que conforme a su propósito son llamados"* (Romanos 8:28). Todo obra para bien, no importa lo que sea, porque yo fui llamado de acuerdo al propósito y la voluntad de Dios. Es debido a la voluntad de Dios que yo vivo confiado en el conocimiento de que Él llama *"las cosas que no son, como si fuesen"* (Romanos 4:17). Si vivo solamente por lo que veo, estoy viviendo en pecado. *"Todo lo que no proviene de fe, es pecado"* (Romanos 14:23). Hay muchos de estos pecadores en la iglesia—personas que se rebelan contra la voluntad de Dios porque viven solamente por lo que ven. La fe crece surge de una fuente—la Palabra de Dios.

Dios ha prometido ciertas cosas y todas Sus promesas ya son "sí" (Véase 2da Corintios 1:18–20). En otras palabras, él quiere darle todo lo que Él prometió. Algunas de las promesas bíblicas fueron dadas a una persona o a un grupo específicos.

El poder de la Palabra

Pero la Biblia indica que Jesús hizo Sus promesas accesibles para todos. *"Todas las promesas que ha hecho Dios son "sí" en Cristo"* (2ᵈᵃ Corintios 1:20, NVI). Jesús diseñó el contrato que Dios le dio a una persona o grupo específicos, es un contrato para todos. No obstante, usted debe calificar de la misma manera que ellos tuvieron que calificar—usando su fe. Una vez que usted conoce la promesa, ya no tiene que decir, "si es la voluntad de Dios". Una persona ora de esa manera cuando no está segura de algo. Dios no va en contra de lo que ya prometió. Por esa razón, el orar con la Palabra es tan importante.

Algunas veces Dios le colocará en un rincón y quitará todas las demás alternativas porque Él quiere mostrarle Su poder milagroso. Quizás usted se enfrente a una situación difícil y ha llegado hasta decir, "ya lo intenté todo. Todo lo que me queda es lo que Dios me dijo". Siempre que Dios le reduce a Su Palabra, si eso es todo lo que le queda, ¡usted esta por recibir un milagro! Mientras que tenga un esquema en que apoyarse, usted no verá el milagro. Sin embargo, cuando usted dice, "no puedo hacer nada más; no sé qué hacer. Si Dios no me responde estaré perdido", ahí es cuando Dios dice, "¡Me gusta esta situación. Me involucraré en esto, porque Me gusta hacer lo imposible!"

Si usted tiene fe en la Palabra de Dios, Él tomará eso que parece "imposible" y lo hará parecer como algo rutinario. Él hizo que Sara (en el Antiguo Testamento) y Elisabet (en el Nuevo Testamento) concibieran hijos cuando eran estériles y habían pasado su edad de maternidad. Él hizo que María fuera la madre de Jesús aun cuando ella no se había casado y todavía era virgen. Me gusta la respuesta que María le dio al ángel que le trajo las nuevas: *"He aquí la sierva del Señor; hágase conmigo conforme a tu palabra"* (Lucas 1:38). En otras palabras, "Señor, haz lo que quieras hacer".

Su circunstancia "problemática" emociona a Dios porque él sabe que ahora usted tiene que depender de la fe, la cual le capacita para recibir Su promesa. Los sueños de Dios siempre van en contraste con sus dificultades. Dios sabe cómo usted ve las cosas. Él le da la promesa antes de la bendición para que cuando la bendición llegue, usted sepa que proviene de Él.

Todo lo que tengo, lo he recibido por medio de la oración. Cuando usted ora a Dios con Su Palabra, las cosas que antes eran limitadas, de repente comienzan a ampliarse. Usted dirá, "¡pero yo he tratado de lograr eso por diez años!" Sí, pero quizás usted no ha orado conforme a la Palabra de Dios ni ha creído en la fidelidad de Dios sino hasta ahora. La fe abrirá las puertas que el arduo trabajo no pudo abrir. Dios dice que

> La fe abrirá las puertas que el arduo trabajo no pudo abrir.

si cree en Él, Él le dará lo mejor y la abundancia de la tierra (Véase Génesis 45:18). Por ejemplo, tendrá la mejor posición en su lugar de trabajo. Dios le pondrá en una posición más baja para así probar su actitud. Él le mantendrá ahí hasta desarrollar su carácter. Una vez que usted califique, Dios dirá, "¡es hora de subir!" Aun cuando algunas personas traten de obstaculizarle, la oración truncará sus planes. Espere que Dios actúe y busque el cumplimiento de la promesa—o le pasará por el lado.

Cuando la iglesia local en Jerusalén se reunión y oró por Pedro, mientras él estaba en prisión por predicar el Evangelio, un ángel le libró de la prisión. Pedro fue a la casa donde muchos de los creyentes estaban orando y tocó a la puerta. Cuando los creyentes vieron que era Pedro, ellos estaban maravillados, aunque habían orado por su libertad (Véase Hechos 12:1–6). Creo que ellos se sorprendieron por varias razones: Primero, ellos realmente no creían en el poder de la oración. Segundo, ellos no creían que Dios podría librar a Pedro de las condiciones difíciles a las que se enfrentaba. Tercero, ellos no creían que Dios podía contestar la oración tan rápidamente. ¿Se enfrenta usted a circunstancias difíciles? ¿Espera usted que Dios le libre, o piensa usted al igual que esos creyentes? Dios puede contestar rápidamente—a cualquier situación.

Veamos lo que podría ser considerado el mejor pasaje sobre la oración. Primera de Juan 5:13–15 une todo lo que hemos estado discutiendo. Este pasaje inicia con, *"estas cosas os he escrito a vosotros que creéis en el nombre del Hijo de Dios..."* (v. 13). ¿Se aplica este versículo a usted? *"...para que sepáis que tenéis vida eternal"* (v. 13). Lo que Juan estaba diciendo era, "les escribo estas cosas para que sepan que ustedes están conectados a Dios". Luego dijo, *"esta es la confianza que tenemos en él"* (v. 14). ¿Cuál es esa confianza? *"...que si demandáremos alguna cosa conforme á su voluntad, él nos oye"* (v. 14).

Nuevamente aquí hallamos ese condicional *"si"*: *"si demandáremos alguna cosa conforme á su voluntad..."*, la Palabra de Dios es Su voluntad. Su Palabra es Su deseo, Su deseo es Su intención y Su intención es Su propósito. *"Si demandáremos alguna cosa conforme á su voluntad, él nos oye"* Puede estar seguro de que Dios siempre escucha sus oraciones—cien por ciento de las veces—cuando usted ora conforme a Su voluntad. ¿A quién escucha Dios cuando usted ora enunciando Su Palabra? A Sí mismo. Dios le escuchará cuando Él escuche las palabras que Él mismo ha hablado.

¿Hay algo importante en la oración más que el hecho de que Dios le escuche? El pasaje nos dice lo que ocurre cuando esto toma lugar: *"Y si sabemos que él nos oye en cualquiera cosa que demandáremos, sabemos que **tenemos** las peticiones que le hubiéremos demandado"* (v. 15, el énfasis fue añadido).

El plan de Dios para su vida es mucho más grande que sus propios planes. No obstante, para entrar en ese plan, usted tiene que creer y afirmarlo con lo que dice. La razón por la cual la vida de Jesús fue tan exitosa es porque Él no habló Sus propias palabras; Él habló las palabras de Dios, el Padre.

Porque yo no he hablado por mi propia cuenta; el Padre que me envió, él me dio mandamiento de lo que he de decir, y de lo que he de hablar. Y sé que su mandamiento es vida eterna. Así pues, lo que yo hablo, lo hablo como el Padre me lo ha dicho (Juan 12:49–50).

Las palabras que yo os hablo, no las hablo por mi propia cuenta, sino que el Padre que mora en mí, él hace las obras...El que no me ama, no guarda mis palabras; y la palabra que habéis oído no es mía, sino del Padre que me envió (Juan 14:10, 24).

¿Necesitamos algo más claro que esto? Este es el secreto para vivir una victoriosa vida de fe. Fue una de las claves principales para el poder de Jesús en la tierra. Jesucristo no inventó palabras para decir. Él siempre oró a Dios usando lo que Dios dijo primero. ¿Por qué? Una vez más, es porque Dios cuida Su Palabra para así cumplirla. Las obras de Jesús fueron las obras del Padre porque Sus palabras eran las palabras del Padre. Sus milagros fueron los milagros del Padre porque Sus palabras eran las palabras del Padre. Él sabía quién Él era, lo que Él creía y lo que decía, esa combinación le trajo la victoria sobre la tierra.

La Palabra Dice Mucho Acerca de la Oración

Otra razón por la cual la Biblia edifica la fe—y, por consiguiente, da poder—es que es el más grande Libro que se haya escrito acerca de cómo Dios contesta las oraciones de fe de Su pueblo. Hebreos 11:2 dice que los *"antiguos"* fueron elogiados por el hecho de que ellos no vivieron por lo que vieron, sino por lo que Dios les había dicho. Ellos creyeron y actuaron sobre ello y les funcionó.

Los hombres y mujeres de la Biblia no fueron súper santos. Ellos fueron personas como nosotros. Ellos recibieron respuesta a sus oraciones a medida que ponían su fe en Dios, confiando en Su carácter y en Su Palabra. La Biblia deja esto en claro:

> *Elías era hombre sujeto a pasiones semejantes a las nuestras, y oró fervientemente para que no lloviese, y no llovió sobre la tierra por tres años y seis meses. Y otra vez oró, y el cielo dio lluvia, y la tierra produjo su fruto* (Santiago 5:17–18).

Las Escrituras dicen que *"Dios no hace acepción de personas"* (Hechos 10:34). Esto significa que Él no nos tratará de diferente manera que trató a los creyentes de tiempos pasados, excepto que ahora tenemos una ventaja adicional—la expiación y las oraciones de Cristo en nuestro favor, como también la intercesión del Espíritu. Es por medio de los poderosos ejemplos de los creyentes de la Biblia que somos instados a tener fe en que Dios puede e intervendrá en nuestro favor. He aquí algunos ejemplos:

- Un siervo (el principal de los siervos de Abraham) y un rey (Salomón) pidieron sabiduría, en ambos casos Dios la otorgó (Véase Génesis 24:1–27; 1ra Reyes 3:4–14).
- Ana le pidió a Dios que la bendijera y que la librara de su aflicción, Dios le otorgó lo que pidió (Véase 1ra Samuel 1:1–20).
- Moisés y Daniel intercedieron por la nación de Israel, Dios escuchó y contestó en Su misericordia (Véase Éxodo 32:1; Daniel 9).
- Nehemías oró por la restauración de Jerusalén (Nehemías 1:1–11) y se le otorgó el favor y la protección para su obra en la reconstrucción de los muros (Véase el libro de Nehemías).
- Tanto Ana como Simeón, después de toda una vida de fiel devoción a Dios, recibieron señales que confirmaron la promesa de Dios por un Redentor (Véase Lucas 2:25–38) (Hechos 1:14; 2:1–4).
- Pablo y Cornelio recibieron conocimiento concerniente al camino de salvación después de haber orado (Véase Hechos 9:1–20, específicamente el versículo 11; Hechos 10).
- Jesús, durante Su bautismo (Lucas 3:21), y los discípulos, en el Día de Pentecostés (Hechos 1:14; 2:1–4) recibieron el Espíritu Santo después de orar.
- Pedro y Juan recibieron revelación y visión mientras oraban (Véase Hechos 10:9–15; 11:1–18; Apocalipsis 1:9–10).
- Pablo y Silas fueron liberados de la prisión después de haber orado y cantado a Dios (Véase Hechos 16:16–34).

Leyendo sobre la vida de estos creyentes, nos damos cuenta que muchos de ellos luchaban con las dudas, se inclinaban a cometer errores y fracasos, y, tuvieron que aprender por experiencia propia. Sin embargo, también vemos la fidelidad y el amor de Dios al enseñarles Sus caminos, salir a su rescate y fortalecerles para cumplir los propósitos que Él tenía en mente para ellos. La Biblia está llena de estas historias sobre el poder de Dios para salvar, sanar y bendecir. Estos relatos son los mensajes de fe de Dios para nosotros, los cuales también nos dicen que Él intervendrá a favor nuestro. Nosotros somos sus hijos amados; hemos sido redimidos por Su Hijo y estamos siendo preparados para gobernar y reinar con Él en la eternidad. *"El que no escatimó ni a su propio Hijo, sino que lo entregó por todos nosotros, ¿cómo no nos dará también con él todas las cosas?"* (Romanos 8:32).

La Palabra Prepara al que Ora para que Ore

Por último, por medio de la oración la Palabra nos da poder permitiéndonos prepararnos para recibir dicho poder y para mantener nuestra comunión con Dios. Salmos 119 nos dice que cuando nosotros tomamos la Palabra de corazón, ésta mantendrá nuestras vidas en línea con la voluntad de Dios para que nada nos impida caminar en Sus caminos y recibir respuesta a nuestras oraciones: *"Bienaventurados los que guardan sus testimonios, y con todo el corazón le buscan; pues no hacen iniquidad los que andan en sus caminos...En mi corazón he guardado tus dichos, para no pecar contra ti"* (vv. 2–3, 11).

Como aprendimos anteriormente, Aarón debía prepararse antes de entrar en la presencia de Dios para ofrecer sacrificios en el Día de la Expiación. Nosotros debemos ofrecer nuestras vidas cada día como sacrificio vivo delante de Dios para que podamos continuar nuestra confraternidad con Él. *"Así que, hermanos, os ruego por las misericordias de Dios, que presentéis vuestros cuerpos en sacrificio vivo, santo, agradable a Dios, que es vuestro culto racional"* (Romanos 12:1). Luego, a medida que nuestras mentes sean transformadas por la lectura y meditación de la Palabra, conoceremos la voluntad de Dios y oraremos confiada y eficazmente:

*No se amolden al mundo actual, sino sean transformados mediante la renovación de su mente. **Así podrán*** *comprobar cuál es la voluntad de Dios, buena, agradable y perfecta* (v. 2, el énfasis fue añadido).

¡Que tremendo regalo es la Palabra de Dios para nosotros! Ésta nos da el poder para conocer y hacer la voluntad de Dios, el poder para orar con certeza y denuedo en todas las situaciones y el poder para saber que Dios nos escucha cuando oramos conforme a Su voluntad. *"Y si sabemos que Dios oye todas nuestras oraciones, podemos estar seguros de que ya tenemos lo que le hemos pedido"* (1ra Juan 5:15).

OREMOS JUNTOS

Padre celestial:
Tú haz dicho que los que escuchan Tu Palabra y la reciben, los que permiten que penetre en sus corazones, son como el buen terreno (Mateo 13:23). Con todo, el poder está en la Palabra. Es la Palabra la que da buen fruto en nosotros y brota en nosotros para vida eterna. Te pedimos que cumplas Tu Palabra en nuestras vidas. Haznos en terreno fértil que da buen fruto. Tu Palabra nos hace creer que Tú contestarás las oraciones presentadas en fe y de acuerdo a Tu voluntad. Estamos de acuerdo contigo en que todas nuestras oraciones serán contestadas con un "sí". Nos prepararemos y estaremos a la expectativa de la respuesta. Danos la confianza de que si Tú lo dijiste, lo harás; si Tú lo prometiste, será hecho. Gracias por tu Palabra. Gracias por la fe que nos has dado. Ayúdanos a esperar un milagro. Oramos en el nombre de Jesús, nuestro Sumo Sacerdote, quien se sienta a Tu diestra e intercede por nosotros. Amén.

PONIENDO EN PRÁCTICA LA ORACIÓN

Pregúntese usted mismo:
- Un principio cardinal para que la oración sea contestada es que yo creo en la fidelidad de Aquel a quien le oro. ¿Creo yo que Dios es honorable y Él cumplirá Su Palabra?

- ¿Creo que la Palabra es viva y actúa a mi favor, o es que la lectura de la Biblia es nada más que una obligación religiosa para mí?
- Cuando leo en la Biblia acerca de que Dios contesta las oraciones de Su pueblo, ¿permito que eso edifique mi fe para mis propias circunstancias, o pienso que simplemente estoy leyendo historias interesantes?

Pasos de acción:
- Enfóquese esta semana en vivir en Cristo y que Sus palabras vivan en usted (Juan 15:7), para que así la Palabra habite en usted y obre poderosamente en su vida. Tome tiempo para adorar y confraternizar con Dios, leyendo y meditando en Su Palabra, orando y ayunando.
- Medite en los versículos que hablan sobre las diferentes necesidades en su vida para que así pueda edificar su fe en Dios y en Su Palabra. (Por ejemplo, *sabiduría*: Santiago 1:5; *salvación*: Juan 3:16; *sanidad*: 1ra Pedro 2:24; *finanzas*: Filipenses 4:19; *prosperidad*: Isaías 1:19–20; *provisión*: Mateo 7:11).
- Examine la vida de tres personajes bíblicos que ofrecieron oraciones eficaces ante Dios. ¿Cómo fueron sus oraciones? ¿Cómo eran sus vidas? ¿Qué les había prometido Dios? Escriba los datos que encuentre y úselos como referencias para cuando usted se halle en situaciones similares.

Principios

1. Lo que sea que le pidamos a Dios que haga en nuestras vidas, en la vida de los demás o en el mundo, debemos basarlo en Su Palabra. El propósito de Dios debe ser tanto la motivación como el contenido de nuestras oraciones.
2. Sin la Palabra de Dios como base, nuestras oraciones no tienen fundamento. Éstas estarían basadas meramente

en nuestras opiniones, deseos y sentimientos. Tales oraciones son insuficientes para efectuar un cambio.

3. La oración es enunciar la Palabra de Dios exactamente como Él nos la dio.

4. No hay diferencia entre lo que Dios le dio a las personas de la Biblia como base para sus oraciones eficaces y lo que a usted y a mí se nos ha dado para trabajar. Ambos confiamos en lo que Dios le ha dado a toda la humanidad— Su Palabra.

5. Dios quiere usar Su poder en el mundo. Sin embargo, para que Él lo haga, nosotros debemos saber cómo apropiarnos de Su Palabra. Debemos entender lo que es y cómo aplicarla.

6. Dios mismo habla en la Palabra.

7. La Palabra de Dios es el fundamento de Su poder. Su poder es un reflejo de Su grandeza.

8. La Palabra nos revela la naturaleza de Dios.

9. Un principio cardinal para que la oración sea contestada es creer en la fidelidad de Aquel a quien usted le ora. La fe es confianza en acción.

10. La Palabra es viva y actúa a nuestro favor.

11. La Palabra edifica nuestra fe.

12. La Palabra dice mucho acerca de cómo Dios contesta las oraciones de los creyentes.

13. La Palabra prepara al que ora para que ore.

Capítulo once

El poder del nombre de Jesús

Debemos poder usar legalmente la autoridad detrás del poder del nombre Jesús para así obtener resultados en la oración.

U no de los elementos más importantes de la eficacia de la oración es usar el nombre de Jesús. Además de orar conforme a la Palabra, orar en el nombre de Jesús le da a nuestras oraciones un tremendo poder

¿Es una Fórmula Mágica?

Las oraciones de muchos creyentes no son contestadas porque ellos malinterpretan lo que significa orar en el nombre de Jesús. Tenemos la tendencia a pensar que podemos elevar cualquier tipo de oración y decir, "en el nombre de Jesús, Amén", creyendo que sólo la frase es lo que hace que nuestras oraciones tengan efectividad con Dios. No funciona de esa manera.

No deberíamos intentar de dignificar o santificar nuestras oraciones adhiriendo el nombre de Jesús al final. Como aprendimos en los capítulos anteriores, el nombre de Jesús no es una fórmula mágica o una contraseña que garantiza la aceptación automática de nuestras oraciones. Cuando la Biblia dice que debemos orar en el nombre de Jesús, ésta no se refiere a la palabra *J-e-s-ú-s* como tal, porque esa es simplemente una palabra española para identificar al Hijo de

229

Dios; otros idiomas traducen Su nombre usando diferentes palabras. De manera que, no es la palabra, sino lo que el nombre representa lo que hace la diferencia. Si su nombre fuera Bill Gates, eso no quiere decir que usted tiene billones de dólares. Si usted se llamara Sarah Hughes, eso no quiere decir que usted ganó una medalla de oro en patinaje sobre hielo. Las palabras en sí no significan nada a menos que haya substancia y realidad detrás de ellas. De igual forma, nuestra oración no es eficaz solamente porque usamos la palabra *Jesús*, sino por entender el significado de quién Él es realmente y de apropiarnos de Su poder por medio de la fe en Su nombre.

En el libro de Hechos, vemos una clara demostración de esta verdad en el relato de los hijos de Esceva.

Pero algunos de los judíos, exorcistas ambulantes, intentaron invocar el nombre del Señor Jesús sobre los que tenían espíritus malos, diciendo: Os conjuro por Jesús, el que predica Pablo. Había siete hijos de un tal Esceva, judío, jefe de los sacerdotes, que hacían esto. Pero respondiendo el espíritu malo, dijo: A Jesús conozco, y sé quién es Pablo; pero vosotros, ¿quiénes sois? Y el hombre en quien estaba el espíritu malo, saltando sobre ellos y dominándolos, pudo más que ellos, de tal manera que huyeron de aquella casa desnudos y heridos. Y esto fue notorio a todos los que habitaban en Efeso, así judíos como griegos; y tuvieron temor todos ellos, y era magnificado el nombre del Señor Jesús (Hechos 19:13–17).

Esta historia revela que alguien puede usar el nombre de *Jesús* las veces que quiera, pero no tendrá autoridad sobre el diablo si (1) él no tiene una relación apropiada con Cristo, y (2) si él no entiende cómo usar el nombre de Jesús. *Debemos poder usar legalmente la autoridad detrás del poder del nombre Jesús para así obtener resultados en la oración.*

Piense en esto: ¿Qué dice la ley acerca de alguien que usa el nombre de otra persona sin tener autoridad legal para hacerlo? La ley le llama a esto fraude. Suponga que usted fue al banco y dijo que quería retirar dinero de su cuenta. El cajero le pedirá su identificación. En otras palabras, él no necesariamente le tomará la palabra, sino que requerirá algo más profundo—una prueba de identidad. Si usted le dijera, "Oh, dejé mi identificación en casa", él le contestará, "entonces usted tendrá que dejar el dinero en el banco". O suponga que usted se robó un cheque que estaba a mi nombre, lo endosó falsificando mi firma e intentó cambiarlo. El cajero revisará su escritura con un ejemplar de mi firma registrada. Cuando él vea que son diferentes, él llamará a seguridad y dirá, "detengan a esta persona hasta que llegue la policía".

La mayoría de nosotros no pensaría en cometer fraude en un banco, pero todo el tiempo hacemos algo similar en la oración. Oramos mucho diciendo, "en el nombre de Jesús". El Padre dice, "Muéstrame tu identificación. ¿Tienes una buena relación con Mi Hijo? ¿Oras basado en la rectitud de Cristo o en tus propios méritos? ¿Entiendes quién es mi Hijo y crees en Su autoridad y poder?" Al igual que los hijos de Esceva se dieron cuenta, no hay resultados si oramos en el nombre de Jesús sin saber quién es Él y sin orar en fe de acuerdo a ese conocimiento.

NUESTROS DERECHOS EN EL PACTO

Dios no nos debe nada. No podemos reclamarle nada fuera de la obra de gracia de Cristo en nuestro favor. Cristo nos redimió de nuestros pecados o transgresiones (Efesios 1:7). Cuando usted comete una transgresión, usted hace algo ilegal. De manera similar, alguien que no conoce a Dios o no tiene la apropiada relación con Dios por medio de Cristo no puede legalmente tratar sus negocios con Dios. Con todo, por medio de Jesús podemos ser perdonados de nuestras transgresiones. Él canceló nuestro pecado por medio de Su sacrificio en la cruz y nos libró del poder del pecado, por eso ahora tenemos acceso legal a Dios por medio de Su nombre. Nadie puede reclamar el poder del nombre de Jesús sin tener derecho oficial como hijo de Dios. *"Mas a todos los que le recibieron, a los que creen en su nombre, les dio potestad de ser hechos hijos de Dios"* (Juan 1:12). Y recuerde que, debido a que Jesús ganó nuevamente el dominio del hombre sobre la tierra, ahora nosotros también podemos gobernar legalmente sobre la tierra por medio de Su autoridad.

La autoridad que nos fue conferida en Su nombre por medio de la oración es una autoridad en el pacto; la cual está basada en nuestra relación de pacto con Dios por medio de Cristo. *"Pero ahora tanto mejor ministerio es el suyo, cuanto es mediador de un mejor pacto, establecido sobre mejores promesas"* (Hebreos 8:6). Podemos orar a Dios directamente por medio del nombre de Jesús porque Él nos ha dado autoridad para hacerlo basado en el nuevo pacto.

> La autoridad que tenemos, en el nombre de Jesús, es una autoridad en el pacto.

En el Nuevo Testamento encontramos que siete veces Jesús hizo la siguiente declaración, dándonos derecho legal para usar Su nombre delante de Dios.

> *En aquel día no me preguntaréis nada. De cierto, de cierto os digo, que todo cuanto pidiereis al Padre en mi nombre, os lo dará. Hasta ahora nada habéis pedido en mi nombre; pedid, y recibiréis, para que vuestro gozo sea cumplido. Estas cosas os he hablado en alegorías; la hora viene cuando ya no os hablaré por alegorías, sino que claramente os anunciaré acerca del Padre. En aquel día pediréis en mi nombre; y no os digo que yo rogaré al Padre por vosotros, pues el Padre mismo os ama, porque vosotros me habéis amado, y habéis creído que yo salí de Dios* (Juan 16:23–27).

Por consiguiente, la fuerza de las oraciones elevadas en el nombre de Jesús es una autoridad en el pacto. Oramos al Padre basados en nuestra relación con Cristo, quien es Señor del nuevo pacto. Filipenses 2:10 dice, *"para que en el nombre de Jesús se doble toda rodilla de los que están en los cielos, y en la tierra, y debajo de la tierra"*. Debido a que Cristo restauró nuestra relación y nuestros derechos tanto con Dios como con la tierra, Su nombre es nuestra autoridad legal—ya sea que estemos tratando con *"los cielos"* (con Dios), *"la tierra"* (con los hombres) o *"debajo de la tierra"* (con Satanás).

En esencia, el nombre de Jesús es nuestra autoridad legal para llevar a cabo negocios espirituales con Dios. *"Porque hay un solo Dios, y un solo mediador entre Dios y los hombres, Jesucristo hombre, el cual se dio a sí mismo en rescate por todos, de lo cual se dio testimonio a su debido tiempo"* (1ra Timoteo 2:5–6).

¿Qué hay en un Nombre?

Una vez que tenemos autoridad, por medio del nombre de Jesús, necesitamos entender la substancia detrás de Su nombre. Esto requiere conocimiento del énfasis bíblico en los significados de los nombres. Hoy en día, la mayoría de personas escogen nombres para sus hijos basados en cómo suenan o lucen esos nombres. Sin embargo, en las Escrituras el nombre de alguien (o algo) usualmente simbolizaba la esencia de su naturaleza. Éste representaba los atributos y características colectivas de la persona—su naturaleza, poder y gloria.

Primera de Corintios 15:41 dice, *"hay una gloria del sol, y otra gloria de la luna, y otra gloria de las estrellas; pues una estrella es distinta de otra estrella en gloria"* (LBLA). La gloria de algo es su mejor expresión de sí mismo. Usted puede ver una flor en toda su gloria cuando la misma ha florecido completamente. Usted puede ver al leopardo o al león en toda su gloria cuando tiene toda su fuerza. Usted puede ver al sol en toda su gloria a las doce del medio día. La gloria de algo es cuando ese

> En la Biblia, el nombre de una persona simbolizaba la esencia de su naturaleza.

algo está en su completo y verdadero ser. Una vez más, cuando la Biblia se refiere al nombre de alguien, generalmente habla acerca de la verdadera naturaleza o gloria de esa persona.

Por ejemplo, Dios le dio a Adán el privilegio de darle nombre a Eva—de encapsular los atributos de Eva. En realidad, Adán le dio nombre a Eva dos veces—la primera vez como una descripción de su origen y la segunda vez como una descripción de quién ella llegaría a ser como cumplimiento de su propósito. Primero, él dijo, *"esto es ahora hueso de mis huesos y carne de mi carne; ésta será llamada Varona, porque del varón fue tomada"* (Génesis 2:23). Luego, la Biblia dice, *"y llamó Adán el nombre de su mujer, Eva, por cuanto ella era madre de todos los vivientes"* (Génesis 3:20). La palabra hebrea para Eva es *kjavvá* [o *cava*], la cual significa "dadora de vida". Su nombre describe la esencia de su naturaleza como madre de la humanidad.

Veamos unos cuantos ejemplos más de personajes bíblicos y la importancia de sus nombres. En ocasiones, Dios *cambiaba* los nombres de Su pueblo para reflejar las promesas que Él les había hecho y los propósitos que Él tenía con ellos, los cuales iban mucho más allá de sus propias expectativas o las de sus padres.

- En Génesis 17:4–5, el nombre de Abram, el cual significaba "mi padre es exaltado" o "sumo padre", fue cambiado a Abraham, el cual significa "padre de multitudes", reflejando la promesa de que Abraham iba a ser, *"una nación grande y fuerte, y habiendo de ser benditas en él todas las naciones de la tierra"* (Génesis 18:18).
- En Génesis 32:27–28, el nombre de Jacob, el cual significaba "el que suplanta", fue cambiado a Israel, el cual significa "gobernará como Dios" o "príncipe de Dios". Esto reflejaba el hecho de que la gran nación de Israel surgiría de su linaje—la nación que debía ser la representante terrenal de Dios por ser *"un reino de sacerdotes, y gente santa"* (Éxodo 19:6).
- En Juan 1:42, Jesús cambió el nombre de Simón, el cual se derivaba de la palabra hebrea cuyo significado era "escuchar", a Cefas, el cual significa "piedra" o "roca". La traducción española de esta palabra es "Pedro". El nuevo nombre de Pedro indica su función en el establecimiento y liderazgo de la iglesia al inicio de la misma (Véase Mateo 16:18).

¿Por qué Dios puso tanto énfasis en los nombres de las personas? Porque la humanidad fue creada a Su imagen, y Él da gran importancia a Su propio nombre. Usando nuestra primera definición, el nombre de Dios simboliza la esencia de Su naturaleza. Éste representa Sus atributos y características colectivas—Su naturaleza, poder y gloria. Recuerde que, debido a que hay una total consistencia entre quién es Dios y lo que Él hace y dice, Él tiene plena integridad o rectitud—lo cual es definición de *santidad*. La razón principal por la que se nos ordena a no usar el nombre de Dios en vano (Éxodo 20:7) es porque Su nombre no solamente representa quién Él es, sino también porque *es* quién Él es.

Dios le reveló esta tremenda verdad a Moisés:

Dijo Moisés a Dios: He aquí que llego yo a los hijos de Israel, y les digo: El Dios de vuestros padres me ha enviado a vosotros. Si ellos me preguntaren: ¿Cuál es su nombre?, ¿qué les responderé? Y respondió Dios a Moisés: YO SOY EL QUE SOY. Y dijo: Así dirás a los hijos de Israel: YO SOY me envió a vosotros. Además dijo Dios a Moisés: Así dirás a los hijos de Israel: Jehová, el Dios de vuestros padres, el Dios de Abraham, Dios de Isaac y Dios de Jacob, me ha enviado a vosotros. Este es mi nombre para siempre; con él se me recordará por todos los siglos (Éxodo 3:13–15).

En otras palabras, Dios está diciendo, "Yo *soy* Mi nombre. Lo que sea que Yo soy así es como Me llamo". Cuando se traduce este concepto al español, se leería algo así: "Mi nombre es lo que sea que Yo soy en el momento en que Yo estoy ahí". Esto es porque Dios es Todo-suficiente y Su nombre difiere dependiendo de cuál sea nuestra necesidad en ese momento en particular. De hecho, lo que Dios nos dice es: "Si necesitas pan, entonces ora, 'Padre, Tú eres mi Pan'. Cuando reconoces que Yo soy tu Proveedor y tu Sustento, entonces Yo me vuelvo Pan para ti. Si tienes sed, entonces ora, 'Padre, Tú eres mi Agua'. Yo manifiesto la característica de lo que sea que necesites". Además, al llamarse a Sí mismo *"el Dios de Abraham, Dios de Isaac y Dios de Jacob"* (Éxodo 3:15), Él afirma que es un Dios personal que suple las necesidades individuales de los humanos. Él es el Dios de un pueblo real—Abraham, Isaac y Jacob. De la misma manera, Él desea ser su Dios y suplir sus necesidades individuales, no importa cuáles sean.

Esta es la razón por la cual en el Antiguo Testamento se le atribuyen tantos nombres a Dios. Para darle otros ejemplos más, también se le describe a Él como *"fuego consumidor"* (Deuteronomio 4:24), *"como sombra de gran peñasco en tierra calurosa"* (Isaías 32:2) y como *"pastor"* (Salmos 23:1)— tres distintivos atributos que reflejan aspectos específicos de la naturaleza y el carácter de Dios. Con todo, el nombre superlativo de Dios, YO SOY, abarca toda Su naturaleza y todos Sus atributos.

El Nombre de Jesús

Veamos ahora cómo el énfasis bíblico del significado de los nombres—especialmente en el nombre de Dios—se aplica a orar en el nombre de Jesús. Puesto que el nombre de una persona representa sus atributos y características colectivas, los nombres de la segunda persona de la Trinidad se refieren a todo lo que Él es, tanto Hijo de Dios como Hijo del Hombre— toda Su naturaleza, poder y gloria.

Al igual que el Padre, el Hijo tiene una variedad de nombres que describen quién Él es. Por ejemplo, en el Antiguo Testamento algunos de Sus nombres son *"Simiente"* (Génesis 3:15), *"Renuevo"* (Zacarías 6:12) y *"Emanuel* ['Dios con nosotros']" (Isaías 7:14). En el Nuevo Testamento, el Hijo tiene muchas designaciones, pero la primera que leemos es el nombre de *Jesús.*

Ninguno de los padres terrenales de Jesús le dio ese nombre porque Su nombre ya había sido dado por Dios, Su Padre celestial. El ángel Gabriel le dijo a María, *"y ahora, concebirás en tu vientre, y darás a luz un hijo, y llamarás su nombre JESÚS"* (Lucas 1:31). De la misma manera un ángel del Señor le dijo a José, *"y* [María] *dará a luz un hijo, y llamarás su nombre JESÚS, porque él salvará a su pueblo de sus pecados"* (Mateo 1:21).

¿Por qué Dios le dio el nombre a Jesús? Primero, para demostrar que Jesús era Su Hijo. Segundo, porque el nombre de Jesús tenía que reflejar quién Él era. El nombre *Jesús* quiere decir, "Salvador". Él fue llamado Salvador porque vino a la tierra como humano para lograr precisamente eso—la salvación del mundo. *"Él salvará a su pueblo de sus pecados"*. Por consiguiente, *Jesús* es el nombre de Cristo en Su humanidad—como el Hijo del Hombre. Sin embargo, *YO SOY* es el nombre de Cristo en Su divinidad—como el Hijo de Dios. *"Jesús les dijo: De cierto, de cierto os digo: Antes que Abraham fuese, yo soy"* (Juan 8:58). Jesucristo es la revelación de Dios en forma humana. Debido a que Él es completamente divino, como también completamente humano, a Él se le atribuyen una variedad de nombres, al igual que a Dios.

> Jesucristo es la revelación de Dios en forma humana.

En cierta ocasión, Jesús dijo: *"Yo soy el pan de vida"* (Juan 6:35). Poco después, indicó que también Él era el agua de vida: *"Si alguno tiene sed, venga a mí y beba"* (Juan 7:37). Al igual que el Padre, los atributos de Jesús manifiestan Su gloria y corresponden a las necesidades de Su pueblo. Él se refirió a Sí mismo como al *"camino, y la verdad, y la vida"* (Juan 14:6) porque Él nos permite tener acceso al Padre y recibir vida espiritual. Él se llamó a Sí mismo, *"la vid verdadera"* (Juan 15:1) porque sólo permaneciendo en Él podremos dar frutos espirituales.

He aquí la clave: Si queremos que Dios supla nuestra necesidad cuando oramos "en el nombre de Jesús", debemos orar basados en el divino nombre que supla nuestra necesidad particular en ese momento. Es así como nuestras oraciones serán contestadas. No recibimos respuesta a nuestra oración simplemente por pronunciar el nombre de Jesús, sino clamando a Su naturaleza y a Sus atributos, los cuales pueden suplir toda necesidad.

Veamos un ejemplo específico de esto en la Biblia: ¿Qué le instó a Jesús a decir, *"Yo soy la resurrección y la vida"* (Juan 11:25)? Fue debido a que Él fue confrontado con un hombre muerto llamado Lázaro. Su nombre trató con la necesidad del momento.

Lázaro se había enfermado y murió. Sus hermanas, Marta y María, conocían a Jesús como su honorable amigo. Ellas respetaban grandemente a Jesús y le llamaban "Señor". Ellas creyeron que Él fue enviado por Dios, pero no entendían a cabalidad quién Él era. Él se había hospedado en su hogar muchas veces y había compartido el alimento con ellas, pero ellas no se habían dado cuenta que tenían a "la resurrección" bajo su propio techo. Por consiguiente, cuando Jesús le dijo a Marta, *"tu hermano resucitará"* (v. 23), Él quería que ella obtuviera un mejor entendimiento de quién era Él.

¿Conoce usted a Jesús como su Salvador? Entonces existe la posibilidad de que eso sea lo único que Él sea para usted. ¿Lo conoce usted como su Sanador? Entonces eso es lo único que Él será para usted. Marta estaba limitada en su conocimiento acerca de Jesús; por eso ella le contestó, "algún día, en el *futuro*, cuando Dios resucite a los muertos, mi hermano resucitará" (Véase Juan 11:23–24). Jesús respondió, **"Yo soy** *la resurrección y la vida; el que cree en mí, aunque esté muerto, vivirá. Y todo aquel que vive y cree en mí, no morirá eternamente. ¿Crees esto?"* (vv. 25–26, el énfasis fue añadido). Él estaba instando a Marta para que le llamara a Él por el nombre que se necesitaba, *"Resurrección"*. En esencia, Él le estaba diciendo, "Dime, quién necesitas que Yo sea. Llámame así". Pero, ¿qué dijo ella? *"Sí, Señor; yo he creído que tú eres el Cristo, el Hijo de Dios, que has venido al mundo"* (v. 27). Su palabra de fe en Cristo ayudó a traer el poder resucitador a la situación familiar y Lázaro fue levantado de entre los muertos.

¿Alguna vez ha escuchado usted a alguien decir, "si necesitas algo, llámame"? Usted puede depender de Jesús de esa forma cuando usted vive de la manera en que se supone usted debe vivir. La Biblia dice que, *"el justo por la fe vivirá"* (Romanos 1:17). Tenga fe en Jesús y en los muchos atributos que Sus nombres representan.

Si usted cree en Jesús como su Salvador y Redentor de pecados, eso es maravilloso porque es ahí donde todos debemos comenzar. Sin embargo, Él quiere revelársele a Sí mismo de una manera más profunda. Por ejemplo, ¿lo conoce usted como el Salvador de los demás, como el suyo propio? Si usted quiere que sus amigos o alguien de su familia sean salvos, entonces ore en el nombre del *Salvador*. Es así como usted necesita orar pidiendo por la persona que necesita salvación: "Jesús, Salvador, salva a Judy". Ore por los demás usando el nombre que designa a Jesús como Aquel que puede salvarlos. Las Escrituras dicen, *"Y todo aquel que invocare el nombre del Señor, será salvo"* (Hechos 2:21). Colóquese en el lugar de los demás y clame el nombre del Señor a favor de ellos.

El vivir por fe algunas veces conlleva decir lo que nos parece la cosa más extraña. Por ejemplo, la Biblia dice, *"diga el débil: Fuerte soy"* (Joel 3:10). Somos débiles, pero Dios nos indica que debemos decir lo contrario. Él dice, "clama Mi fortaleza. Llámame Jehová, el Omnipotente". Él no solamente le dice que use Su nombre; Él nos llama a entender Su naturaleza y a apropiarnos de ella en fe. No está en la naturaleza de Dios el ser débil. Si usted experimenta

> El nombre de Jesús es dado para usarlo en relación a sus necesidades.

debilidades, entonces usted deberá clamar al Señor, quien es su Fortaleza (Salmos 18:1). Si usted experimenta pobreza, usted debe clamar a Jehová Yiréh, Su proveedor (Véase Génesis 22:8). Si su cuerpo está enfermo, usted debe clamar a Jehová Rafa, el Dios que sana (Éxodo 15:26). Dios nos está diciendo que no debemos ahondar en el problema. Puesto que Él es el YO SOY, Sus atributos son tan numerosos como sus necesidades—¡y mucho más! Por ejemplo, en el reino de sus finanzas, ¿lo conoce usted a Él como el Pagador de su renta, como el Cancelador de sus deudas y el Proveedor de la matrícula de su escuela? Es así como debemos orar en el nombre de Jesús. Es importante entender que el nombre de Jesús nos es dado para usarlo en relación a nuestras necesidades.

En Juan 11:11, cuando Jesús le dijo a Sus discípulos, *"Lázaro duerme"*, ¿estaba Él contradiciendo la verdad de que Lázaro había muerto? ¿Estaba Él mintiendo o viviendo en un nivel más alto de vida, sabiendo que Él sería la Resurrección? En ocasiones nos enfrentaremos a situaciones que parecen el fin, pero Dios las resucitará. Cuando parezca que su negocio está muerto, cuando el banco esté por anular su derecho a redimir la hipoteca e incautar todo lo que usted posee, Dios dice, "no digas que está muerto. Simplemente di que está durmiendo". Si está durmiendo, muy pronto despertará. Si su matrimonio está en problemas, si su cónyuge le dejó y usted dice, "se acabó"; Dios dice, "no se acabó, está durmiendo". Perdemos tantas cosas en la vida porque prematuramente las declaramos muertas.

PODER GENERALÍSIMO

Todo lo que hemos discutido sobre el nombre de Jesús y la autoridad en el pacto que tenemos por medio de Él se refiere al "poder generalísimo" de Jesús. Legalmente hablando, cuando usted le otorga un poder generalísimo a alguien, eso significa que usted nombra a esa persona para que le represente. Usted le da a esa persona el derecho y la autoridad legal para hablar por usted y llevar a cabo negocios en su nombre. Orar en el nombre de Jesús es otorgarle a Él un poder generalísimo para que interceda por usted cuando usted presenta sus peticiones al Padre.

Jesús dijo:

> De cierto, de cierto os digo, que todo cuanto pidiereis al Padre en mi nombre, os lo dará. Hasta ahora nada habéis pedido en mi nombre; pedid, y recibiréis, para que vuestro gozo sea cumplido   (Juan 16:23–24).

Cuando Cristo vivió en la tierra con los discípulos, ellos no necesitaban orar al Padre. Cuando ellos necesitaban comida, Jesús se las proveía. Cuando la suegra de Pedro enfermó, Jesús la sanó. Cuando ellos necesitaban pagar los impuestos, Jesús suplía el dinero. Cuando ellos necesitaban un lugar dónde reunirse, Jesús ya había hecho las preparaciones para ello. Cuando andaban con Jesús, ellos tenían todo lo que necesitaban. Si ellos querían algo, se lo pedían directamente a Él. No obstante, debido a que Jesús iba al Padre, ellos ya no tenían que pedirle nada a Él directamente. Ellos debían orar al Padre, y, Jesús le instruyó cómo hacerlo en Su nombre. ¿Por qué? Porque el Padre obra por medio de Cristo.

Jesús trabaja activamente a favor nuestro desde Su posición a la diestra del Padre (Romanos 8:34). Él representa nuestros intereses delante de Dios: *"Por lo cual puede también salvar perpetuamente a los que por él se acercan a Dios, viviendo siempre para interceder por ellos"* (Hebreos 7:25). Él trae gloria al Padre al contestar las oraciones que elevamos conforme a la Palabra:

> Jesús trabaja activamente a favor nuestro a la diestra del Padre.

> *De cierto, de cierto os digo: El que en mí cree, las obras que yo hago, él las hará también; y aun mayores hará, porque yo voy al Padre. Y todo lo que pidiereis al Padre en mi nombre, lo haré, para que el Padre sea glorificado en el Hijo. Si algo pidiereis en mi nombre, yo lo haré*
> (Juan 14:12–14).

En otras palabras, Jesús se asegurará de que recibamos lo que pedimos. Él se asegurará de que lo que pedimos será representado debidamente, para que así obtengamos la respuesta.

Después de que Jesús habló a Sus discípulos con respecto a orar en Su nombre, inmediatamente Él empezó a hablar acerca del Espíritu Santo, porque el Espíritu continúa el ministerio de Jesús en la tierra. *"Si me amáis, guardad mis mandamientos. Y yo rogaré al Padre, y os dará otro Consolador, para que esté con vosotros para siempre: el Espíritu de verdad"* (vv. 15–17).

En efecto, Jesús estaba diciendo, "Yo voy al Padre, pero te enviaré al Espíritu Santo. Él será tu Consolador. Él te ayudará a ejecutar tu poder generalísimo capacitándote para orar. Él te ayudará a presentar tu caso delante de Dios. Él te ayudará a aclarar tu situación para que la puedas presentar al Padre en Mí nombre".

A lo largo del Nuevo Testamento hallamos referencia acerca de la obra del Espíritu Santo. Uno de los temas repetidos es que el Espíritu Santo nos ayuda en nuestras debilidades, especialmente cuando no sabemos cómo orar:

Y de igual manera el Espíritu nos ayuda en nuestra debilidad; pues qué hemos de pedir como conviene, no lo sabemos, pero el Espíritu mismo intercede por nosotros con gemidos indecibles. Mas el que escudriña los corazones sabe cuál es la intención del Espíritu, porque conforme a la voluntad de Dios intercede por los santos (Romanos 8:26–27).

Efesios 6:18 nos instruye a orar *"en todo tiempo con toda oración y súplica en el Espíritu"*. Judas 20 nos dice, *"ustedes, en cambio, queridos hermanos, manténganse en el amor de Dios, edificándose sobre la base de su santísima fe y orando en el Espíritu Santo"*.

El Nombre de Jesús es la Llave para Entrar en el Cielo

Una de las cosas que Jesús enfatizó es que *"el Padre ama al Hijo"* (Juan 3:35; Juan 5:20). Esta es una verdad crucial en relación con la oración porque, si el Padre ama al Hijo, entonces el Padre hará cualquier cosa que el Hijo desee. Si el Padre ama al Hijo y hace cualquier cosa que el Hijo le pida, y, si el Hijo le representa a usted, entonces usted no tiene que preocuparse porque su caso ya ha sido escuchado. Por esa razón es esencial que usted clame al poder generalísimo de Jesús al orar.

Si usted desea llevar a cabo negocios con el Padre, no intente llegarle sin usar el nombre de Jesús, porque *Su nombre es la llave para entrar en el cielo*. Jesús no pidió que se presentara una lista de santos ante el Padre cuando usted orara. Él no pidió una lista con los nombres de muchas buenas personas para ayudarle en su caso. ¿Por qué querría alguien la ayuda de esas personas cuando tenemos al Hijo? Marta, María, Lucas, Bartolomé, Juan, Santiago y otros fueron creyentes fieles. No obstante, cuando Pedro encontró al hombre a la puerta del templo La Hermosa, él sanó a ese hombre en el nombre de Jesús, no en el nombre de los creyentes. De hecho, él dijo, "no tengo oro ni plata. Todo lo que tengo es un nombre, *el* nombre, y estoy por hacer negocios con el cielo. El Padre está obrando, y, yo ya te veo sano. Por consiguiente, voy a traer a la tierra lo que veo en el cielo; pero debo hacerlo por medio de la vía legal" (Véase Hechos 3:1-8). Nadie más que Jesús puede ser nuestra vía legal para llegar al Padre.

Podemos apreciar a los líderes religiosos del mundo que han pasado a la historia o que todavía viven. Sin embargo, Jesús dijo que si queremos llevar a cabo negocios con el Padre, debemos ir en Su nombre solamente. La Biblia dice que *"en ningún otro hay salvación; porque no hay otro nombre bajo el cielo, dado a los hombres, en que podamos ser salvos"* (Hechos 4:12). Nuestras leyes dicen que la persona cuyo nombre aparece en el poder generalísimo es la única persona que legalmente puede dar representación. De acuerdo con la Palabra de Dios, Jesús es el único que puede abogar por usted: *"Porque hay un solo Dios, y un solo mediador entre Dios y los hombres, Jesucristo hombre"* (1ra Timoteo 2:5).

> Nadie más que Jesús puede ser nuestra vía legal para llegar al Padre.

Por lo cual Dios también le exaltó hasta lo sumo, y le dio un nombre que es sobre todo nombre, para que en el nombre de Jesús se doble toda rodilla de los que están en los cielos, y en la tierra, y debajo de la tierra
(Filipenses 2:9-10).

Si quiere que la rodilla de la pobreza se doblegue, usted debe usar el nombre correcto. Si quiere que la rodilla de la enfermedad se doblegue, no use el nombre de alguien más. Si usted quiere que la rodilla de la depresión se doblegue, use el nombre de Jesús.

Algunas veces las personas dan testimonios acerca de cómo alguien casi les roba o de alguien que quería allanar sus casas, pero ellos dijeron, "¡Jesús!" y los ladrones huyeron. Esos ladrones huyeron porque el poder del Salvador estaba presente. Nosotros debemos usar Su nombre.

El nombre de Jesús es poder en el cielo y toda lengua confesará que Jesús es Señor—el Señor de todo. Esta verdad es la base para que nosotros cumplamos con La Gran Comisión—testificándoles a los demás acerca del poder del nombre de Jesús para salvar y libertar.

Y Jesús se acercó [a Sus seguidores] y les habló diciendo: Toda potestad me es dada en el cielo y en la tierra. Por tanto, id, y haced discípulos a todas las naciones, bautizándolos en el nombre del Padre, y del Hijo, y del Espíritu Santo (Mateo 28:18–19).

Debido a que él actuó con la autoridad de Cristo, el apóstol Pablo, además de los otros apóstoles, predicó *"valerosamente en el nombre de Jesús"* (Hechos 9:27). El valor y denuedo que necesitamos para hacer discípulos en todas las naciones proviene de la autoridad que nos es conferida en Jesús.

CLAME EN EL NOMBRE DEL SEÑOR

La Biblia dice, *"torre fuerte es el nombre de Jehová; a él correrá el justo, y será levantado"* (Proverbios 18:10). Quizás usted ha estado orando por algo por mucho tiempo. Si usted necesita sanidad, use el nombre de Jesús como nunca antes lo hizo y aplique el nombre de Jesús a su situación. Probablemente usted necesite liberación de sus malos hábitos. Para romper esas cadenas, usted debe usar el poder de Su nombre.

Lo que sea que usted necesite, clame a Él para suplir su necesidad basándose en quien Él es. Use lo que Él le ha dado: Su naturaleza; Sus atributos; la autoridad para orar en Su nombre para que así usted le pueda pedir al Padre que manifieste Su poder en su vida y en la vida de los demás. *Clame en el nombre del Señor.*

OREMOS JUNTOS

Padre celestial:

"¡Cuán glorioso es tu nombre en toda la tierra!" (Salmos 8:1, 9). Tu Palabra dice que en el nombre de Jesús toda rodilla se doblará y toda lengua confesará que Jesús es el Señor de todo (Filipenses 2:9–10). Jesús dijo que si pedimos cualquier cosa en Su nombre, Tú

lo harás (Juan 16:23). Sabemos que no podemos pedir en el nombre de Jesús a menos que pidamos conforme a Tu voluntad. Sin embargo, también sabemos que si pedimos en el nombre de Tu Hijo, Él presentará nuestras peticiones ante Ti de la manera apropiada. Él orará conforme a Tu voluntad. Él orará por nosotros cuando no sepamos qué decir. Él alegará nuestro caso. Así, Señor, pedimos que sea hecha Tu voluntad. No hay otro nombre por medio del cual podamos presentar nuestras peticiones más que en el nombre de Jesús. Clamamos al poder de Su nombre para suplir nuestras necesidades. ¡Oramos en el nombre de Jesús, cuyo nombre es sobre todo nombre. Amén!

PONIENDO EN PRÁCTICA LA ORACIÓN

Pregúntese usted mismo:
- ¿He orado en el nombre de Jesús sin pensar realmente lo que significa ese nombre?
- Cuando oro en el nombre de Jesús, ¿pienso en si mi propia vida es representación de Su carácter y vida?
- ¿Qué atributos específicos de Jesús suplen mi necesidad particular hoy?

Pasos de acción:
- El nombre de Jesús es el único nombre que puede activar el poder celestial. Aplique lo que ha aprendido en este capítulo, pensando en sus necesidades y en las necesidades de los demás, clamando en Su nombre como su poder generalísimo. Puesto que Él es el YO SOY, Sus atributos son numerosos para sus necesidades. Él es Salvador, Sanador, Fortalecedor, Libertador, Gozo, Sabiduría, Bondad, Amistad, Dador de visión, Sustentador, Pagador de renta, el que hace crecer negocios y mucho más.
- Tome tiempo esta semana para adorar al Señor por todos Sus maravillosos atributos. Pídale que le perdone por tomar Su nombre tan ligeramente

y por usarlo mal; luego de esto proponga en su corazón siempre honrar Su nombre.

- *"Torre fuerte es el nombre de Jehová; a él correrá el justo, y será levantado"* (Proverbios 18:10). Siempre que se enfrente a una situación difícil, en vez de temer, ponerse ansioso o enojado, corra al nombre del Señor en oración y clame a Él como su Salvación y Justicia, y como su Protector y Defensor.

Principios

1. El nombre de Jesús no es una fórmula mágica que garantiza la aceptación automática de nuestras oraciones.

2. Debemos poder usar legalmente la autoridad detrás del poder del nombre Jesús para así obtener resultados en la oración.

3. La autoridad que tenemos en el nombre de Jesús por medio de la oración es una autoridad en el pacto porque esta basada en nuestra relación de pacto con Dios por medio de Cristo.

4. En las Escrituras, el nombre de alguien (o algo) simbolizaba la esencia de su naturaleza. Éste representaba los atributos y características colectivas de la persona—su naturaleza, poder y gloria.

5. El nombre superlativo de Dios, YO SOY, abarca toda Su naturaleza y todos Sus atributos.

6. Los nombres de la segunda persona de la Trinidad se refieren a todo lo que Él es, tanto Hijo de Dios como Hijo del Hombre—toda Su naturaleza, poder y gloria.

7. *Jesús* es el nombre de Cristo en Su humanidad—como el Hijo del Hombre. Sin embargo, *YO SOY* es el nombre de Cristo en Su divinidad—como el Hijo de Dios. *"Jesús les dijo: De cierto, de cierto os digo: Antes que Abraham fuese, yo soy"* (Juan 8:58).

8. Si queremos que Dios supla nuestra necesidad cuando oramos "en el nombre de Jesús", debemos orar basados en el divino nombre que suple nuestra necesidad particular en ese momento.

9. Orar en el nombre de Jesús es otorgarle a Él un poder generalísimo para que interceda por nosotros cuando presentamos nuestras peticiones al Padre.
10. El Espíritu Santo continúa el ministerio de Jesús en la tierra. Él nos ayuda a ejecutar nuestro poder generalísimo capacitándonos para orar cuando no sabemos cómo hacerlo.
11. El nombre de Jesús es el *único* nombre que puede activar el poder celestial.
12. La autoridad del nombre de Jesús es la base para que nosotros cumplamos con La Gran Comisión.

Capítulo doce

Entendiendo el ayuno

El ayuno es una decisión concienzuda e intencional para abstenerse del placer del comer, por cierto tiempo, para obtener beneficios espirituales vitales.

Todos los grandes santos de la Biblia ayunaron. Moisés, David, Nehemías, Jeremías, Daniel, Ana, Pablo, Pedro e incluso Jesús mismo, todos ayunaron.

¿Alguna vez ha dicho para sí mismo algo como lo siguiente? "Desearía tener la fe de Josué, quien hizo que el sol se detuviera". "Desearía ser como Pedro, que cuando su sombra caía sobre las personas éstas eran sanadas—o Pablo, cuyas ropas hacían que las personas que las tocaran fueran sanadas o liberadas". "Me gustaría ser como Juan, quien recibió la revelación de Dios". Admiramos a estos creyentes, pero no nos damos cuenta del por qué tan tremendo poder espiritual fue manifestado en sus vidas. Ese poder era manifestado porque ellos se comprometieron a las altas normas de la práctica de su fe para que Dios pudiera usarlos para cumplir Sus propósitos. De acuerdo con esto, la oración y el ayuno eran parte normal de sus vidas. El ayuno es uno de los pilares de la fe cristiana. Es mencionado en un tercio de las Escrituras, tanto como la oración. Aun así, la mayoría de los creyentes colocan el ayuno en el fondo de su experiencia como creyentes. Muchos consideran que la práctica regular del ayuno es casi fanática.

No era ese el caso en el pasado. El ayuno era visto como de mucho valor e importancia en la iglesia cristiana. Hoy en día ha llegado a ser un arte perdido. Se enseña y practica tan poco sobre el ayuno que ya no lo entienden ni los mismos cristianos, especialmente los nuevos cristianos que apenas llegan al cuerpo de Cristo. Ellos no oyen o ven a creyentes maduros ayunando, entonces ellos concluyen que es algo que tiene una importancia histórica solamente.

En la actualidad, cuando traigo a colación el tema del ayuno entre los creyentes, ellos inevitablemente tienen muchas preguntas:

- ¿Debería ayunar todo creyente?
- ¿Hay alguna virtud en el ayuno?
- ¿Cómo el ayuno edifica nuestra vida de oración?
- ¿Ayunar significa solamente abstenerse de comer?
- ¿Cuándo debemos ayunar?
- ¿Puede una persona ayunar y no orar?
- ¿Cuál es la importancia espiritual del ayuno?

El ayuno ha sido parte de mi estilo de vida por los últimos treinta y cuatro años de mi caminar con el Señor. Comencé a ayunar a la edad de catorce años y he desarrollado un tremendo amor por esta maravillosa experiencia. En este capítulo, quiero darle algunas pautas generales para ayudarle a entender qué es el ayuno y por qué Dios dice que debemos ayunar.

El Ayuno es Parte Natural de la Vida Cristiana

Primero, el ayuno debería ser una parte natural de la vida de un creyente. De la misma forma que practicamos los hábitos de leer la Biblia y de orar, debemos también practicar el hábito de ayunar.

La oración y el ayuno son partes iguales de un mismo ministerio. En Mateo 6:5–6, Jesús dijo: *"Y **cuando** ores..."* (el énfasis fue añadido). Él no dijo, "Y si oras", sino *"Y cuando ores..."*. En el mismo pasaje Él dijo: ***"Cuando** ayunéis"*

(vv. 16–17, el énfasis fue añadido). Al igual que la oración no es opcional para el creyente, el ayuno tampoco es opcional. Es una expectativa natural de Dios en Su pueblo. Cristo nos está diciendo aquí, "si Me amas, orarás y ayunarás". Hay momentos en que el Espíritu Santo se moverá en una persona o en un grupo de personas y sobrenaturalmente les dará un deseo por ayunar. Pero, la mayoría de las veces, el ayuno es un acto de nuestra fe y de nuestra voluntad. Es una decisión que tomamos basados en nuestra obediencia a Cristo. Aunque queramos comer, temporalmente elegimos no hacerlo porque amamos al Señor.

EL PROPÓSITO DEL AYUNO

El ayuno es abstenerse *intencionalmente* de comer. Algunas veces las personas confunden el hambre con el ayuno. Ellos dirán, "estaba tan ocupado hoy que no comí nada. Tomaré eso como un ayuno". Ese no fue un ayuno, porque usted planeaba comer pero no lo hizo por falta de tiempo. En el Antiguo Testamento, la palabra hebrea para ayuno es *tsum*. Ésta significa "cubrir la boca". En el Nuevo Testamento, la palabra griega es *nhsteúo* [o *nesteuo*]. Ésta significa "abstenerse de alimento". El ayuno es una decisión concienzuda e intencional para abstenerse del placer del comer, por cierto tiempo, para obtener beneficios espirituales vitales. El verdadero ayuno conlleva lo siguiente:

Buscar a Dios

Primero, el ayuno es apartar un tiempo para buscar el rostro de Dios. Esto quiere decir abstenerse de las otras cosas en las que usted encuentra placer con el propósito de entregarle a Dios todo su corazón en oración. Cuando usted ora, usted le dice a Dios, "mi oración y las respuestas que busco son más importantes que mi placer en el comer".

Poner a Dios primero

Segundo, el ayuno significa poner a Dios primero, enfocar toda su atención en Él solamente—no en Sus dones o bendiciones, sino en Dios mismo. Esto le demuestra a Dios cuánto usted le ama y aprecia. De esta manera, el ayuno es un punto de intimidad con Dios. Dios se revelará a Sí mismo sólo a las personas que quieren conocerle. Él dice: *"Y me buscaréis y me hallaréis, porque me buscaréis de todo vuestro corazón"* (Jeremías 29:13).

Cuando usted ayuna, eso indica que usted quiere estar con Dios más de lo que usted quiere pasar el tiempo con otras personas, que usted le desea a Él más que a su negocio o sus ocupaciones. Su ayuno le demuestra a Dios que Él es primero en su vida. Es un determinado compromiso con Él. Si usted le dice a Dios, "Oh, Señor, quiero ver Tu rostro", mientras su mente divaga, Dios le dirá a usted, "Yo no puedo mostrarte Mi rostro cuando tú no me miras a Mí".

> El ayuno es poner a Dios primero en su vida.

Ayunar significa que lo único que usted desea es a Dios. No quiere lo que Él tiene para darle; usted lo quiere sólo a Él. Esto no es asunto de que usted intente *sacarle* algo a Dios. Es un asunto de tratar de *llegar a* Dios. Esto es debido a que cuando usted encuentra a Dios mismo, usted descubrirá que todo lo que usted necesita llega con Él.

Crear un ambiente para orar

Tercero, el ayuno es un tiempo para fomentar un ambiente sensible para que la oración obre. Cuando usted lee en la Biblia acerca del ayuno, éste siempre va acompañado de la palabra *oración.* En el Antiguo Testamento, las personas ayunaban juntamente con una oración sincera en tiempos de lamento y arrepentimiento. También fue usado como un punto de liberación de varias situaciones. A menudo, cuando el enemigo desafiaba al pueblo de Dios, los israelitas se comprometían a cumplir con varios días de ayuno. Ellos dirían algo así, "ayunaremos hasta que el Señor nos diga lo que debemos hacer". El Señor respondía, les daba una estrategia y ellos ganaban la batalla.

Por consiguiente, el ayuno añade a nuestras oraciones el ambiente para que Dios obre. El ayuno nos permite ver el cumplimiento de la Palabra de Dios y Sus propósitos para con nosotros individualmente y como parte del cuerpo de Cristo en general.

Interceder por los demás

Cuarto, el ayuno es una forma de interceder por los demás. En la mayoría de los casos bíblicos, cuando una persona o varias personas ayunaban, esto era a favor de las necesidades de los demás, ya sea que fuere un problema nacional o una situación familiar. Ellos ayunaban para que Dios interfiriera en sus circunstancias. Creo que aquellos que ayunaban también se beneficiaban por su obediencia en el ayuno. No obstante, el propósito principal del ayuno es beneficiar a otros. El ayunar va más allá de un simple orar, ya que algunas veces nuestras oraciones pueden ser bien egoístas. Con frecuencia oramos sólo por lo que nosotros queremos o necesitamos. El ayuno lleva la oración a un plano completamente diferente.

Por ejemplo, cuando Jesús estaba por empezar Su ministerio, el precio que tuvo que pagar fue de cuarenta días y cuarenta noches de ayuno (Lucas 4:1–2). Él necesitaba consagrarse para la difícil tarea de cumplir con el propósito de Dios para redimir al mundo. También, antes de escoger a Sus doce discípulos, Él pasó toda una noche en oración (Lucas 6:12–16). Poco antes de Su crucifixión, Él oró a favor de aquellos que Dios le había dado y por aquellos que creerían en Él por medio del testimonio de los discípulos (Juan 17:6–26). ¿Cuál era el motivo para que Jesús ayunara y orara? Por causa de Sus discípulos y por los creyentes que vendrían a lo largo de las épocas, los cuales pondrían su fe en Él.

Entonces ellos [los escribas y los fariseos] *le dijeron* [a Jesús]: *¿Por qué los discípulos de Juan ayunan muchas veces y hacen oraciones, y asimismo los de los fariseos, pero los tuyos comen y beben? Él les dijo: ¿Podéis acaso hacer que los que están de bodas ayunen, entre tanto que el esposo está con ellos? Mas vendrán días cuando el esposo les será quitado; entonces, en aquellos días ayunarán* (Lucas 5:33–35).

Aquí Cristo está diciendo, "mientras Yo esté con los discípulos, ellos no ayunarán porque Yo ayuno por ellos. Pero llegará el día cuando Yo iré al Padre; entonces ellos ayunarán". ¿Por qué tendrían que ayunar los discípulos si ya Jesús había ayunado por ellos? Ellos debían ayunar por el mundo, para que el mundo pudiera recibir el poder de Dios por medio de la fe y el testimonio de ellos. De igual forma, cuando nosotros ayunamos, debemos ayunar para el beneficio de las demás personas.

RESULTADOS DEL AYUNO

Necesitamos entender el valor e importancia de vaciarnos de la comida y llenarnos de Dios. El ayuno nos permite incrementar nuestra capacidad espiritual. El ayuno ejerce disciplina sobre nuestros apetitos físicos. Lleva al cuerpo a sujeción de lo que el espíritu desea. Somos espíritus, pero vivimos en el cuerpo. La mayoría de las veces nuestros cuerpos nos controlan. Cuando usted ayuna su espíritu incrementa el control sobre su cuerpo. El ayunar le permite disciplinar su cuerpo para que de esta manera el cuerpo llegue a ser un siervo del Señor y no el amo de su espíritu. Su cuerpo comienza a obedecer a su espíritu y no a sus propios impulsos y hábitos.

> El ayuno incrementa su capacidad espiritual.

El ayuno no cambia a Dios; nos cambia a nosotros, y, transforma nuestras oraciones. Todavía no nos damos cuenta del poder que fluye por medio del ayuno.

Oír de Dios

Primero, el ayuno nos permite recibir guía, sabiduría, instrucción y conocimiento de parte de Dios. Cuando Moisés subió al Monte Sinaí, él buscaba la voluntad de Dios para el pueblo israelita; Dios lo llevó a un ayuno de cuarenta días. Al concluir este ayuno, Dios le dio una poderosa revelación—la Ley, con sus Diez Mandamientos—la cual muchas naciones han usado como el fundamento de sus sociedades. Todos nuestros códigos penales están basados en la Ley que Moisés recibió durante sus cuarenta días de ayuno. Así de poderoso fue ese ayuno. Cuando usted ayune, Dios le hablará. Usted recibirá una revelación de parte de Él, la cual no podría recibir de otra manera.

Cuando usted ayune, el tiempo que puede ocupar en sus comidas deberá ocuparlo en oración y lectura de la Biblia, para que usted escuche lo que Dios quiere decirle. Es asombroso pensar en cuántas horas al día se utilizan normalmente para comer. Planificar las comidas, hacer las compras, cocinar, comer y limpiar, todo esto consume mucho tiempo. Cuando usted ayuna, todo ese tiempo está disponible para que usted busque de Dios. Dios siempre ha deseado una relación cercana con usted. Durante un ayuno, hay tiempo para que se empiece a desarrollar una verdadera intimidad.

Poder de Dios

Segundo, el ayuno nos permite recibir la llenura del poder de Dios para el ministerio. Algunas veces la oración no es suficiente para lograr los propósitos de Dios. La Biblia cuenta de un hombre cuyo hijo estaba poseído por los demonios. Los discípulos de Jesús trataban de echar fuera ese demonio, pero el demonio se reía de ellos. ¿Por qué? Ellos no estaban preparados. Entonces Jesús llegó y echó fuera ese demonio. Los discípulos apartaron a Jesús y le preguntaron por qué ellos no habían podido liberar al joven. Su respuesta fue, *"este género no sale sino con oración y ayuno"* (Mateo 17:21).

Cristo pudo echar fuera el demonio al que se enfrentaba porque Él había pasado cuarenta días preparándose para el ministerio por medio de ayuno y oración, y, debido a que Él continuaba orando y ayunando regularmente. ¿Alguna vez asistió a un servicio de adoración y no sentía deseos de adorar a Dios? ¿Alguna vez le ha dicho a Dios que usted deseaba sentir más de Su poder? Puede que usted se sienta así porque ha estado alimentando su carne y descuidando su espíritu. De nuevo, aunque Dios creó nuestros cuerpos físicos para que necesitaran alimento, Él quiere que sean controlados por nuestros espíritus. Yo enseño la Palabra de Dios casi todos los días de mi vida. No como nada antes de exponerla, porque lo peor que se debe hacer antes de presentar la Palabra es comer. Su carne interrumpirá el fluir de la unción.

A esto se refería Jesús cuando les dijo a Sus discípulos que el demonio que afligía al hijo de ese hombre saldría solamente con oración y ayuno. En efecto, Él les estaba diciendo, "ustedes han orado por la liberación del hijo de este hombre, la oración es buena. Sin embargo, algunas veces ustedes necesitan agregar algo más a sus oraciones: un espíritu de consagración a Dios y una abstinencia de lo que pudiera interferir con el fluir del poder de Dios en sus vidas".

¿Ha pensado alguna vez?, "he sido creyente por diez años, pero Dios parece estar tan lejos. Me siento tan vacío. Me siento como si estuviera en el desierto. No tengo ningún celo espiritual. No tengo ninguna pasión espiritual por Dios". Permítame hacerle estas preguntas: ¿Es usted salvo todavía? Sí. ¿Tiene usted todavía a Espíritu Santo? Sí. Entonces, ¿por qué se siente tan vacío y seco? ¿Por qué no quiere asistir a la iglesia, leer la Biblia, orar o hablar con nadie acerca de Dios?

Para contestar estas preguntas, veamos el ejemplo de Cristo. Cuando Él estuvo en la tierra, Él tenía toda la capacidad de la unción de Dios para suplir las necesidades de las personas. Con todo, el ayuno era una necesidad para Él. La Biblia dice, *"Jesús, **lleno del Espíritu Santo**, volvió del Jordán, y fue llevado por el Espíritu al desierto por cuarenta días, y era tentado por el diablo. Y no comió nada en aquellos días"* (Lucas 4:1–2, el énfasis fue añadido). Luego dice, *"Y cuando el diablo hubo acabado toda tentación, se apartó de él por un tiempo...Y Jesús volvió **en el poder del Espíritu** a Galilea"* (Lucas 4:13–14, el énfasis fue añadido).

Cuarenta días antes, cuando Jesús fue bautizado por Juan en el Jordán, los cielos se abrieron y el Espíritu Santo descendió sobre Él (Lucas 3:21–22). Pero leemos que, después de ayunar, Él *"volvió en el poder del Espíritu"*—el cual ya había recibido antes de ayunar. Jesús no recibió el Espíritu Santo después de ayunar, sino que el Espíritu que estaba en Él se manifestó con un nuevo poder después del ayuno. En

Juan 3:34, Juan el Bautista dice acerca de Jesús, *"Porque el que Dios envió, las palabras de Dios habla; pues Dios no da el Espíritu por medida"*. Yo creo que durante el ayuno de Jesús, Dios le dio el Espíritu sin medida.

De manera similar, aunque usted recibió el Espíritu Santo cuando nació de nuevo, un ayuno encenderá Su poder dentro de usted. Cuando ayune, usted desarrollará un hambre por Dios como también una intimidad con Él, y, la obra del Espíritu Santo será manifestada poderosamente en su vida. Su amor por el Padre será renovado. Será un gozo para usted testificar a otros acerca del amor y la gracia de Dios. Usted podrá servir a Dios en formas nunca antes esperadas.

> Un ayuno encenderá el poder del Espíritu dentro de usted.

Una de las primeras cosas a las que Jesús se enfrentó después de Su ayuno fue un hombre poseído por un demonio. Cuando usted ayuna, Dios le enviará algunos problemas difíciles porque ahora usted estará listo para tratar con ellos por medio de Su Espíritu. Hay personas a las que Dios quiere que usted les ministre, pero todavía no se han cruzado por su camino porque usted todavía no está facultado para ayudarles. El ayuno le preparará para el ministerio.

Soluciones a situaciones difíciles

Tercero, a menudo el ayuno brinda soluciones a situaciones difíciles o a la vida de aquellos que se resisten al Evangelio. En el primer capítulo de Joel, leemos:

> *La vid está seca, y pereció la higuera; el granado también, la palmera y el manzano; todos los árboles del campo se secaron, por lo cual se extinguió el gozo de los hijos de los hombres. Ceñíos y lamentad, sacerdotes; gemid, ministros del altar; venid, dormid en cilicio, ministros de mi Dios; porque quitada es de la casa de vuestro Dios la ofrenda y la libación. Proclamad ayuno, convocad a asamblea; congregad a los ancianos y a todos los moradores de la tierra en la casa de Jehová vuestro Dios, y clamad a Jehová* (Joel 1:12–14).

Este pareciera un pasaje de las Escrituras un tanto deprimente, ¿no es así? Éste habla de todas las cosas que faltan. Todo salió mal y nada funcionaba para los israelitas. No obstante, el Señor tenía la respuesta. Él dijo: *"Proclamad ayuno...[solemne, NVI]"*. De igual forma, cuando las cosas están duras, cuando usted no recibe solución o nada parece salir bien en su vida, Dios dice: "Deja todo y conságrate. Ven a Mí". Joel 2:12–13 nos expresa el resultado de buscar de Dios:

> *"Por eso pues, ahora", dice Jehová, "convertíos a mí con todo vuestro corazón, con ayuno y lloro y lamento. Rasgad vuestro corazón, y no vuestros vestidos, y convertíos a Jehová vuestro Dios; porque misericordioso es y clemente, tardo para la ira y grande en misericordia, y que se duele del castigo".*

En otras palabras, en Joel 2:18–32, Dios dijo: "Después de que ayunes, prepárate, porque algo bueno ocurrirá. Comienza por hacer algarabía porque Me estoy preparando para darte la solución". Veamos una porción de ese pasaje:

> *Tierra, no temas; alégrate y gózate, porque Jehová hará grandes cosas. Animales del campo, no temáis; porque los pastos del desierto reverdecerán, porque los árboles llevarán su fruto, la higuera y la vid darán sus frutos. Vosotros también, hijos de Sion, alegraos y gozaos en Jehová vuestro Dios; porque os ha dado la primera lluvia a su tiempo, y hará descender sobre vosotros lluvia temprana y tardía como al principio. Las eras se llenarán de trigo, y los lagares rebosarán de vino y aceite. Y os restituiré los años que comió la oruga, el saltón, el revoltón y la langosta, mi gran ejército que envié contra vosotros* (Joel 2:21–25).

Este es el mismo capítulo en el que Dios profetizó sobre el derramamiento de Su Espíritu en los últimos tiempos:

> *Y después de esto derramaré mi Espíritu sobre toda carne, y profetizarán vuestros hijos y vuestras hijas; vuestros ancianos soñarán sueños, y vuestros jóvenes*

verán visiones. Y también sobre los siervos y sobre las
siervas derramaré mi Espíritu en aquellos días
(vv. 28–29; véase Hechos 2:16–18).

El resultado de un sincero ayuno y de una sincera oración es que Dios responde, trayendo liberación y bendición.

¿Alguna vez ha orado y confiado en Dios por algunas cosas y por mucho tiempo? Probablemente usted necesite incluir el ayuno en sus oraciones. Yo me preguntaba por qué mi madre le decía a mis hermanos, a mis hermanas y a mí: "Todos ustedes serán salvos. Estoy ayunando por todos ustedes". Con mucha frecuencia mi madre ayunaba. Ella decía de uno de sus hijos, "él corre y se mete en problemas. Tengo que ayunar". Ella le llamaba al ayuno "pagar el precio por su hijo". Hoy en día, cada uno

> No siempre la oración es suficiente. Algunas veces solamente el orar *junto con* el ayunar puede traer liberación.

de sus once hijos es nacido de nuevo. Antes de pasar a la presencia del Señor, ella los vio a todos ser salvos. El orar no es suficiente para algunos hijos. Ellos son tan duros que usted tiene que ir un poco más profundo para que ellos puedan ser libertados.

Quizás usted ha confiado en Dios por años para que ciertos miembros de la familia, amigos y conocidos lleguen a Cristo. Es posible que los espíritus malignos del enemigo, los cuales los están engañando, no los dejen a menos que usted añada ayuno a sus oraciones. O quizás usted ha orado por una solución en su lugar de trabajo. Usted también puede ayunar por esa situación. Usted podría decirle a Dios, "Padre, me estoy consagrando. Estoy apartándome para esta situación en mi trabajo". Cuando usted "pagué el precio" orando y ayunando, Dios responderá.

Cuando nos consagramos, necesitamos ser cuidadosos de no impedir la efectividad de nuestro ayuno. Éste debe llevarse a cabo con el espíritu correcto. Isaías 58 nos indica cuál es el ayuno correcto o incorrecto. En el versículo tres, Dios citó a los israelitas: *"¿Por qué, dicen, ayunamos, y no hiciste caso; humillamos nuestras almas, y no te diste por entendido?".* Su respuesta fue:

> He aquí que en el día de vuestro ayuno buscáis vuestro propio gusto, y oprimís a todos vuestros trabajadores. He aquí que para contiendas y debates ayunáis y para herir con el puño inicuamente; no ayunéis como hoy, para que vuestra voz sea oída en lo alto (vv. 3–4).

¿Cuál era el problema con el ayuno de los israelitas? Era catalogado como injusto por los demás y terminaba en *"contiendas y debates"*. Me imagino que ellos dirían algo como, "¿notaste que fulano de tal rompió su ayuno?" o "yo ayuno más que tú". Ellos competían entre sí—aun en los asuntos espirituales. Eso es contender.

Cuando Dios dice: *"Proclamad ayuno, convocad a asamblea"* (Joel 1:14), Él está diciendo: "Llamen al pueblo a dejar sus deberes cotidianos y a que ayunen como un deber santo delante de Mí". Si alguien quiere ser serio con Dios, él debe demostrar su compromiso al hacer las cosas que debe hacer—con la actitud correcta. Si hacemos "lo que queremos" cuando ayunamos, en vez de buscar y obedecer a Dios, Él nos dirá, "¿esperas que Yo conteste tus oraciones teniendo tú esa actitud?".

"Esto no es un juego. O ayunas o estás en cierto tipo de dieta. Si estás a dieta, puedes ver la televisión, jugar en la computadora o hacer lo que te plazca. Sin embargo, si vas a consagrarte delante de Mí, entonces debes apartarte y buscarme a Mí y no a tus propios intereses". Eso es lo que debemos hacer si queremos que nuestros ayunos sean agradables delante de Dios. Dios quiere que fervientemente le busquemos a Él y Sus caminos. A cambio de esto, Él derramará Su poder sobre nosotros.

> ¿No es más bien el ayuno que yo escogí, desatar las ligaduras de impiedad, soltar las cargas de opresión, y dejar ir libres a los quebrantados, y que rompáis todo yugo? ¿No es que partas tu pan con el hambriento, y a los pobres errantes albergues en casa; que cuando veas al desnudo, lo cubras, y no te escondas de tu

hermano? Entonces nacerá tu luz como el alba, y tu salvación se dejará ver pronto; e irá tu justicia delante de ti, y la gloria de Jehová será tu retaguardia. Entonces invocarás, y te oirá Jehová; clamarás, y dirá él: Heme aquí. Si quitares de en medio de ti el yugo, el dedo amenazador, y el hablar vanidad...Jehová te pastoreará siempre, y en las sequías saciará tu alma, y dará vigor a tus huesos; y serás como huerto de riego, y como manantial de aguas, cuyas aguas nunca faltan (Isaías 58:6–9, 11).

Isaías dice que el ayuno que agrada a Dios tiene el poder para romper las cadenas de la injusticia y destruir los yugos del oprimido. La unción de Dios puede liberar a las personas de sus cargas. Esta unción llega por medio del ayuno consagrado y comprometido con Dios. Por consiguiente, un verdadero ayuno hará que usted entienda y valore las cosas importantes de la vida. Usted llegará a ser dadivoso. Usted comenzará a amar a las personas y querrá suplir sus necesidades. Usted tendrá una carga por las almas.

> El ayuno hará que las vidas de las personas sean restauradas y usted también recibirá las bendiciones de Dios.

Isaías 58:12 nos relata el resultado de este tipo de ayuno: *"Y los tuyos edificarán las ruinas antiguas; los cimientos de generación y generación levantarás, y serás llamado reparador de portillos, restaurador de calzadas para habitar"*. La vida de las personas será restaurada ante Dios y usted también recibirá las bendiciones de Dios. Por ejemplo, el versículo ocho dice, *"entonces nacerá tu luz como el alba, y tu salvación se dejará ver pronto"*. Cuando ayuna, usted tiene una oportunidad para activar su fe para sanar. Probablemente usted haya orado por algún tiempo pidiendo sanidad. Aquí Dios le está diciendo, "debido a que estás dispuesto a consagrarte delante de Mí y a humillarte a favor de los demás, pronto enviaré sanidad".

Isaías 58:8 también dice, *"e irá tu justicia delante de ti, y la gloria de Jehová será tu retaguardia"*. El Señor le protegerá.

Si algunas personas le tienden trampas, Dios dirá, "ese es uno de mis santos consagrados; no lo toquen". Estas y otras bendiciones llegarán como resultado de un ayuno que agrade a Dios.

Prepararse Para Ser Lleno

¿Está cansado de orar sin obtener resultados? Cuando ayuna, usted se prepara para recibir respuesta a su oración. Dios ha prometido que si usted ayuna de la manera correcta, Él escuchará y responderá. *"Entonces invocarás, y te oirá Jehová; clamarás, y dirá él: Heme aquí"* (Isaías 58:9). ¿Por qué contestará Dios sus oraciones? Porque cuando usted ayuna, usted se abre a Él. Su capacidad espiritual para oír y recibir incrementa. Usted vacía sus propios intereses y se prepara para que Él lo llene.

Oremos Juntos

Padre celestial:
Tú nos has enseñado que cuando oramos debemos presentar también las necesidades de los demás. El ayuno es una forma de intercesión y queremos ser investidos por Tu Espíritu por medio del ayuno para que podamos ministrar a los demás y contraatacar la obra del enemigo. Nos consagramos ante Ti en oración y ayuno, apartándonos para buscarte a Ti y a Tu voluntad, en vez de nuestros propios intereses. Úsanos para cumplir Tus propósitos para Tu gloria. Oramos en el nombre de Jesús, quien ayunó y oró, no sólo por Sus discípulos, sino también por nosotros los que creemos en Él por medio de los testimonios de ellos. Amén.

Poniendo en Práctica la Oración

Pregúntese usted mismo:
- ¿Se inclinan mis oraciones a enfocarse en mí o en los demás?
- ¿Hay alguna situación en mi vida, o alguna persona, por la cual estoy orando pero se resiste a la oración?

- ¿Oigo a Dios y experimento el poder de Su Espíritu para suplir mis necesidades y las de los demás?
- ¿Es el ayuno una práctica regular en mi vida?

Pasos de acción:
- Compare Isaías 58:6–9 con 1ra Juan 3:14–19 y Mateo 25:31–40. ¿De qué manera refuerzan los pasajes del Nuevo Testamento lo que Dios dijo que era importante para Él durante el ayuno, lo cual Él describió en el pasaje de Isaías?
- Considerando el tipo de ayuno que agrada a Dios, ¿de qué manera puede usted ayudar para suplir las necesidades espirituales o físicas de alguien durante esta semana?
- Aparte un tiempo para consagrarse en oración y ayuno a favor de alguien más que necesita hallar soluciones.

Principios

1. Dios espera que Su pueblo ayune; no es opcional. De la misma forma que practicamos los hábitos de leer la Biblia y de orar, debemos también practicar el hábito de ayunar.
2. El ayuno es una decisión concienzuda e intencional para abstenerse del placer del comer, por cierto tiempo, para obtener beneficios espirituales.
3. Las siguientes son características del ayuno:
   a. El ayuno es apartar un tiempo para buscar el rostro de Dios. Esto quiere decir abstenerse de otras cosas para entregarle a Dios todo nuestro corazón en oración.
   b. El ayuno significa poner a Dios primero, enfocar toda nuestra atención en Él solamente.
   c. El ayuno es un tiempo para fomentar un ambiente sensible para que la oración obre.
   d. El ayuno es una forma de interceder por los demás.
4. El ayuno no cambia a Dios; nos cambia a nosotros y a nuestras oraciones.

5. Los resultados de la oración son:
   - *Oír de Dios*: El ayuno nos permite recibir guía, sabiduría, instrucción y conocimiento de parte de Dios.
   - *Poder de Dios*: El ayuno nos permite recibir la llenura del poder de Dios para el ministerio.
   - *Soluciones a situaciones difíciles*: El ayuno brinda soluciones a situaciones difíciles o a la vida de aquellos que se resisten al Evangelio.
6. De acuerdo con Isaías 58, las formas correctas e incorrectas de ayunar son:
   - *Correcta*: Ser consagrados y comprometidos con Dios. Ayunar teniendo las prioridades correctas, presentar las cargas de los demás, tener un corazón dadivoso, mostrar amor a los demás y tener una carga por las almas.
   - *Incorrecta*: Ayunar pero tratando a los demás con injusticia, contendiendo y debatiendo; buscando alcanzar nuestros propios placeres y no la voluntad de Dios.
7. Los resultados de un verdadero ayuno son los siguientes:
   - Las personas son liberadas y restauradas delante de Dios.
   - El que ayuna recibe las bendiciones de Dios.

Conclusión:
Llegando a ser personas de oración

Venga tu reino. Hágase tu voluntad, como en el cielo, así también en la tierra (Mateo 6:10).

La oración no es opcional. ¡Es necesaria!

En este libro hemos explorado muchos principios poderosos con respecto a la oración. La oración es la invitación que extendemos a Dios para que intervenga en los asuntos terrenales, nuestro acuerdo con Su voluntad soberana, nuestra petición para que Él obre en este mundo. Es una parte vital del propósito de Dios en la creación—y es algo para lo que hemos sido llamados.

Me gustaría desafiarle a que tome los principios que se hallan en este libro y los ponga a prueba. Comience orando conforme a la Palabra de Dios y en el nombre de Jesús. Revise las preguntas personales y los pasos de acción al final de cada capítulo y póngalos en práctica. Descubra su poder, su autoridad y sus derechos como intercesor de la tierra.

En resumen llegue a ser una persona de oración.

UNA PERSONA DE ORACIÓN

Una persona de oración—

- Sabe que la oración es algo sagrado que Dios nos ha dado.
- Entiende su propósito en la vida como sacerdote de Dios e intercesor del mundo.
- Tiene una relación de confianza con el Padre celestial y desea que el mundo experimente el poder de Su presencia y vida.
- Sabe que la voluntad de Dios fluirá desde el cielo hasta la tierra por medio de sus oraciones y las oraciones de todo el pueblo de Dios.

Si conocemos el plan de Dios, pero fallamos en cumplirlo, seremos como la persona que ve su reflejo en un espejo e inmediatamente se olvida de cómo luce (Véase Santiago 1:22–25). La necesidad absoluta de la oración deberá ser como la imagen indeleble de nuestros corazones y mentes. Si queremos ver que la voluntad de Dios sea hecha en la tierra, entonces debemos hacer nuestra parte—debemos *orar*.

Dios desea que usted se asocie con Él en el gran propósito de reclamar y redimir al mundo. Las Escrituras dicen, *"si se humillare mi pueblo, sobre el cual mi nombre es invocado, y oraren, y buscaren mi rostro, y se convirtieren de sus malos caminos; entonces yo oiré desde los cielos, y perdonaré sus pecados, y sanaré su tierra"* (2da Crónicas 7:14). Aquí Dios está diciendo, *"si...mi pueblo...entonces yo"*. Una vez más, Dios ha llamado a Su pueblo a ser Sus sacerdotes e intercesores— esto abarca a *todo* el cuerpo de Cristo, no solamente a un grupo selecto de "guerreros de oración intercesora" de la iglesia local. Todos nosotros tenemos el poder de hacer que la voluntad de Dios se cumpla en la tierra para que todo el mundo pueda ser sanado y transformado por medio de Su gracia.

Recuerde, lo que ocurre en la tierra no está determinado por Dios, sino que está determinado por lo que Él permite que ocurra. La voluntad de Dios puede ser llevada a cabo sólo por medio de la cooperación del hombre terrenal. La oración es ese medio de cooperación. Por consiguiente, la oración es la actividad humana más importante.

Use el propósito y la posición que Dios le ha dado para invitar al cielo a intervenir en el reino terrenal. Prepare su corazón, su mente, su alma y su fuerza para asentir completamente en que la voluntad de Dios sea hecha en la tierra hasta que *"los reinos del mundo* [hayan] *venido a ser de nuestro Señor y de su Cristo"* (Apocalipsis 11:15).

La tierra depende de su oración. Las familias de la tierra dependen de su oración. Los hijos de sus hijos dependen de su oración. Toda la creación depende de su oración. El cielo depende de su oración. Mi desafío a usted es:

Cumpla con su obligación para con su generación y el futuro del planeta tierra.

Acerca del autor

El Dr. Myles Munroe es un ponente motivador internacional, autor de libros de mayor venta, disertante, educador y asesor de negocios. Viajando extensamente alrededor del mundo, el Dr. Munroe trata temas críticos que afectan todo el desarrollo humano, social y espiritual. El tema central de su mensaje es la transformación de seguidores a líderes, y, la maximización del potencial individual.

El Dr. Myles Munroe es el fundador y presidente del *Bahamas Faith Ministries International* (BFMI) (Ministerio Internacional de Fe de las Bahamas), una red de diferentes tipos de ministerios con oficinas centrales en Nassau, Bahamas. Es presidente y oficial ejecutivo de la *Third World Leaders Association* (Asociación de Líderes del Tercer Mundo) y del *Third World Leadership Training Institute* (Instituto de Adiestramiento para Líderes del Tercer Mundo). También es el fundador, productor ejecutivo y locutor principal de varios programas radiales y televisivos que son transmitidos mundialmente. El colabora escribiendo para varias ediciones de la Biblia, revistas y boletines informativos, incluyendo *The Believer's Topical Bible* (*Biblia Temática del Creyente*), *The African Culture Heritage Topical Bible* (*Biblia Temática de la Herencia de la Cultura Africana*), *Carisma Life Christian Magazine* (*Revista Cristiana Carisma*) y *Ministries Today* (*Ministerios Hoy*). El ha obtenido sus licenciaturas de *Oral Roberts University*, de la *University of Tulsa* y tiene un doctorado honorífico de *Oral Roberts University*, donde funge como profesor adjunto en la Facultad de Teología.

El Dr. Munroe y su esposa, Ruth, viajan como equipo, enseñando y ministrando con corazones sensibles. Ellos son padres orgullosos de sus dos hijos adultos, Charisa y Myles, Jr.

Entendiendo el propósito y el poder de los hombres
Dr. Myles Munroe

Hoy en día, el mundo está mandando señales conflictivas acerca de lo que significa ser un hombre. Cuando los hombres entienden el propósito que Dios les ha dado, y el verdadero diseño de su relación con las mujeres, ellos van a ser capaces de cumplir su destino y todo su potencial. Este libro te va a ayudar a que entiendas al hombre en la forma en que debe de ser.

ISBN: 0-88368-963-4 • Rústica • 288 páginas

www.whitakerhouse.com

Entendiendo el propósito y el poder de la mujer
Dr. Myles Munroe

El autor de best sellers Dr. Myles Munroe examina las actitudes de la sociedad hacia las mujeres. Para poder estar viviendo en forma exitosa en el mundo, las mujeres necesitan una nueva consciencia de quiénes son, así como nuevas habilidades que les permitan enfrentar los retos de hoy en día. Si usted es hombre o mujer, casado o soltero, este libro le ayudará a entender a la mujer en la forma como ella debe ser.

ISBN: 0-88368-314-8 • Rústica • 240 páginas

WHITAKER
HOUSE

www.whitakerhouse.com

Los principios y el poder de la visión
Dr. Myles Munroe

El autor de best-sellers, Dr. Myles Munroe explica la forma cómo tú puedes llegar a hacer de tus sueños y de tus esperanzas una realidad viviente. *Los principios y el poder de la visión* te va a proveer con principios que han sido probados a través de los tiempos, y que te van a capacitar para poder llevar a cabo tu visión, sin importar quién eres tú, o de dónde vienes tú.

ISBN: 0-88368-965-0 • Rústica • 272 páginas

WHITAKER
HOUSE

www.whitakerhouse.com